ESG 똑! 똑! 똑!

서강대학교 경영전문대학원 ESG 3번째 이야기

ESG는 인식이고 책임이며 실현이다

저자

천형성 최병두 최미진 조윤주 조수연 이승연 김미라

서강대학교 경영전문대학원

목차

들어가며

ESG 경영은 현대 기업들에게 필수적인 경영 요소로 자리 잡고 있습니다. 이는 친환경, 사회적 책임 경영, 투명한 경영을 통해 지속 가능한 발전을 추구하는 것으로 정의됩니다. 기후 위기와 같은 현실적인 문제에 직면한 상황에서 ESG를 더 이상 무시할 수 없는 시대가 왔습니다. 이에 대한 핵심 질문은 우리가 준비된 자의 길을 택할 것인지 아니면 그에 반대할 것인지입니다. 결론적으로, ESG 경영은 더 이상 선택 사항이 아닌 필수적인 요건으로 자리 잡았습니다.

특히 MZ세대의 관심은 환경, 사회, 지배구조에 대한 큰 관심을 보이고 있으며, 이는 기업의 마케팅 전략에도 영향을 미치고 있습니다. 환경 측면에서는 더 많은 우려와 관심을 표현하고 있으며, 제품과 서비스에 대한 적극적인 요구도 증가하고 있습니다. 사회적 측면에서도, MZ세대는 진정성 있는 변화를 추구하고 인권을 중요시합니다.

ESG 경영에 대한 관심은 기업뿐만 아니라 투자자들에게도 확대되고 있습니다. 기관투자자들은 기업의 비재무적 성과를 평가하고 그에 따라 투자 결정을 내리고 있습니다. 이는 기업이 ESG 요소를 어떻게 다루고 있는지를 중요시하는 추세입니다.

또한, ESG 경영은 새로운 비즈니스 모델을 개발하고 혁신하는 데 기여할 수 있습니다. 새로운 분야의 스타트업들도 ESG에 큰 관심을 가지고 있습니다.

국제 물류와 이커머스 경영, 그리고 인권 경영 등에서도 ESG가 중요한 관심사로 부상하고 있습니다. 특히, 연기금과 자산운용회사를 포함한 기관투자자들이 투자 방식을 재무적 성과에서 비재무적 성과로의 전환이 이루어지고 있습니다. 이러한 책임투자는 사회적으로 비 건전한 주류나 도박과 관련된 기업투자를 배제하는 윤리적 투자로부터 시작되었으며, 이후에는 사회, 환경, 인권 등과 관련된 문제까지 확대되고 있습니다. 투자 대상 기업의 ESG 요소를 검토하고 분석하는 것은 기관투자자의 투자 의사 결정에 필수적인 절차로 자리 잡아가고 있으며, 기관투자자들은 기업이 이러한 문제들을 어떻게 평가하고 이를 기업의 전략과 연계하는지를 중요하게 평가하고 있습니다.

결국, 모든 기업의 활동은 소비자를 향합니다. 이러한 사회적 인식이 모여 ESG 경영의 중요성을 강조하며, 이는 우리가 함께 노력하고 적용하는 것이 중요합니다. 모든 사회 구성원들이 생산자, 소비자, 투자자, 협력업체 등으로서 사회적 책임과 인식에 대해 점점 더 관심을 기울이고 있는 현상은 매우 중요합니다. 이것이 바로 ESG 경영의 핵심이자 출발점이며, 그 결과를 맺는 것입니다. 우리가 작은 ESG 생각을 모아서 향상시키고 서로 더해 나간다면, 이것이 가장 큰 힘을 발휘할 것입니다.

2024. 05.

저자 일동

ESG에 주목해야 하는 이유

이승연

서울대 ESG 전문가 과정 2기 수료

서강대 ESG 전문가 과정 4기 수료

서강대 MBA 졸업

전)현대건설 글로벌마케팅본부 해외사업전략기획

SmartCity 투자개발사업 담당

현) 엔젤파트너스 투자경영컨설팅사 대표이사

경영혁신, 전략경영, ESG경영, ESG창업, ESG투자, 해양 ·

기후 · 환경·에너지 · 건설사업 자문

미래ESG교육연구원장 (Future ESG education Research

Institute, FERI)

Instagram Angel Partners_FERI

UN한반도평화번영재단(UN PeaceKor) 연구위원

한국ESG학회 연구위원

미래교육포럼 연구위원

지역사회보장협의체 연구위원

한국프로젝트경영학회 연구위원

한국ESG교육협회 연구위원

prologue

    ESG는 COVID19를 겪고 Digital Transformation이 가속화되면서 더욱 확산되고 있는 중요한 개념이자 필히 추구해야 하는 방향이다. ESG 경영과 관련해서 중요한 이슈 중 하나는 넷제로이다. 이는 탄소가 배출되는 만큼 흡수해서 탄소 순배출량을 제로로 만들자는 의미를 가지고 있다. 이와 같이 ESG와 관련해서 가장 주목받고 있는 것은 기후위기 이슈이다. Climate Change 개념이 우리의 일상에서 기후의 변화를 감지하며 경각심을 주던 때가 엊그제 같은데 이제는 단순한 변화가 아닌 위기 상황이 된 것이다. 사실상 Climate Crisis에서 Climate emergency 상황으로까지 악화된 상태이며 인류는 이제 기후변화 해결을 위해서 자원순환과 생물다양성 이슈까지 연계해서 생각하고 문제를 해결하도록 해야만 한다. 이미 Paradigm Shift가 일어나고 Net Zero Economy가 실현되는 지속 가능 사회를 선도하고 모범적으로 ESG 경영을 하기 위해서는 각고의 노력이 필요한 상황이 된 것이다. 그렇다면 이러한 ESG 경영에서 많이 쓰이는 용어 중 하나인 'ESG 이니셔티브'를 어떻게 이해하면 좋을까? 먼저 이니셔티브란 특정 문제해결, 목적달성을 위한 진취적인 계획이나 방안을 의미한다. 요즘 친환경 이니셔티브, 녹색 이니셔티브 등으로 언급되는 ESG 이니셔티브란 무엇이며 이를 위해서 어떻게 해야 할까? 'ESG 이니셔티브'란 각 산업계에 속한 글로벌 기업들이 ESG 경영에 맞는 행동강령이나 가이드라인 등을 정하고 기업 경영전략 수립 단계 및 실제 경영단계에서 ESG를 실천하고자 노력하기 위해 세운 계획과 행동적 실천을 위한 방안 같은 것을 말한다. 가령 청정에너지 및 디지털 전환을 위해 수소, 원자력(SMR), 재생에너지 등을 사용하도록 기업차원에서 중장기 전략을 세우고 반도체, 배터리, 핵심광물사업 등의 사업진행 시 환경오염을 최소화하기 위해 노력하는 것을 그 예로 들 수 있다. 각 국가들이 산업ㆍ통상정책 수립 시 '자국 우선주의'에서 벗어나 지구와 미래세대를 생각하는 방향으로 정책을 수립하고 나아가는 것 또한 그 예가 될 수 있다. 사실 요즈음 ESG에 대한 관심이 증폭되고 있는 가운데 한편으로는 기업이 추구해야 할 바에 대해 많은 논란이 일고 있다. '주주이익극대화'로 대변되는 '주주 중심 자본주의'에서 주주 뿐만 아니라 여러 이해관계자의 관점을 포함해야 한다는 '이해관계자 중심 자본주의'로 중심이 넘어가면서, 사회적 가치가 기업 경영에 있어 어떠한 영향을 미치는지에 대해 많은 사람들이 궁금해하고 있는 것도 사실이다. 따라서 필자는 ESG 경영과 투자에 대해 살펴보면서 주주 중심 자본주의와 이해관계자 중심 자본주의, 주주행동주의, 스튜어드십 코드 관련 내용을 설명하고자 한다. 이를 바탕으로 환경과 사회 그리고 지배구조를 생각하면서 금융투자 및 ESG투자에 이상적으로 접근하는 방법 및 정책적 실천 방법을 고찰해보며 심도 있게 연구한 결과를 정리해서 알리고자 한다. 더불어 Stakeholder Capitalism 즉 이해관계자 중심 자본주의는 상당히 중요한 핵심어로써 시간이 흐를수록 경영

경제분야 주요 개념으로 더욱 확고히 자리 잡을 가능성이 높은 개념이기 때문에 필자는 본서를 통해 해당 개념 및 연구 결과에 대한 내용을 ESG와 연계해서 설명하여 경영경제계 리더들과 경영경제학도, 기업법 관련 담당자들, 그리고 학생, 연구자, 학자들의 교육 및 연구 활동과 관련 정책 입안 및 수립에 이르기까지 연관된 각계각층의 리더들을 도우면서 이끌고자 한다. 본서가 경영경제계, 산업계와 정계 및 학계에 올바른 이정표를 제공해주는 지침서가 되기를 바라며 이러한 필자의 뜻을 바탕으로 ESG의 개념과 동향, 분석사례, 경영상의 이슈, 그리고 ESG 투자 관련 이슈를 함께 다루었다. ESG 경영과 비슷한 시기에 엄청난 관심을 받으며 부상한 ESG 투자도 사실상 이해관계자 이론 또는 Stakeholder Capitalism 즉 이해관계자 중심 자본주의의 맥락에서 설명 가능한 것이기 때문에 그 중요성이 더해진다. 이해관계자에 대해서는 이해관계자 자체에 대한 개념과 탄생 배경 및 태동 관련 Historical background 등을 살펴보고 이해관계자 이론과 자본주의에 대해서 역사적 배경을 바탕으로 개념적으로 고찰해보고자 한다.

1 글로벌 스탠다드, ESG에 주목해야 하는 이유

계절별 기상 상황에 따른 Natural disaster, Climate emergency 등이 인간 삶에 미치는 영향은 경제적 파급효과를 낳고 기업들의 경영 전략 변화를 요구하며 각 국가별 물가 변동에 따른 정책 변경 및 전략 수립에도 영향을 미친다. 공급자 중심 경제든지 수요자 중심 경제든 지 Globalization으로 인해 전 세계적으로 상호연계된 보건의료, 교육연구, 사회복지, 금융경제, 정치외교 전략 및 정책수립 등의 상황은 그로 인해 'Must do' 및 "Shouldn't do" 이슈 등 연관하여 파생되는 여러 이슈들을 끌어안고 나아가고 있다. 이렇듯 우리는 환경오염에서 기인하여 발생된 이슈들, 그리고 이와 관련된 각종 파급효과와 예방 및 대응 묘책을 고려하며 살아가야만 하고 일단은 자국의 실리 추구 를 우선시하다가도 때로는 필요에 따라 정치적으로 'Transnationally co-operation'하지 않으면 안 되기 때문에 Environment, Social, Governance의 중요성이 갈수록 증대되고 있다. 이러한 상황 가운 데 ESG는 국제적인 협력 구도 수립 시에도 필수적으로 고려하게 되 는 기본 가치로 자리 잡았고 사실상 거스를 수 없는 시대적 사명이 됐 다. 대형 투자사들도 'ESG 경영'이 제대로 이루어지지 않는 곳에는 자 금을 투입시키지 않는다. 인수합병을 하거나 투자를 할 때 'ESG 지표'

가 미흡한 곳은 투자대상에서 제외되는 것이다. 국내외 대형 사모펀드들도 정식으로 'ESG 실사'를 채택하는 비중을 늘리고 있다. 현실적으로 ESG를 추구하는 곳은 유동성이 풍부하다. 국민연금은 2020년 기금 운용원칙에 '지속 가능성'이라는 요소를 추가했다. 연기금, 자산운용사, 보험사 등은 회사채 수요 예측 참여를 검토하는 과정에서 ESG 요소를 고려한다. 수출입 은행은 '글로벌 ESG 투자를 위한 펀드' 출자사업을 2021년부터 시작했다. KDB 산업은행과 한국성장금융 투자운용도 '정책형 뉴딜펀드 2021년 정시 위탁운용사 선정'에서 ESG 책임투자 및 스튜어트십 코드에 대한 내부 규정이나 Track record 등을 처음으로 기록하도록 했다. 연기금, 공제회 등 주요 투자자들이 ESG 분야의 투자를 늘리는 방향으로 무게추를 이동시키고 있는 것이다. 이미 ESG를 빼고는 투자 시장을 논할 수 없는 단계에 이르렀고 경영의 향방 및 전략을 결정하지 않을 수 없는 단계에 이르렀다. 이렇듯 'ESG 투자'는 최근 몇 년 동안 한국 뿐만 아니라 시발지인 유럽과 Fast follower인 미국 등에서도 경영경제계를 지배하다시피 하고 있는 Business buzzword이자 이슈로 주목받고 있는 사회적 현상이다. ESG는 2006년 UN 책임투자원칙(PRI)이 계기가 되었고 이는 PRI 제1원칙과 PRI 제2원칙을 두고 있다.

PRI 제1원칙	PRI에 참여하는 투자자들은 ESG를 고려하는 투자를 해야 한다.
PRI 제2원칙	Active owners 행동적 주주가 될 것을 약속해야 한다.

　행동적 주주이론은 2008년 금융위기를 겪으면서 스튜어드십 코드로 발전했다. 단기적인 수익을 노리는 자본시장과 기업 가치에 아무런 영향도 주지 못하는 투자 방식에 반하는 입장을 계기로 시작된 스튜어드십 코드는 고객이 맡긴 돈을 Steward 즉 집사처럼 최선을 다해서 투자자들이 잘 관리해야 한다는 의미를 기준으로 전 세계적으로 확산되었으며 한국은 2016년 도입했다.

　영국에서 2010년 처음 도입한 스튜어드십은 2020.01.01.부터 시행된 'Revoked Stewardship Code'로써 강한 기준을 제시했다. 재무보고 위원회인 FRC의 기준에 맞는 보고서를 제출해야 하고, 해당 기준에 부합하지 않으면 스튜어드십 코드 참여기관으로 인정받지 못한다. 스튜어드십을 보다 강력히 작동시키겠다는 취지이다. 이렇듯 영국(2010년 도입)이나 일본(2014년 도입)은 정부차원에서 강력하게 주도하면서 진행시킨 반면, 한국은 민간차원에서 자율적인 규범 형식으로 스튜어드십을 도입한 후 진행하고 있다. 기관들이 스튜어드십을 정하고 선언한 다음, 지배구조에 일정 부분 관여하는 정도로 진행하고 있는 것이다. 사실상 Shareholder activism도 기업활동에 대한 '주주 직접 관여' 형태로 발전하고 있다. 투자자들이 기업 가치에 영향을 끼치는 이슈들에 대해 '직접 관여'하며 기업 정보 공개를 요청하거나 이사진들의 책임을 묻고, 의결권 행사를 하는 입장을 보이는 것이 그것이다. 사례로 들 수 있는 케이스가 있다. 바로 네덜란드 연기금이 한국전력 석탄발전 투자 관련하여 지속적으로 문제 제기를 하다가 한전이 강한 입장을 취하며 철회를 하지 않자 지분 7% 가량을 처분하는 태도를 취했다. 한국 내에서 일어나는 비슷한 움직임도 주목할 만하다. 자본조달에 있어서 '지구의 허파인 아마존 열대우림'과 같은 금융기관들의 움직임이 상당히 고무적인 상황이 바로 그것이다. 바로 석탄화력발전소 건설 프로젝트에의 '투자 거절' 의사를 밝힌 것인데 이른바 '탈석탄 금융선언'을 한 것으로서 건설회사(시공사) 입장에서는 엄청난 Man Power와 시간을 투입해서 사업성 검토를 한 후 프로젝트 금융을 위해 금융기관으로부터의 자본조달(Project Financing)을 진행하는 것인데 발주처가 발주한 프로젝트에 입찰해서 수주한 후 '성공적인 완공'을 통해 이익을 창출하고자 해도 사회적 주요 이슈 및 연관 기관들의 입장과 태도를 고려하지 않으면 '미래 사업 진행' 자체가 힘들어지는 상황이 된 것이다. 또한 기업의 목표 중 하나인 '이윤창출'을 위해 이제는 'How to make value'와 'Which value should be focused'를 함께 고려해야 하는 시대가 된 것이다. 이렇듯 ESG는 시대적·사회적 사명이자 조직의 미래 목표수립 및 신사업 진행 방향 설정에 있어서 갈수록 그 비중이 높아지고 있는 'Major check point'이다. 사실상 갈수록 그 비중이 높아지고 있는 시대적 추구 가치와 트렌드, 사회적·

국가적 현안과 그에 대한 ESG의 영향력을 생각하면 ESG적 가치를 반영한 기업의 '미래전략수립'이 절실히 필요한 시점이다.

Climate change 상태가 Climate crisis 상태로 되었다가 최근에는 Climate emergency로 악화되었다. 2019년 Oxford University 출판부에서 올해의 단어로 선정했으니 사실상 최근도 아니다. 이미 5년 차 기후비상사태인 것이다. 기후변화에서 기후위기, 더 나아가 기후비상사태 상황이 되어버린 'Environmental condition'이 야기한 이상기온 현상과 지구온난화 현상을 사람들이 몸소 느끼면서 지속 가능한 환경에 대한 관심이 증폭되었다. 이러한 배경하에 실질적인 액션, 즉 'Climate action'으로 의사를 표출하며 강력하게 'Meaning out'하는 사람들이 늘어난 시대적 상황이 'ESG 투자'에 대한 관계자들의 촉각을 더욱 집중하게 만들었다. 사실 가장 보수적인 이해관계자 집단인 투자자들이 마침내 지속 가능성에 대해 진지하게 생각하면서 비재무적 요소들이 기업 가치에 미치는 영향을 고려하겠다는 입장을 보인 것은 희망적인 모습이다. 이것은 기업 경영에 엄청난 영향력을 행사하는 투자자들이 투자 대상 기업의 환경과 사회적 책임 및 거버넌스 등의 이슈를 고려하겠다고 나선 것이므로 기업들의 지속 가능성이 높아질 것을 기대하게 된다. 그러나 다른 한편으로는, 해당 현상은 투자자들까지도 비재무적 성과인 환경과 사회적 책임 및 거버넌스 등의 이슈가 기업의 재무적 성과에 미치는 영향을 가볍게 보지 않을 정도로 ESG와 연관된 이슈들이 'Critical matters'인 것을 반증하는 것이므로 사태의 심각성을 인지하고 해당 이슈들을 해결하기 위해 전인류적인 차원에서 진지하게 노력해야 한다.

'ESG 투자'의 출현배경을 제대로 이해하기 위해서는 Sustainability 와 Stakeholder Capitalism(이해관계자 자본주의) 및 Shareholder activism(주주행동주의), 그리고 Stewardship code를 이해해야 한다. 왜냐하면 'ESG 평가'는 결국 기업의 지속 가능성 평가이며, 이해관계자 자본주의는 이해관계자들과 기업이 상호 영향력을 행사하면서 사회 전체의 '공동 가치'를 창출해고자 하는 의미가 있기 때문이다. 최근 MZ세대에게 사회적 차원의 환경보호운동이나 기업적 차원의 친환경적인 움직임은 매우 중요한 가치판단의 기준이다. MZ세대들은 구매결정 또는 투자결정시 ESG를 중요하게 여긴다. 이들은 친환경적이며, 윤리적이고 지배구조가 바람직하면서 사회에 긍정적인 영향을 주는 회사 제품을 구매하거나 이러한 회사에 투자하기를 희망한다. 실제로 해당 현상이 반영된 모건스탠리 설문조사 결과를 보면 MZ세대의 86%가 "시장의 평균 수익률을 목표로 한다면 어차피 투자하는거 ESG를 추구하는 기업이나 관련 투자상품에 투자하겠다"는 의사를 밝혔다고 나온다. 75%는 "내 투자 결정이 환경에 영향을 줄 수 있다고 본다"라고 했다. 시간이 흐름에 따라 MZ세대의 경제적 능력이 커지면 커질수록 MZ세대가 추구하는 '가치소비'의 비중도 비례해서 증가할 것이다. 미래에 지속적으로 성장발전하여 '지속 가능 경영'을 이루게 되는 기업은 바로 MZ세대가 추구하는 가치를 이해하고 공감해주면서 '진정성 있는 관심'을 가지고 '실천력 있는 행동'으로 이어서 기업경영을 실천하는 기업이 될 것이다. Brand Activism이라는 마케팅 용어가 있다. 이는 브랜드를 자체적 기준을 가지고 정의로운 가치를 실천하는 인격체로 보고 브랜드 전략 수립 시 옳바른 가치를 기준으로 수립한 후 '실천적 행동'을 하도록 진행해야함을 나타낸다. 즉 '행동하는 소비자'를 위한 '행동하는 브랜드'라고 할 수 있다. 브랜드가 정치 · 경영 · 경제 · 환경 · 법 · 사회적 이슈에 대해 적극적인 목소리를 내면서 행동하는 현상을 의미하는 브랜드 액티비즘은 '행동하지 않는 브랜드는 외면당하는 시대'를 살면서 기업이 ESG경영을 선언하고 세상을 바꾸는 캠페인을 진행하는 등의 활동을 전개하도록 이끌며 적극적인 기업의 행동을 유도한다. 사실상 소비의 주도권을 가진 주요 소비자층은 기업에게 매우 중요한 고객이다. 그 중에서 특히 적극성을 지닌 MZ세대는 그 중요도가 더욱 크다. 사진과 비디오를 업로드해서 각종 소셜 미디어를 통해 자신의 일상이나 관심사 등을 공유하는 MZ세대는 기업이 나서서 하지 않아도 자발적으로 홍보 · 마케팅을 해주기 때문에 고마운 소비자층이자 신경써서 관리해야 하는 소비자층이다. 더불어 MZ세대의 부모는 자금의 출처이자 바로 이러한 역할을 하는 중심축인 MZ들의 의견을 십분 반영해서 구매의사결정을 내리는 대상들이기 때문에 기업 입장에서 MZ세대의 부모들이 속해있는 베이비부머 세대 또한 주요 소비자층으로 분류해야 한다. 마켓 트렌드와 세대별 연령별 특성을 파악해서 장기적으로 영향을 끼칠 '잠재적' 고객,

소비자, 투자자 등 다양한 이해관계자들이 추구하는 가치와 그들의 'Needs & Wants'를 파악하여 이에 부응하는 기업 전략을 수립하고 중장기적인 경영전략을 세우는 것은 생각보다 매우 중요하다. 현실적으로 소비자의 팬덤으로 생존해야 하는 기업과 브랜드 입장에서 사회적 이슈와 환경에 대한 책임을 외면하고 기업의 이익을 먼저 생각하는 'Selfish stands'만을 취한다면 소비자가 외면하는 'Boycott'현상까지 보이게 될 것이다. 이러한 움직임은 ESG를 얘기할 때 가장 많이 언급되는 용어 중 하나인 탄소중립에 대해서도 적용된다. 탄소중립이란 대기 중 온실가스 농도가 인간활동에 의해 더 이상 증가되지 않도록, 인간활동에 의한 배출량을 최대한 줄이고, 흡수량을 늘려서 순배출량이 '0'이 되도록 하는 것이며 이것을 탄소중립 혹은 '넷제로'라고 한다. 한국은 2050년을 목표로 탄소중립을 이루기 위해 노력하고 있다. 타국가들도 마찬가지다. 가령 A국가의 A기업이 탄소를 기준치 보다 더 많이 배출해서 A제품을 제조했다고 하자. A제품을 B국가에 수출하고자 하지만 B국가는 '탄소배출권 거래제'와 'Secondary boycott'을 언급하며 자국으로의 수입을 제재하겠다는 입장을 취하겠다고 한다. '탄소배출권 거래제'는 탄소를 배출할 권리를 사고파는 제도인데, 기본적으로 각 기업체에게 할당된다. 'Secondary boycott'은 '2차 보이콧'이라고도 하는데, 기본적으로 '불매운동의 대상이 된 회사와 다른 회사들이 거래하지 않도록 요구하는 운동'을 뜻한다. 미국이 제재하는 국가와 거래하는 제3국의 기업이나 금융기관까지 제재하는 것을 말한다.

세컨더리라는 용어는 '이차적, 부차적'이라는 뜻이니 이는 '일차적, 주된'이라는 개념을 전제로 한 것이다. 제재국가의 정상적인 경제 활동과 관련해서 거래를 하는 제3국의 기업이나 금융기관까지 제재하는 것을 말한다. '2차 보이콧, 2차 제재'라고도 한다. 전통적인 의미에서 1차 보이콧(Primary boycott)은 노동자나 노동조합이 재의의 대상이 된 회사의 제품의 불매를 주장하는 것을 지칭하며, 2차 보이콧은 1차 보이콧의 대상이 된 회사화의 거래를 중단할 것을 다른 회사에게 요구하는 운동을 말한다. 미국의 경우 2010년 6월 이란의 원유를 수입하는 제3국에 대해 미국 내 파트너와 거래하지 못하도록 하는 내용의 세컨더리 보이콧 조항을 담은 '이란 제재법'을 통과시킨 바 있다. 이 법안 시행 이후 이란은 원유 수출이 절반으로 급감하면서 경제난에 시달렸고, 결국 2015년 미국과 핵협상을 타결했다.

• ESG에 대한 사회적 관심 및 투자현황

ESG에 대한 관심 정도는 숫자로도 확인할 수 있다. Global Sustainable Investment Association에 의하면 기관투자자가 의사결정 시 ESG 요소를 반영하는 자금 규모가 2022년 말 기준, 한화 약 5경 원(약 45조 달러)에 달하는 것으로 추정된다고 한다. 이 중에서 주식과 채권을 제외한 대체투자 시장 비중은 13~15% 정도인 것으로 알려졌다. 한국 GDP가 1900조 원인 것을 기준으로 생각하면 이것의 세 배가 넘는 6000조 원에 달하는 자금이 ESG를 중심으로 한 대체투자시장에 있는 것이다. 이렇듯 ESG 투자에 대한 관심이 증가하고 있는 가운데 자산운용업계에서도 최근 2~3년 동안 ESG 관련 펀드를 적극적으로 내놓고 있다. 국내에서 설정된 ESG 펀드 순자산 규모는 최근 3년간 연평균 47% 이상의 가파른 성장률을 보인다. 최근 COVID19 이슈와 정부의 그린 뉴딜 기조 속에 환경과 공중보건 및 사회안전망과 관련된 관심 증대, 취약계층 보호 및 지원 등 환경 및 사회 이슈에 대한 투자자 관심이 증가하고 있어 국내 ESG 펀드 시장도 향후 이와 관련해서 더 성장할 것으로 예상된다. 이 때문에 그 유명한 세계 최대 자산운용사인 블랙록의 CEO '래리 핑크 서한' 즉 2022년 래리 핑크가 CEO와 주고받은 편지에서 Stakeholder Capitalism을 언급하며 "우리가 관리하는 돈은 대부분 수많은 개인과 연금 수혜자들을 위한 퇴직금이기에 우리는 투자 기업과 고객의 연결고리로써 고객들의 입장을 생각하고 옹호해야 한다."고 말했던 것은 'ESG era'를 살아가고 있는 현시점에서 매우 시기 적절한 언행이었던 것으로 생각된다. 매년 세계 주요 기업들의 CEO에게 편지를 보내서 투자 방침과 철학을 전하는 래리 핑크의 편지, 그 중 특히 2022 The Power of Capitalism은 하기 세가지 대표 내용을 포함하고 있다. 첫째, 탈탄소 사회 실현을 선도하면서 모든 소비자가 누릴 수 있는 친환경적인 에너지로의 전환이 가능하게 만드는 기업이 글로벌 마켓에서 주목받는 유니콘 기업이 될 것이라고 예견했다. '넷제로 실현'이 관건인 것이다. 기후변화로 인해 발생되는 각종 문제점들이 인류에게 각종 피해를 안겨주면서 탈탄소 사회 실현을 더욱 심각하게 생각하도록 한 것이다. 따라서 미래 유망 사업은 이를 되짚으면서 'Solution provider' 역할을 하는 기업이 리드하게 될 것이고 'New Business Opportunity'를 창출하며 성공할 것이라는 점을 강조하고 있는 것이다. 둘째, ESG 투자원칙을 기업들에게 강요한 것에 대해 Green washing이라는 비난이 있었는데 이를 의식해서 "투자 대상 기업의 ESG 성과를 중요하게 생각하며 강조한 것은 환경주의자라서가 아니라 고객에 대한 책임을 다하기 위해 지속 가능성에 초점을 맞춘 것"이라고 설명했다. 셋째, 연구가 부족한 이해관계자 자본주의를 진지하게 탐색하기 위해 'Center for Stakeholder Capitalism 설립'을 선언했다. 세계 3대 자산 운용사 중 하나인 블랙록이 기후 리스크를 외면한 기업에는 투자하지 않겠다고 밝히는 등 'ESG 경영'은 이미 거스를 수 없는 시류가 된 가운데, 이 같은 추세는 '바이든 행정부 시대'에 더욱 가속화되고 있다. 금융 투자업계에서는 바이든 행정부의 출범과 함께 ESG 펀드가 더욱 부상할 것으로 예측하고 있다. 조 바이든 미국 대통령은 파리 기후 협약 재가입, 2050년까지 온실가스 배출량 제로 달성, 청정에너지에 2조 달러 투자 등 친환경 정책 관련 공약을 펼쳤다. 한국 정부도 탈탄소, 그린뉴딜 등 ESG 관련 어젠다에 정책을 집중하는 모습이다. 2030년부터 모든 코스피 상장사에 ESG 정보를 반드시 공시하도록 한 것이 대표적이다. 2025년까지 지속 가능 경영 보고서 자율 공시를 활성화하도록 하여, 2025년부터 2030년까지는 자산 2조 원 이상의 코스피 상장사에, 2030년부터는 모든 코스피 상장사에 적용된다. ESG가 일시적 유행이 아니고 지속적으로 이어질 트렌드라고 예상하는 배경이다. 이렇듯이 ESG는 기업에만 해당되는 일시적 경영 트렌드가 아니라 사회적 · 국가적 나아가 전 세계적 관심사이자 공동선을 이루어 지속적으로 추구해야 하는 '중요 가치'이다. 최근 국제신용평가사 무디스가 한국의 ESG 신용 점수를 최고 등급인 1등급으로 평가했다. 독일과 스위스 등 11개국이 한국과 같은 1등급, 영국과 미국은 2등급, 중국과 일본과 3등급을 받았다.

2015년 파리 기후변화협약과 UN SDGs 즉 지속 가능 발전 목표가 정비됐다. 조 바이든이 미국 대통령에 취임하면서 '파리기후협정 복귀'와 '2050년까지 탄소중립' 달성을 선언함에 따라 기후변화와 관련된 전 세계적 움직임이 다시 한번 탄력을 받기 시작했다. EU는 물론 한국과 일본 정부도 '2050년까지 탄소중립'을 달성하겠다고 선언했고, 중국도 2060년까지 추진하겠다는 의사를 밝히는 등 120여 국가에서 탄소중립 목표는 'Main stream'이 되어 가속화될 전망이다.

앞서 언급했던 블랙록의 래리 핑크 회장이 연례 서한을 통해서 "기후변화 리스크는 곧 투자 리스크이다. 리스크 평가를 위해 일관성 있는 양질의 주요 정보에 접근할 수 있어야 한다."고 한 것은 환경의 지속 가능성과 ESG 공시의 중요성을 강조한 것이다. 현실적으로 체감할고도 남을 '기후변화 리스크'를 단적으로 보여주는 상황이 2023년에 나타났다. 지구 온도가 역사상 최고치를 기록한 것이다. European은 뜨거운 여름을 보내기 위해서 에어컨을 틀어야 했지만 전력난 이슈로 마음껏 틀지 못했고 지구온난화로 인해서 앞당겨진 여름 날씨를 온 몸으로 체감하며 고생스러운 늦봄을 보낼 수 밖에 없었고 동시에 전 세계인들 또한 짧아진 봄과 빨리 찾아온 여름을 느끼며 이상기후를 경험했다. 2024년에는 이미 4월 중순부터 20도 안팎을 오가며 2023년 보다 더워진 대기상황을 보이고 있다. 가속화되는 지구온난화 현상은 인간을 포함한 생명체의 건강에 지대한 위협을 가할 것이고 전 세계 경제에 막대한 타격을 끼칠 것이다. 사실상 'Climate emergency'는 현재 전 세계가 직면한 가장 중요한 이슈 중 하나이다. 인류의 활동으로 인한 온실가스 배출이 지구의 평균 온도를 높이고 있으며, 이로 인해 극단적인 기상변화, 해수면 상승, 생물다양성 감소 등 많은 부정적 영향이 발생하고 있다. 문제를 해결하기 위해서는 전 세계적인 노력이 필요하며, 이를 위해서 선진국과 개발도상국 모두가 적극적으로 참여해야 한다. 이에 따라 UNFCCC 즉 유엔기후변화협약은 2015년 파리협정에서 온도 상승을 산업화 이전 대비 2도 이내로 제한하고, 가능하면 1.5도 이내로 억제하기로 합의했지만 지정학적 갈등, 인플레이션 전쟁, 강력한 시행 의지 부족 등으로 잘 이행되지 않고 있다. 이런 가운데, Global South를 대변하는 인도가 나섰다. 인도는 사실 전 세계에서 탄소 배출이 가장 많은 나라 가운데 하나이지만, 선진국이 기후변화에 대처하고 배출량을 줄이기 위해 개발도상국에 자금을 지원하겠다고 약속한 1000억 달러로는 이런 위기를 조기에 수습하기 불가능하다는 개발도상국 입장을 대신해 1조 달러 지원이 필요하다는 목소리를 냈다. 인도의 이러한 목소리와 더불어 살펴보아야 할 사항이 있다. 바로 제29차 유엔기후변화협약 당사국총회(COP29) 주최국 아제르바이잔 정부의 행보이다. 아제르바이잔 정부의 현행 기후목표는 2050년까지 온실가스를 1990년대 대비 40%감축하는 것인데 해당 목표는 아제르바이잔이 받는 국제적 지원 규모에 따라 변동될 수 있다는 단서를 달아놓은 상태다. 파리협정 즉 2015년 기후총회에서 참여국 전원이 "산업화 이전 대비 기온상승을 1.5도 아래로 억제하겠다."고 합의한 내용을 바탕으로 생각하면 실질적으로는 이들 국가들 중 상당수가 2050 탄소중립 목표를 선언한 것과 비교해 상당히 부족한 셈이다. 또한 IEA의 조사에 의하면 2022년 일년 동안에 각국이 실제로 발표한 수치보다 평균 70% 많은 메탄을 배출한 것으로 집계됐다. 2015년 파리협정 합의에서 이러한 이슈를 예방하고 해당 문제의 발생을 막기 위해서 각국이 매년 개최되는 기후총회 때마다 '투명성 보고서'를 제출하도록 정했는데 제대로 된 효과를 못내고 있다. 합의한 국가들이 각각 성실하게 관련 내용을 이행하고 이행상황을 공개하면 개발도상국들이 선진국들에게 기후문제 관련한 각국의 의무사항을 요구하는 데 있어 Trigger가 될 것이므로 신의성실의 원칙에 맞게 이행하는 자세가 절실히 요구된다. 사실상 기후 관련 정책 진행, 자금 지원, 기후기금 제공 등 'ESG를 염두에 두고 책임있게 투자하겠다.'는 기조가 확고한 만큼, 각 국가나 기업은 투자 확보와 주주이익을 위해서 ESG를 중요시 해야 하는 개념으로 보고 적극 실천하도록 노력해야만 한다.

ESG는 철저히 투자자의 관점에 있다고 할 수 있으므로 반짝 유행하다가 사라질 당대의 트랜드가 아니라 자본시장과 기업에 큰 영향력을 행사할 장기적 이슈로써 변화의 흐름을 끌어오는 원천이 될 수 있다. 블랙록 뿐만 아니라 한국 국민연금, 일본 공적연금, 네덜란드 국부펀드 등을 비롯한 보편적 투자자들은 안정성과 수익성을 위해 국내 뿐 아니라 해외 다양한 자산에 대해 광범위한 분산투자를 행한다. 이에 따라 이들 포트폴리오 수익과 성과는 전 세계 경제의 성장과 밀접한 관계를 가지게 된다. 미래학자들과 투자자들은 지구온난화가 현재의 추세대로 이어진다면, 전 세계 자산가치가 30% 폭락할 것이라고 예측하고 있다. 그렇기 때문에 여태까지는 외면해왔던 환경 등의 외부적 요인과 영향력 및 효과를 가치상향시켜서 고려해야 하는 것이고 내재화를 통해 심도 있게 연구관찰하여 장기적 투자성과를 창출하고자 하는 것이다. 이러한 양상은 자본가 및 투자가들이 비재무적 가치라고 생각하며 'Critically concern' 하지 않았던 ESG를 강조하고, 고려해서 투자에 반영하려는 이유이다. 요즘 한국에서 벌어지고 있는 현상을 보면, 재무적 변동성 확대로 비재무적 리스크에 대한 관심이 커지고 기업들에게 ESG 공시 요구를 하고 나선 글로벌 상황과 달리 국내 기업들은 선제적으로 움직이며 대응하고자 하고 있다. 이는 한국의 대기업들이 해외 투자자들에게서 투자를 받고 있고, 이로 인해 ESG 이슈 관련 주주권 행사에 직면해왔기 때문이다. 하지만, 한국 자본시장 관계자들로부터 들어보면 아직까지는 한국 기업들의 ESG 경영 활동에 대한 평가가 상당히 냉정하다고 한다. 장황한 보고서에도 실질적인 핵심이 없고, 실제로도 기업경영이 얼마나 바뀌었는지 의문이라는 것이다. 특히 서구와 달리 이해관계자를 중시하는 풍토가 자리잡지 못해서 권리보호 및 구제수단이 미약하고, 손해배상 범위도 기업 가치에 영향을 미치지 못했기 때문에 ESG 대응이 부족하고 기대에 못 미친다는 것이다. 투자자들은 GRI 등에 기반한 지속 가능 경영보고서 뿐만 아니라 투자자들에게 특별히 필요한 추가 정보 제공을 요구하고 있다. TCFD와 같이 기후 관련 재무정보공개가 유엔 책임투자원칙의 의무가 되고 있고, 한국국민연금도 이와 함께 하고 있다. 블랙록도 투자사들에게 보낸 연례서한에서 넷제로에 대응하기 위한 계획을 제출하도록 요구하고 있다. 코로나 등 환경변화가 큰 시점일수록 ESG 관리 등 지속 가능 경영전략이 급속히 재평가될 것이다. 투자자들이 중시하는 TCFD나 SASB 등의 보고 기준을 따르자면 이해관계자, 경영전략, 목표와 지표, 리더십과 거버넌스, 비즈니스 모델, 위험관리, 운영 및 성과 등에 대해 체계적으로 보고해야 하므로 대충 넘어갈 수가 없는 것이다. 기업의 실무자들이 이렇게 자세한 내용을 알게 되면 "기업 전체의 가치사슬이 바뀌어야 제대로 할 수 있겠네"라는 생각이 들어서 엄두가 나지 않는 것이다. 사실상 실제적 현장의 원재료 제조과정, 배송과 폐기까지 전 과정에 환경문제 및 이슈가 있으므로, 무엇에 우선순위를 두고 중요하게 처리해야 할지를 결정해야 한다. 기업 혁신과 변화를 이끌어내기 위한 ESG 경영을 위해서라면, 예산과 전담조직, 충분한 역량이 투입되어야 하며, 이는 CEO가 결단해야 할 사항이다. 2025년부터 자산 2조 원 이상, 그리고 2030년부터 전 코스피 상장사들의 ESG 관련 지속 가능 경영보고서 공시를 의무화하겠다는 것인데 많은 사람들이 해당 일정이 너무 늦어 한국 기업들이 글로벌 공급사슬에서 소외되고 투자가 잘 이루어지지 않을까 우려하면서 신속한 진전을 요청하고 있다. ESG의 급속한 전개를 보면서도 여전히 우리는 구시대로 되돌아갈 것인지, 'Great reset을 통한 New normal'을 만들 수 있을지 질문을 던진다. 'New era'로 진입하기 위해서는 과거와의 단절이 필수적이다. 경제적 가치 추구의 기조를 내건 '성장지상주의'가 무너지고, 불평등의 현실에 아픔을 느낀 사람들은 동반 성장을 더욱 강조할 것이다. 부자와 빈자, 기득권층과 비기득권층, 남자와 여자로 대표되는 강자와 약자 구도를 두고 동반 성장을 이루자는 취지로 상생과 화합의 가치를 주창할 것이다. 또한 해당 가치실현을 위해 '공의의 실현, 사회적 가치 창출, 지속 가능 경영, 포용성장·공동성장' 이라는 새로운 가치 전환을 이루어 낼 수 있을 것인지, 이에 따라 개인과 기업들의 행동이 변화하고 이것이 습관이 되고, 문화로 정착될 수 있을 것인지 등에 대해 생각하게 될 것이다. 이를 뒷받침할 수 있는 법과 제도 정립, 그리고 정책 변화가 함께 진행되어야 하는 것은 명확하다. 한국 사회가 왜 이렇게 흐르고 있는가 하는가에 대한 답은 우리의 미래 행동 결정과 실천을 통해 이뤄질 것이다. 결국 ESG에서 투자자들이 새로이 추가적인 정보를 요구하는 것은 재무제표들이 기업의 가치를 정확히 반영하지 못하기 때문이다. 재무적 지표만으로는 기업이 창출하는 가치 그리고 부의 가치 등을 나타내지 못하기 때문에, 사회적 가치를 비롯하여 환경 등 비재무적 지표들에 대해 자세히 요구하고 나선 것이다. 사회적 경제, 사회적 금융, 임팩트 투자가 일궈 온 사회적 가치에 대한 측정, 평가 체계에 대한 논의는 ESG의 활동 및 성과보고에 있어서도 기반이 된다. 기업이 ESG 경영을 추구함에 있어서도 주요 이해관계자들을 정의하고, 그들의 요구를 정확히 조사하고, 중대성 원리에 따라 중점 우선 영역을 정함에 있어서도 그간의 사회적 경제가 해왔던 활동들이 도움을 줄 것이다. 특히 임팩트 투자자협의체 등을 통해 지속적으로 개발되어온 사회성과지표들이 ESG에 있어서도 KPI 즉 핵심성과지표로 활용될 수 있고, ESG 경영을 체계화시킬 것이다. ESG의 전개와 함께 사회적 가치에 대한 인식과 그 내용 그리고 성과 평가도 비약적으로 발전할 수 있을 것으로 전망된다. 앞으로는 더욱 더 사회적경제, 영리기업, 자본시장 관계자가 함께 사회적 가치 측정과 보고시스템을 표준화하기 위해 협업해야 한다. 기업은 사회라는 땅을 기반으로 성장한다. 고객 그리고 사회의 문제를 해결하고자 하는 기업의 사명이 씨앗이 되어 이 땅에 떨어지고, 공동선과 경제적 수익을 추구하는 뿌리를 내려 사회가치경영이라는 몸통으로 자라나게 된다. 경제적 가치와 사회적 가치를 함께 창출하고자 하는 기업의 정책과 실행, 역량들은 가지로 뻗어나서 결국 경영성과라는 열매를 맺게 해준다. ESG는 기업이라는 나무의 열매를 점검하고, 가지치기해줌으로써 지속성장할 수 있도록 해주는 도구로서 대단히 유용하다. 사회적 가치와 경제적 가치를 함께 창출하기 위해 경영시스템을 변화시키도록 하는데, 큰 도움을 줄 수 있을 것이다. 지구와 사회, 그리고 기업과 같은 사회경제조직체들의 근본적인 지속 가능성 제고를 위해서는 기업의 기반이 되는 사회라는 토양을 기름지게 하고, 가시덤불과 자갈과 같은 장애물들은 제거하는 것이 필요하다. 땅이 나무를 자라게 하는 것은 나무를 심어야 하는 전제조건이 따르고 이러한 일련의 상황들을 통해 땅과 자연이 더 풍요로워진다. 사회제도혁신가들인 사회적 경제인들은 인간들의 자립, 자조, 자유를 위해 공의가 강물처럼 흐르도록 하기 위해 대지에 땀을 뿌리며 나무를 길러왔다. 이제 새로운 시대에, 그리고 새로운 가치에 우리의 눈이 열리도록 땅을 갈아엎고 비옥하게 하고 나무들이 지속 가능하게 성장해서 인간과 사회를 이롭게 하도록 만들어가야 할 것이다.

· 투자활동 및 상장심사에 주요 체크포인트가 되고 있는 ESG경영

　　ESG가 무엇이길래 주요 체크포인트가 되고 있는가? ESG는 환경 Environment, 사회 Social, 기업의 지배구조 Governance 이 세 가지 비재무적 요소를 말한다. 그렇다면 이러한 ESG가 왜 경영의 주요 체크포인트가 되고 있으며 왜 ESG 평가를 하는걸까? 바로 기관투자자의 요구가 있기 때문이다. 그렇기 때문에 ESG평가기관은 Global Initiative와 각 국의 정부정책을 고려해서, 기업이 ESG경영을 잘 할 수 있도록 ESG등급 및 DATA를 제공한다. 이러한 ESG성과를 투자 정책 수립과 의사결정에 반영하겠다는 세계적 패러다임이 최근 몇년 간 빠르게 확산되었다. 유럽 선진국가들에서는 지구온난화 속도를 늦추기 위해 '그린 뉴딜' 등을 내세우면서 기업 투자시 ESG를 반영해서 하고 있으며, 실행 경과에 대한 정보공개도 요구하고 있다. 국내에서도 'ESG 패러다임으로의 전환'이라는 세계적 흐름에서 소외되지 않기 위해 기업, 금융기관, 공공기관들이 ESG경영을 도입하는 등 발빠르게 움직이고 있다. 그렇다면 이러한 ESG의 등장 배경은 무엇인가? ESG 라는 용어는 2005년 UN Global Compact 보고서 'Who cares wins'에서 공식적으로 언급된 이래, 인류의 지속 가능 발전을 위한 New normal이 되었다. 그런데 18년차가 된 2023년 현재를 포함한 최근 몇 년이 되어서 왜 유독 ESG가 기업경영 및 투자의 화두로 더 자주 언급되는 것일까? 필자는 2008년의 서브프라임 모기지 사태로 드러난 기업 경영진의 모럴 해저드, 2015년 파리협약 이후 표면 위로 더욱 상승한 '지구온난화의 심각성' 이슈 및 해결방안 모색에 대한 의지와 더불어 해당 문제를 해결하여 극복하고자 하는 현인류의 강한 의지, 2019년 발생한 COVID19으로 더욱 심각해진 사회 양극화 이슈 등에 따라 '이해관계자 자본주의'가 급부상했고, 인류 및 기업의 지속 가능성이 심각한 위기에 직면했다는 인식에 따라 그 해결방안을 더욱 더 심각하게 고민하게 된 현인류가 해당 이슈에 대한 극복방법을 진정으로 원하게 되었기 때문이라고 본다. 이러한 ESG 기준에는 환경, 사회,

지배구조라는 세가지 요소가 있다. '환경 Environment'은 기후변화에 영향을 미치는 온실가스나 탄소 배출보다 더 넓은 개념이며 기업이 사용하는 자원과 에너지 그리고 배출하는 쓰레기나 폐기물 등을 통해 환경에 미치는 영향을 포괄한다. Net Zero, Net negative, 탄소중립 실천 등과 같은 개념을 강조하며 실천하려는 캠페인 등이 이에 속한다. '사회 Social'는 직원을 포함해 기업활동에 연관된 사람과 집단, 기관 등에 미치는 다양한 영향을 포괄하며 직원에 대한 대우, 다양성 존중, 사회적 약자의 인권 등과 연관이 깊다. '지배구조 Governance'는 올바른 기업경영을 가능하게 하는 실천, 통제, 절차 등으로 이뤄진 시스템으로서 의사결정 과정, 인사정책, 기업구조 및 조직 정책 등이 포함된다. ESG란 다양성을 인정하고 'Future generation'과 공감하며, 미래 인류가 살아갈 삶의 터전인 지구환경을 아끼고 사랑하여 보다 나은 환경을 물려줄 윤리적 책임을 실천하는 행위를 포함한다. 사람마다 몇 년 부터 백년 안팎이라는 정해진 시간 동안 지구에 머물다가 죽음이라는 이름으로 인사하며 떠나게 되는데 이러한 존재로써 잠시 머물며 빌려쓰고 있는 '지구'라는 행성을 '내 것'이 아닌 '다함께 빌려쓰는, 살아 숨쉬는 공적 생명체'로 인지하고 소중하고 귀하게 대하면서 이러한 마음가짐을 지닌 성숙한 사회구성원으로써 이를 실천하며 살아가고자 하는 트렌드이다. 전인류적인 윤리적 번영을 도모하고 사회적 가치를 위하고, 건강한 기업경영활동과 기업지배구조를 고뇌하며 지속 성장 발전하도록 노력하는 일련의 사회적 흐름이자 트렌드인 것이다.

재무적 요소인 매출, 영업이익 등과 같은 수치 뿐만 아니라 비재무적 요소 즉 사회적 가치와 연계된 실적 및 주가, 그리고 기업 및 구성원 개개인이 추구하는 비전과 목표를 연계해서 하나되어 노력하며 합심하여 이룩한 좋은 이미지와 실적을 지속성장발전시키고 이를 위해 노력하며 사회에 선한 영향력을 끼치면서 배풀고 사는 것이야말로 절대적으로 필요하고 강한 힘을 발휘할 지향법이다.

• 글로벌 ESG 투자와 경영

전 세계적인 흐름이 되어 급속히 퍼지고 있는 ESG 투자와 경영은 현재 어떤 양상을 보일까? 기후변화, COVID19 같은 전지구적인 여러 문제들로 불확실성이 가득한 시대이지만, 위기 속에도 기회는 있다. 특히 지구온난화 이슈는 세계 여러 국가들 및 기업들을 넘어 연기금 투자자들로부터 합의를 이끌어내고 있으며, 장기적인 투자 및 경영의 주요 패러다임이자 'Highly concerned main issue'로 지속될 것이다. 즉 미래는 ESG 이슈에 적극적으로 대응하고, 기회를 선점하고, 문제를 해결하는 기업에게는 도약의 기회로 다가올 것이다. 따라서 한국 기업들도 ESG 경영을 리스크로 보고 수동적으로 대응하기보다는 현재의 사업을 혁신적으로 전환할 수 있는 새로운 도전과 기회로 인식하고, 그에 따른 Business model과 stratage를 갖추어야 할 것이다. 이를 바탕으로 보다 많은 글로벌 기업들이 한차원 수준 높은 ESG 투자와 경영을 통해 '기업 가치 제고'는 물론이고 더 나아가 인류의 지속 가능한 삶에 크게 기여하기를 기대한다.

　이러한 상황 가운데 특히 ESG 투자가 증가하는 주요 이유는 무엇일까? 글로벌 연기금 투자기관 및 대형 자산운영사가 ESG 이슈에 대해 진지하게 생각하고, ESG가 비재무적 요소임에도 기업의 장기적인 이익과 투자 수익률에 긍정적인 영향을 끼친다고 보기 때문이다. 세계 최대 규모의 자산운용사인 블랙록의 래리 핑크 회장은 2020년 연례 서한을 통해 ESG 종목 투자를 지금의 2배로 늘리고, 기후 리스크를 외면한 기업에는 투자하지 않겠다고 밝혔으며 화석연료를 사용한 매출이 25%를 넘는 기업에는 투자하지 않겠다고 선언했다. 국내 사례로는 네덜란드 최대 공적연기금 운용공사인 APG가 2020년 2월 한국에의 투자금 6000만 유로(약 800억 원)를 회수한 사건을 들 수 있다. 온실가스를 많이 배출하는 석탄 사업을 한다는 이유에서다. 또한 2022년 2월에도 국내 대표 기업 10곳을 'Focused Group on Climate Issue' 즉 기후 포커스 그룹으로 선정하고 탄소배출 감축을 요구하는 주주 서한을 보내며 적극적인 주주권 행사를 예고했다. 이를 통해 앞으로 국내 주요 대기업들에게도 ESG 경영을 위한 글로벌 기관투자자들의 개입이 본격화되고 강화될 것을 예견할 수 있다. 현재 선진국을 중심으로 기업이 전 공급망에 걸쳐 환경, 인권문제 등에 해를 가하는 활동을 의무적으로 보고하도록 하는 입법이 추진되고 있으며, 2021년 3월부터는 EU 역내 모든 금융회사를 대상으로 ESG공시가 의무화되었다. 이처럼 ESG경영은 인류의 지속 가능한 번영을 위한 투자 및 경영을 촉진한다는 측면에서는 매우 이상적인 패러다임이라 할 수 있다. 그러나 아직까지 ESG는 고정된 개념이 아니며 사회 경제 환경의 변화에 따라 진화하고 있다. 또한 수많은 ESG 평가기준이 존재하고, ESG 규제 및 정책도 200개가 넘으며, 관련 평가 및 데이터 공급업체 역시 600개가 넘어 복잡하게 변화하는 상황 가운데 ESG를 구축해야 하는 기업들의 부담이 높다는 점도 어려움으로 작용한다.

탄소중립과 함께 ESG 경영 실천은 국내 기업의 해외투자유치를 위해서도 매우 중요하다. 따라서 한국 정부는 국내 기업의 정보공개가 아직 활성화되지 못한 상황을 고려해 2024년까지는 공개를 자율 공시로 진행할 예정이다. 그러나 2025년부터 자산 2조 원 이상 코스피 상장사는 환경 및 사회적 활동을 담은 '지속 가능 경영 보고서'를 공시해야 하며, 이는 2030년에 모든 코스피 상장사로 확대 적용된다. 또한 2026년부터 모든 코스피 상장사에 '기업 지배구조 보고서'가 공시 의무화된다. 이에 따라 국내 기업들은 ESG 위원회 구성 및 전담 조직을 구축하여 적극적으로 대응해야 한다. 기업들이 글로벌 투자사들의 ESG 기준을 충족하게 되면 기업 입장에서는 재무적 수익을 높일 수 있고, ESG 투자 유치를 통해 지속성장의 잠재력을 확보할 수 있게 된다. 사회적으로 책임 있는 기업으로 기업 이미지를 개선하고 ESG 리스크를 축소하여 기업의 안정성을 확고히 할 수 있기 때문이다.

• 한국 ESG 경영의 현 상황
'자본시장 관계자들의 평가 및 투자자 입장'

현재 한국에서는 기업의 재무적 변동성 확대로 인해 자본시장 투자자들의 비재무적 리스크에 대한 관심이 커지고 있다. 이는 기업들에게 ESG 공시 요구를 하고 나선 글로벌 상황과는 다르게 기업들이 먼저 움직이고 있는 것이다. 이것은 한국의 대기업들이 해외 투자자들에게서 투자를 받고 있고, 이로 인해 ESG 관련 주주권 행사 이슈에 놓여 있기 때문이다. 이와 관련해서 한국 자본시장 관계자들은 한국 기업들의 ESG경영 활동에 대해 냉정하게 평가한다. 길게 채워진 보고서에 정작 핵심내용이 부재한 상태이며 실제로 기업경영이 얼마나 바뀌었는지 의아하다는 것이다. 특히 한국에는 이해관계자를 중요시하는 분위기가 Western과는 달리 확고하게 자리 잡고 있지를 않아서 이해관계자 권리보호 및 구제수단이 미약하고 손해배상 범위도 기업 가치에 영향을 미치지 못했기에 ESG 대응이 부족하다고 평가한다. 투자자들은 Global Reporting Initiative 즉 GRI에 기반한 지속 가능 경영 보고서뿐만이 아니라 투자자들에게 특화된 추가 정보 제공을 요구하고 있다. TCFD(Task Force on Climate-Related Financial Disclosures) 즉 기후 관련 재무정보 공개 협의체를 필두로 해서 '기후 관련 재무정보 공개'가 UN책임투자원칙의 의무가 되고 있고, 한국 국민연금도 이에 맞춰가고 있다. 블랙록이 투자사들에게 보낸 연례서한에서도 볼 수 있듯이 넷 제로에 대응하기 위한 계획 제출을 요구하는 등 관련된 관심이 이곳저곳에서 고조되고 있는 추세이다.

코로나 등 환경변화가 큰 시점일수록 ESG 관리 등 지속 가능 경영 전략이 급속히 재평가될 것이다. 투자자들이 중시하는 TCFD나 SASB(Sustainability Accounting Standards Board) 즉 지속 가능 회계 기준 위원회 등의 보고 틀을 따르게 되면, 리더십과 거버넌스, 경영전략, 비즈니스 모델, 지표와 목표, 위험관리, 운영 및 성과, 이해관계자 등에 대해 체계적으로 보고해야 하기 때문에 대강 Green washing하고 넘어갈 수가 없다. 특히 기업의 실무자들은 이런 세세한 내용을 알고 나면 기업 전체의 Value Chain과 인식이 바뀌어야 제대로 할 수 있고 더불어 구성원 전체의 전사적인 노력이 따라줘야 한다는 생각에 기업 차원에서 ESG 관리를 잘 할 엄두가 나지 않을 것이다. 제조업 기준으로 일단 생각을 해보더라도 원재료 제조부터 중간 배송과 마지막 폐기에 이르기까지 전과정에 걸쳐 환경적인 이슈가 개입되어있고, 무엇을 중시하여 우선 손대야 할지 결정해야 하기 때문이다. 기업을 변혁하기 위한 ESG경영을 단단히 마음먹고 과감히 실천하려면, 예산 및 전담조직의 역할과 필수적으로 수반되어야 하는 강한 실천력 등 곳곳에 충분하고도 확실한 역량이 투입되어야 하며, 이는 CEO의 결단에서 시작되어 실천되어야 할 사항이며 조직 구성원들의 적극적인 활동과 참여가 필수다. 이러한 흐름에 대응하기 위하여 금융위원회는 2025년까지 ESG 책임투자 활성화를 위한 제도적 기반 조성을 위하며 단계적 의무화를 하겠다는 입장을 밝혔다. 2025년부터 자산 2조 원 이상, 그리고 2030년부터 전 코스피 상장사들의 ESG 관련 지속 가능 경영보고서 공시를 의무화하겠다는 것이다. 그런데 해당 일정이 너무 늦어서, 한국 기업들이 글로벌 공급사슬에서 소외되고 투자가 잘 이루어지지 않을 것에 대해 많은 사람들이 우려하는 모습을 보이며 신속한 진전을 요청하고 있다. ESG의 급속한 전개를 보면서도 사람들은 구시대로 되돌아갈 것인지, 뉴노멀을 만들 수 있을지 등의 의문을 던진다. 사실 새로운 대전환을 위해서는 과거 습관적인 행동양식 및 생각과의 이별, 이를 단절하고자 하는 노력이 필수적이다. 경제적 가치만 추구하는 성장만능주의가 무너지고, 불평등의 현실에 놓인 지금 공의의 실현, 사회적 가치창출, 지속 가능 경영, 포용성장이라는 새로운 가치 전환을 이루어 낼 수 있을 것인지, 그리고 이에 따라 개인과 기업들의 행동이 변화하여 이것이 습관으로 정착되고, 문화로 정착될 것인지 등에 대한 생각을 하지 않을 수 없다. 물론 이를 뒷받침할 수 있는 법과 제도의 정립과 정책 변화가 함께 이루어져야 한다. 한국 사회는 이러한 길로 가고 있는지 심각하게 생각해봐야 한다. 결국 그 대답은 우리의 선택과 행동을 통해서 우리가 만들어갈 미래를 통해서 보여질 것이다.

ESG에서 투자자들이 추가적인 정보를 요구하는 것은 재무재표가 기업의 모든 가치를 정확히 반영하지 못하기 때문이다. 재무적 지표만으로는 기업이 창출하는 가치 그리고 부의 가치 등을 나타내지 못하기 때문에, 사회적 가치를 비롯해서 환경 등의 여타 비재무적 지표들에 대해서까지 자세히 요구하고 나선 것이다. 사회적 경제, 사회적 금융, 임팩트 투자 등이 일궈 온 사회적 가치에 대한 측정, 평가 체계에 대한 논의는 ESG의 활동 및 성과보고에 있어 기반이 된다. 기업은 ESG 경영을 추구함에 있어서 주요 이해관계자들을 List-up하고 그들의 요구를 면밀히 조사해야 한다. 해당 사항과 같은 중요한 사항을 체크하는 데 있어서는 그동안 가치를 높게 두고 해왔던 활동들을 바탕으로 진행하는 것이 필요하다. 특히 임팩트 투자 협의체 조직구성원 등을 통해서 지속적으로 개발되고 업그레이드되어 온 사회성과지표들을 KPI 즉 Key Performance Indicator 핵심성과지표로 활용할 수 있고 이는 ESG 경영을 체계화 및 발전시킬 것이다. ESG의 전개 및 발전과 발맞추어 사회적 가치에 대한 인식과 내용 그리고 성과 평가도 비약적으로 발전할 것으로 전망된다. 이를 위해 사회적 경제, 영리 및 비영리기업, 자본시장 관계자가 함께 사회적 가치 측정과 보고시스템을 표준화하기 위해 지속적으로 협업해야 한다. 기업은 사회라는 옥토와 구성원을 원동력으로 성장발전한다. 사회문제를 해결하고자 하는 기업의 노력이 사회에 영향을 끼치고, 사회활동을 하는 다양한 경제주체들의 공공이익 추구활동이 사회적 가치실현을 견인하고 뻗어나가며, 그렇게 '가치경영'이라는 이념을 바탕으로 가치를 실천하고 사회적으로 영향력을 널리 끼치게 되면 비로소 핵심 축으로써 견고하게 역할을 하며 한 사회의 경제에 상위 가치를 제공하며 상호 간에 성장발전하게 된다. 경제적 가치와 사회적 가치를 함께 창출하고자 하는 기업의 정책과 이를 실행시키고자 하는 노력 및 역량, 이에 따른 노력의 결과는 경영성과라는 열매를 맺게 해주는 것이다. ESG는 기업이라는 나무를 가지치기 해주고 관리해주는 역할을 하면서 이를 통해 지속성장할 수 있도록 해준다는 면에서 그 의미가 크다. 기업이 경제적 가치와 사회적 가치를 동시에 추구하며 성장발전할 수 있도록 구성원의 생각과 행동, 그리고 기업경영시스템 등이 개선되도록 도와주는 핵심가치인 것이다. 지구와 사회, 그리고 기업과 같은 사회경제조직체들의 지속 가능성을 위해서는 기업의 기반이 되는 사회라는 토양을 기름지게 하고 불필요한 잔가지는 가지치기 해주면서 지속적으로 성장발전할 수 있는 환경을 조성해주어야 하는데 바로 이 중요한 역할을 하는 것이 ESG인 것이고 따라서 ESG경영은 지속 가능한 환경, 기업경영, 인간생활 영위를 위해 필요한 핵심가치이다. 앞에서 자주 언급되고 강조된 이해관계자 관련 이슈 중에서 ESG는 특히 철저히 투자자의 관점에 놓여있다고 할 수 있다. 그러므로 ESG가 한순간 유행하다가 그칠 현상이 아니라 기업과 자본시장을 뒤흔들고 장기적 변화를 가져오게 만드는 동력이 될 수 있다고 전망하는 이들이 많다. 세계 최대의 자산운용사인 블랙록, 한국 국민연금, 일본 공적연금, 네덜란드 국부펀드를 비롯한 Transnational Investor들은 안정적 수익 창출을 위해 자국내 자산 뿐 아니라 해외의 다양한 자산에 대해 분산투자를 실시한다. 그리고 해당 포트폴리오 성과는 전 세계 경제상황 및 성장추이와 밀접한 연관성을 띈다. 만약 지구온난화가 현추세로 진행된다면, 전 세계 자산가치가 약 30% 폭락할 것으로 예상되므로 그동안 외면해왔던 'Externality in Variety Environment'를 감안해서 장기적 투자성과를 이끌어내고자 할 것이다. 이것이 바로 자본시장이 소위 비재무적 가치라고 생각했던 ESG를 강조하고, 이를 고려하는 이유이다. 부정적 외부효과를 생각하면 접근하기 쉽다. 공장이나 교통수단에서 발생하는 이산화탄소, 메탄 등 공기오염의 주요 요인은 대기오염을 야기하고 인근 주거지의 거주민들에게도 피해를 가져다준다. 따라서 Transnational Investor들은 환경오염에 따른 지구온난화 현상, 이에 따른 해수면 상승, 그로 인한 해안가 마을 침수 등을 예견하고 관련된 투자를 지양하고 환경적 이슈를 반영하여 장기적이고 지속적인 투자성과 창출을 도모하는 것이다. 관련하여 탄소배출권 거래제도를 통해 외부불경제의 내부화를 이루고 외부불경제를 초래한 원인 제공자들에게 사회적 비용을 부담하도록 함으로써 사회적 비용과 사적 비용의 차이를 인식하고 세금을 내도록 하면 관련 생산자가 생산량을 자발적으로 사회적 최적수준으로 줄이려고 노력할 것이므로 비용을 발생시키는 사회적 문제를 해결할 수 있다. 투자자는 이렇게 기업을 평가하고 투자결정을 내릴 때 해당 사항을 검토해서 투자여부를 판단하며 이러한 양상은 ESG책임투자의 주요 트렌드로 자리잡고 있다.

• 자본시장과 투자의 미래, 사모펀드

한국은 '재벌 사회'다. 필자의 미국인 친구들조차 "재벌"이라는 한국 단어를 그대로, 하지만 특유의 American accent를 넣어서, 미국식 발음으로 말하면서 재벌이 지배하고 있는 듯한 한국 경제상황에 대해 얘기하곤 한다. 국가 차원에서 빠른 추격자 모델을 채택하면서 소수의 자본력 있는 '재벌 기업'이 다양한 산업을 담당하게 됐다. 국가는 저금리, 저임금, 세제 혜택, 산업단지 등 다양한 당근을 제시하고 '재벌 기업'들은 국가와 호흡을 맞춰 건설업, 조건업, 철강산업, 자동차 산업 등 굵직한 산업을 빠르게 성장시켰다. 재벌 체제에 대해 여러 다양한 평가가 있지만 한국을 세계 10위권 경제 대국으로 만드는데 이 체제가 상당부분 역할을 한 것은 부정할 수 없다. 그러나 1997년 외환위기를 겪으면서 해당 '재벌 체제'에 금이 갔다. 한국 경제가 미국과 중국발 위기를 겪자 대우그룹 등 거대 기업들이 무너져 내렸다. 무너진 현장을 보면 비극적이고 암담하지만 끝이 있으면 시작이 있듯 New paradigm인 IT정보통신, 4차 산업혁명을 거치며 기술력 하나만으로 경쟁력을 갖출 수 있는 시대가 도래했고 Naver, Daum 등 포털 사이트와 엔씨소프트 등 지식재산을 기반으로 한 게임업체, 그리고 Kakao 등의 플랫폼 기업들이 가파른 성장세를 보이며 국민기업 대열에 들어왔다. 이 밖에도 다양한 벤처 기업들이 등장해 한국경제에 활력을 불어넣었다. 기술의 발전과 이런저런 변혁을 등에 업고 다채로운 변화가 일어나며 한 세대를 지나자 한국경제의 주역이 교체되었다.

대우, 삼성, 현대로 대표되던 제조업 중심의 한국 대표 대기업 양상이 Kakao, Naver, SK 등 IT통신기업 등 4차 산업혁명과 미래산업을 이끄는 기업들로 대표되고 있다. 이를 잘 반영하듯이 대한상공회의소(이하 대한상의)의 회장단 구성도 바뀌었다. 2021년 SK 최태원 회장이 새로운 대한상의 회장으로 취임했고 SK그룹은 배터리, 바이오, 반도체 등 미래 먹거리를 꾸준히 발굴하여 성장시키면서 'One of the most innovative leading company'로 자리매김하고 있으며 대표적인 'ESG경영 모범기업' 사례로도 거론되고 있다. 이렇게 산업의 방향과 트렌드를 기준으로 보면 'ESG경영'의 핵심축에 있으면서 이와 맞물려 있는 SK대표가 대한상의 회장직을 맡은 것은 자연스러운 일이다.

4차 산업혁명 시대가 본격적으로 도래하고 국내에서도 IT통신기업의 위상이 점차 높아지면서 판도가 바뀌었다. 서울 상공회의소 임원진에 IT 1세대 창업가들이 다수 영입된 점은 변화의 신호를 그대로 보여주는 현상이다. 한편, Kakao는 2021년 8월 기준 코스피 시가총액 4위, 엔씨소프트는 22위에 오를 정도로 몸집이 커졌고 2021년 '블룸버그 억만장자 지수'에 따르면 김범수 카카오 의장은 순자산 약 15조 4000억 원으로 한국 최고 부호에 list-up됐다. 블룸버그는 "수십 년 된 대기업들이 지배하는 한국에서 자력으로 성장한 IT 기업이 최고의 자리에 등극한 상황을 여실히 보여주는 대표적인 예시"라고 하며 기념비적 사건으로 평가했다. 스타트업으로 시작한 기업들은 외부 투자유치에 익숙하다. 벤처캐피탈, 사모펀드 등과 협업을 통해 신사업에 진출해서 성공 히스토리를 작성해나가고 있다. 카카오 그룹은 특히 최고의 사례로 거론된다. 수익 모델이 취약해서 M&A를 전투적으로 추진하기가 힘들어지자 재무적 투자자의 도움을 받아 성장하는 방법을 선택했다. Kakao Mobility는 투자자들로부터 총 1조 원이 넘는 자금 조달을 이뤄냈다. 앵커에쿼티 파트너스는 Kakako M에 약 2100억 원, Kakao Page에 약 1250억 원, Kakako Japan에 약 6000억 원을 투자했다. Kakao Bank는 약 2500억 원을 TPG Capital과 앵커에쿼티 파트너스로부터 유치해냈다. 해당 기업들은 연이어 IPO를 진행하며 그룹 시가총액 100조 원 시대를 열었으며 추가적인 IPO를 예고하고 있어 Kakao의 성장은 지속될 예정이다. 이러한 Kakao Group의 성장은 Paradigm Shift를 상징한다. 전통 제조업 기반의 재벌 그룹이 한국경제 1.0을 상징한다면 IT기업의 비상은 한국경제가 2.0으로 돌입했음을 보여준다. IT, 플랫폼, 반도체, 배터리, 2차전지, 수소 업체 등 미래 주요 성장산업 관련 기업들이 조 단위 평가를 받으면서 시가총액에서는 웬만한 중견 기업을 뛰어넘고 있다. 4차 산업혁명이라는 시계가 한층 빠르게 분침, 시침을 돌리면서 한국경제를 주도하는 기업 변화 양상을 여실히 보여주고 있는 것이다.

그렇다면 10년 후에는 어떤 모습이 될까? 대한상의에 국내 주요 PEF 운용사 대표가 그 자리에 앉게 될 것이다. 이미 PEF는 100조 원의 자금을 굴리는 큰손이자 주요 기업의 주인이거나 투자자로 이름을 올리고 있다. 대체투자 증가 속도를 고려하면 10년 후 PEF의 영향력은 지금의 수십배 이상이 될 수도 있다.

미국은 이미 PEF가 주요 경제주체의 영향력을 넘어섰다. 세계 1위 PEF인 블랙스톤은 2007년 미국 나스닥 시장에 상장했다. 현재 블랙스톤의 시가총액은 약 160조 원으로 세계 최대 투자은행 골드만삭스의 시가총액인 147조 원보다도 더 큰 액수이다. 2021년 3월 말 기준 블랙스톤의 운용자산은 약 747조 원으로 삼성전자 시가총액인 470억 원보다도 큰 액수이며 미국 경제에 미치는 영향력이 점점 커지고 있다.

한국은 경제의 새로운 헤게머니가 금융자본으로 쏠리고 그중에서도 PEF로 자금이 몰리고 있다. 바이아웃을 통해 기업을 직접 경영하거나 기업의 조력자로 역할을 하기도 한다. 금융자본이 주도하는 한국경제 3.0단계가 가까워 오고 있다. 격변하는 상황 가운데, 기업에게 최고의 투자 파트너는 PEF이다. 거대 자본과 창의적 Deal sourcing 능력 및 구조, 그리고 혁신성장전략을 지닌 핵심 인재들이 있기 때문이다. 사모펀드라는 말을 들으면 경영권을 위협하는, 고금리를 추구하는 집단의 방법이라고 생각할 수도 있지만 지난 날의 해외투기세력과 이들의 자본이 쌓은 이미지가 여러모로 기업인들에게 편견을 안겨주고 있는 면도 있다. 한국 PEF는 단기 차익을 실현하는 트레이더가 아니며 최소한 사오년여 동안 기업 본연의 가치를 상승시켜서 수익을 실현시켜주는 경영참여형 PEF이다. PEF는 기관투자자의 자금을 위탁 운용하며 국민연금, 사학연금, 공무원 연금 등 각종 연기금과 노란우산공제회, 과학기술인공제회, 군인공제회 등이 출자한다. 농협중앙회, 새마을금고 같은 상호금융, 그리고 시중은행, 캐피탈 등도 참여한다. 이는 국민의 돈으로 투자해 수익금을 다시 국민에게 되돌려 주는 형식을 지닌다. 산업화 시대에는 기업 성장이 높은 경제성장률을 가져와 양질의 일자리를 만들었다면 이제는 금융자본이 국민의 돈을 위탁 운용해 고수익을 가져다 준다. 부의 재분배를 위한 명목으로 전국민적 지지를 이끌어 낼 수 있는 측면을 지닐 수 있는 것이다.

PEF는 신성장 미래동력을 찾아서 키우고, 효율적이지 않은 경영 스타일은 더이상 자리잡을 수 없도록 하는데 일조하며 관련 역량을 펼쳐보인다. 신성장 미래동력을 고민하고 있다면 PEF를 통해 해답을 찾을 수 있다. 바야흐로 ESG 투자를 바탕으로 PEF와 손을 맞잡고 미래를 향해 나아갈 때인 것이다.

2 금융기관 ESG 경영의 필요성 및 공공재적 역할 증대

금융기관은 업무 유형에 따라 은행, 보험회사, 증권회사, 자산운용회사 등으로 구분할 수 있는데 이들 금융기관 모두 자금중개, 위험 분산 기능, 자산의 안전한 보관 및 관리 등의 업무를 수행하면서 수익을 창출한다. 민간 금융회사의 경우 Shareholder의 니즈를 만족시키기 위해서 수익 극대화를 추구할 수 있으나, 일반 기업과 다르게 금융기관의 수익 극대화를 최우선 목표로 두어서는 지속 가능한 금융서비스를 제공하기 어렵다. 금융기관이 수익 극대화를 최우선 목표로 두고 사업을 영위하면 도덕적 해이 및 이해상충 리스크에 노출되어 금융소비자의 이익을 훼손할 수 있으며, 만일의 경우 해당 금융기관이 부실화되면 해당 금융기관과 자금 거래를 수행한 타 금융기관과 일반 기업의 연쇄 부실로 이어질 수 있는 등 금융안정을 위협할 개연성도 존재한다. 즉 금융기관은 수익을 창출하는 역할 못지않게 자금중개, 위험분산 기능 등을 수행함으로써 경제주체의 복지향상을 돕는 공공재적 역할을 중요하게 수행하고 있다. 금융기관이 공공재적 역할을 충실히 수행할 때 경제 시스템 내의 자원이 보다 생산성이 높은 분야로 흘러가게 되어 자원배분의 효율성이 증대되고 나아가 경제주체 전체의 후생이 증가하게 된다.

COVID19 이후 경제주체간 양극화가 확대되고 기후변화 위험이 커짐에 따라 금융기관들이 공공재적 역할을 더욱 강화해야 한다는 의견이 커지고 있다. 사실, 금융기관들이 공공재적 역할을 소홀히 했으며 금융기관 및 해당 임직원의 이익을 과도하게 추구하여 경제주체 간 양극화를 확대시키는 등 경제시스템 전체의 후생을 오히려 감소시켰다는 주장이 계속해서 나오고 있다. 글로벌 금융위기의 책임을 묻고자 2011년 이후 미국 뉴욕에서 월스트리트 점령 운동이 확산된 것이 대표적이다. COVID19 이후 사회적 양극화가 더욱 확대되고 기후위기 관리의 중요성이 커짐에 따라 금융기관의 사회적 책임 강화를 주장하는 목소리가 확대되고 있다. 과거 금융기관들이 자금의 중개, 위험의 분산, 자산의 보관 및 관리, 지급결제서비스 제공 등의 역할을 수행해 왔다면 미래의 금융기관들은 전통적 공공재적 역할 외에 환경, 사회, 지배구조 관련 문제해결에 앞장서야 하며 해당 역할이 증대되어야 한다는 것이다. 특히 기후변화 위험이 빠른 속도로 증가하는 가운데, 정부와 민간 기업들의 노력만으로는 기후 변화 위험에 능동적으로 대처하기 어렵기 때문에 ESG 가치 추구에 많은 자금을 신속하게 공급할 수 있는 금융기관의 역할이 매우 중요하다는 것이다. 금융산업은 ESG와 관련한 비재무적 가치를 효율적으로 측정할 수 있고, ESG 가치가 우수한 곳에 보다 많은 자원을 신속하게 공급할 수 있는 장점을 가지고 있기 때문이다.

• 금융기관의 ESG 가치창출에 대한 노력, 지배구조 개선

금융기관이 'ESG가치창출'에 앞장서려면 금융기관의 이사회와 경영진이 'ESG 가치창출'을 우선순위에 두는 방향으로 비전과 목적을 재설정해야 한다. 과거 금융기관은 재무적 수익 창출을 최우선 목표로 두고 재무적 수익 창출이 기대되는 부분에 보다 많은 인적, 물적 자원을 배분하였다. 또한 주요 금융기관들은 재무적 수익 창출에 부정적 영향을 미칠 수 있는 평판위험을 관리하기 위해 지역사회기부, 봉사활동, 배당금 지급 등 제한적인 범위 내에서 사회적 책임 활동을 수행해왔다. 특히 COVID19 이전에는 국내외 금융기관들이 기후변화에 따른 위험을 거의 인식하지 못해서 환경 관련 이슈에 대해 주의를 기울이거나 환경문제를 해결하고자 하는 노력을 거의 보이지 않았다. 한국 주요 금융기관 또한 자사의 정관 등에서 'ESG가치창출'을 우선순위로 반영하거나 근로자, 고객, 금융소비자, 지역사회, 주주 등 이해관계자 이익 제고를 강조하는 문구를 주요하게 다루지 않았다. 이렇듯 한국 금융기관이 'ESG 가치창출'을 위한 의미를 중대하게 부여하며 관련 업무를 수행하거나 자원을 배분하는 등의 액션을 적극적으로 취하기를 기대하기가 쉽지 않았다. 하지만 이제는 바뀌어야만 한다. 벤치마킹하기 좋은 대표적인 예로 글로벌 금융기관 중에서 'ESG 가치창출'을 위해 지배구조를 적극적으로 개선한 곳으로 블랙록을 꼽을 수 있다. 블랙록은 2019년 8월 미국 Business Round Table 즉 BRT에서 '이해관계자 자본주의로의 전환 선언'을 계기로 'ESG경영'을 위해 최상위 이사회 밑에 Global Executive Committee 즉 GEC 하위위원회를 세우고 하위위원회로 하여금 7개 투자본부의 ESG 전략 및 집행을 담당하도록 하였다. 블랙록은 하위위원회와 별도로 BlackRock Sustainable Investing 즉 BSI를 설립해서 블랙록이 투자하는 개별 기업들에 대한 ESG 품질을 분석하고 지속 가능 보고서를 점검하는 역할을 수행하고 있다. 또한 블랙록은 자사 및 개별 투자 기업의 ESG 관련 위험을 종합적으로 평가하고 분석하는 Risk and Quantitative 즉 RAQ를 두어 전사적 ESG 경영을 뒷받침하고 있다.

• ESG 투자 관련 스튜어드십과 주주가치제고, 주주행동주의

스튜어드십 코드는 자산운용사, 연기금 등의 기관투자자들이 주인의 재산을 관리하는 집사(Steward)처럼 '고객들이 맡긴 돈을 자기 재산처럼 최선을 다해서 잘 관리하고 운영해야 한다'는 원칙과 기준을 의미한다. 스튜어드십 코드는 기관투자자가 기업의 주식만을 보유하는 것을 뛰어넘어 투자대상회사 자체를 점검하고 염려되는 점이 있으면 적극적으로 나서서 주주가치를 제고할 것을 요구한다. 비공개 대화, 의결권 행사, 주주 제안 등 주주활동은 스튜어드십 코드를 이행하기 위한 주요 수단이다.

스튜어드십 코드는 2010년 영국이 최초로 도입하였고 영국은 worker report에 기초해서 이를 제정하였으며 이후에 캐나다, 네덜란드, 스위스, 이탈리아, 일본, 말레이시아, 홍콩 등 연기금 산업이 발달한 선진국을 중심으로 확산되었다. 이는 기관투자자들이 주식을 장기보유하면서 경영에의 관여를 통해 투자대상기업의 지배구조를 개선할 목적에서 도입되었다. 영국은 2019년 10월 스튜어드십 코드를 2차 개정하면서 스튜어드십의 개념을 '자본의 분배와 관리 및 감독을 위해서 수익자와 고객에게 장기적인 가치를 가져다주고 지속 가능한 이익을 제공해주는 활동'이라고 정의했다. 또한 7번째 원칙에 '서명기관은 중요한 환경, 사회, 기업지배구조 문제, 기후변화를 포함해서 스튜어드십과 투자를 체계적으로 통합해서 책임을 완수해야 한다.'는 부분을 추가했다. 이것은 기업의 지배구조만을 생각하던 기존과는 다르게

ESG 관련 이슈를 투자와 결합시켜서 스튜어드십이 지향하며 나아가야 할 새로운 방향을 제시한 것으로 볼 수 있다.

주주행동주의는 주주들이 이익 증대를 위해서 다양한 방법으로 권리를 행사하는 행위를 의미한다. 주주가 배당금이나 시세차익 뿐만 아니라 경영 투명성 제고, 구조조정 등의 이슈에까지 적극적으로 개입한다. 주주행동주의가 확산하면서 주요 주주지분을 확보한 후에 주주총회에서의 지배구조 개선을 촉구하면서 표대결을 벌이는 펀드도 많아졌다.

③ Stakeholder Capitalism 이해관계자 자본주의

Stakeholder Capitalism이해관계자 자본주의를 이해하기 위해서는 우선 하기의 두 가지 이슈에 대해 짚고 넘어가야 한다. 첫째, Stakeholder Capitalism 이해관계자 자본주의가 주주자본주의에 대비되는 용어로 이해되는 경우가 많다는 것이다. Milton Friedman을 비롯한 신고전주의 경제학파인 시카고 학파가 자유주의 시장경제를 기반으로 강력한 주주 자본주의를 주장하면서 20세기 말까지 해당 주장이 경영경제 전반을 지배했기 때문에 이에 익숙한 경영경제인들이 Stakeholder Capitalism 이해관계자 자본주의를 대비어로 생각했기 때문이다. 하지만 Stakeholder Capitalism 이해관계자 자본주의는 주주자본주의와 대비되는 신개념이라기보다는 자본주의 자체의 근본적인 문제를 생각하며 대안을 모색하던 중에 대두된 개념이고, 사회에 대한 책임감을 바탕으로 미래를 진지하게 고민하면서 해당 이슈를 진중하게 고찰하고자 함에 그 의의가 있다. Stakeholder Capitalism 이해관계자 자본주의는 자본주의의 기본 전제인 사유재산의 인정, 자유주의 및 시장경제를 부정하는 것이 아니라 이러한 자본주의의 기본 전제를 기반으로 어떻게 하면 기업의 발전과 성장이 사회의 공동 번영으로 이어지는 선순환 구조를 만들어 낼 수 있을지를 고민하고 탐색하는 과정이라는 점을 간과해서는 안된다.

둘째, 이해관계자를 기업 경영의 주요 역할자로 간주한다는 것에는 여러 의미가 있으며 논자들마다 서로 다른 의미로 주장하고 이해하고 있다. 도구주의적 이해관계자 자본주의는 이해관계자의 존재와 그 영향력을 인정하고 이들의 요구를 파악하고 충족시킴으로써 이해관계자와 협력적으로 주주가치를 극대화할 수 있다는 전략적 사고를 강조한다. 기업이 사회적 목적을 수용하는 것이 궁극적으로 기업의 장기적인 경제적 가치를 높이는 일이라는 것이다. 만약 Shareholder Capitalism 주주자본주의나 Shareholder primacy 주주 중심경영이 주주의 단기적 이익이 아니라 장기적 가치를 극대화하는 것이라면 주주 중심과 이해관계자 중심 경영에 차이가 없게 된다. 프리드만의 주주 중심주의가 본질적으로 이해관계자 자본주의와 다르지 않다고 주장하는 사람들의 논지도 여기에서 찾을 수 있다. 이 견해는 막대한 영향력을 가지는 이해관계자의 요구를 충족시키고 그들과 긍정적 관계를 유지하면서 협력적으로 가치를 창출하는 것이 주주 뿐 아니라 모든 이해관계자에게 최적의 결과를 가져온다는 점을 강조하는 것이다.

주주의 가치와 이해관계자의 가치가 상충하는 경우도 많으며, 환경파괴나 소득불평등, 고용불안 등과 연관된 사회적 비용이 발생하는 경우와 관련해서는 주주와 이해관계자 간의 가치상충과는 성격이 다른 문제이므로, "주주 자본주의와 이해관계자 자본주의의 자본주의에 대한 Normative approach는 그 어떤 이해관계자의 가치도 다른 이해관계자 집단의 가치를 위해 희생되어서는 안 된다"는 윤리적 명제에 기초한다고 볼 수 있다. 또한 지배구조에 관한 이해관계자 이론 중 다원적 이해관계자 이론은 궁극적으로 이해관계자 가치 극대화라는 이상적 목표를 달성해야 하거나 달성할 수 있다고 가정하는 접근법이다. 규범적 접근과 다원적 접근은, 맥락은 다소 다르지만 공통적인 이슈를 가지고 있다. 즉, 이해관계자의 절대적 가치 최대화를 목표로 한다고 해도 최상의 해결법을 찾을 수 있는 관계를 제시하는 것이 불가능하며, 서로 다른 이해관계자들 간의 중요도와 비중을 확인할 수 없기 때문에 현실적인 시사점을 가진 이론적 모형을 찾아내기가 쉽지 않다.

• 이해관계자 자본주의 태동과 배경

　이해관계자 자본주의는 주주만이 아닌 종업원, 공급자, 고객, 지역 사회 및 정부 등 다양한 집단의 이해관계를 고려하면서 기업의 지속 가능성을 추구하는 것을 목적으로 한다. 결과적으로 이해관계자 자본 주의는 자본주의의 발전과 산업화에 따른 기업의 영향력 강화 및 경제 성장의 과정에서 발생하는 문제들을 해결하기 위해 기업의 재무적 성 과와 사회적 가치에 대한 균형점을 찾고자 하는 노력에 기초하여 탄생 한 경영 패러다임이라고 할 수 있다. 특히 이해관계자 자본주의에서는 기업의 존재 및 활동 목적이 특정 이해관계자가 아니라 기업과 상호작 용하는 모든 이해관계자들을 위한 것이 되어야 함을 강조하고 있는데, 이러한 측면에서 기존 전략 경영의 접근법과 방식의 변화가 요구될 수 있다. 과거 기업의 목적이 주주가치를 극대화하는 것이었기 때문에 기 업의 전략도 이를 위해 수립되고 실행되어야 했다. 그러나 이제는 기 업의 목적이 이해관계자와 더불어 지속 가능성을 추구하는 것으로 변 화되었기 때문에 이에 따라 기업의 전략도 전환되어야 한다. 다음 챕 터에서는 이해관계자 자본주의의 패러다임을 적용한 전략적 측면의 변화를 살펴보고자 한다.

·이해관계자 자본주의 시대의 ESG경영혁신 및 전략변화 요구 배경

　'일반 경영학' 관련하여 언급할 때는 이해관계자 관련 단어들이 명료하게 정의되지만, 'ESG경영' 관련해서는 여러 용어들이 명쾌히 구분되지 않고 쓰여지고 있다. ESG라는 용어는 기업의 '비재무적 성과 평가' 요소 중 환경적 성과 사회적 성과 그리고 거버넌스(기업의 지배 구조와 원칙)측면을 총칭할 때 사용한다. 따라서 ESG assessment 즉 ESG를 평가하거나 ESG management 즉 ESG를 관리한다는 표현은 적절하지만 'ESG를 한다'라거나 'ESG를 잘 한다'하는 등의 표현들은 쓰지 않아야 한다. 한편 환경성과, 사회성과 거버넌스 지배구조를 평가해서 이를 투자 의사결정에 반영하는 투자 방법에서 ESG라는 용어가 탄생했기 때문에 'ESG투자'는 적절한 표현이다. 반면 'ESG경영'이라는 표현은 재고를 할 필요가 있다. 산업계 및 학계에서의 'ESG경영'은 보통 Environment, Social, Governance 가치 향상을 위한 '경영 전략 유형'을 의미한다. 사실 이를 가장 잘 나타낸 적절한 표현은 '지속 가능 경영' 또는 '이해관계자 중심 경영'이다. 한편 금융기관에서의 'ESG 경영'은 투자기관 및 금융기관이 투자 포트폴리오 구성 등 투자 전략 중의 하나인 해당 유형을 표현하기 위해 사용한다. 영어로 'ESG management'를 검색하면 대부분 투자기관 및 금융기관의 투자전략을 의미하는 단어로 이용되고 있는 것을 통해 해당 사실을 확인할 수 있다. 'ESG management'라는 표현을 쓰는 경우, ESG 성과관리에 제한적으로 사용하는 용어라고 잘못 알고 있어서 이해관계자 중심 경영에 대해서 단편적이고 좁은 사고를 할 가능성이 발생하므로 짚고 넘어가고자 한다. Stakeholder Capitalism이 경영학계와 현업 즉 실무에 본격적으로 대두되고 이해관계자 중 가장 보수적인 투자자들이 비재무적 요소인 ESG를 투자 결정에 있어 고려하겠다고 하면서 기업들에게 압력을 가하고 있는 상황은 기업 경영에 있어서 혁신적인 전략적 변화를 요구하고 있으며 이를 이끌어 내고 있다. 자본주의의 구조적 문제인 소득불평등 심화, 인간의 경영 · 경제활동으로 인한 환경오염과 기후변화의 심각성, 이에 따른 이해관계자들의 의식향상 필요성 대두 등의 이슈는 경제 상황에 따라 정도의 차이를 보이지만 어찌되었든 결과적으로는 다양한 이해관계자의 engagement와 action을 유발했다. '주주 중심 경영'과 자유주의 시장경제의 내재적 문제가 갈수록 심화되면서 인류의 지속 가능성을 위협할 상황에 이르렀다는 자각이 크리티컬하게 인식되고 퍼지면서 대체적 자본주의를 모색하게 되었고 해당 상황 가운데 산업계 및 학계 리더들은 '주주 중심 경영'이 아니라 주주를 포함한 다양한 이해관계자가 공존공영 및 성장발전하는 경제체제와 경영방식을 모색하게 되었고 유일무이하다고 생각되어지는 대체해법으로 각광받고 있는 것이 Stakeholder Capitalism이해관계자 자본주의이다.

4 사내이사와 사외이사에서 여성 비율의 의미

2022년 3월, EC 즉 유럽연합 집행위원회는 2027년까지 기업(상장 기업 및 250명 이상의 직원이 있는 기업에 적용) 이사회의 33%, 비상임 이사 중 최소 40%를 여성으로 임명하도록 하는 법안을 승인하는 데 동의했다. 2012년 처음 상정된 법안이 10년간 표류하다가 드디어 승인된 것이다. 이후 EU 의회에서 입법이 되고, 세부 계획이 논의되는 과정을 거치게 된다. 10년간 표류하던 법안이 진전을 이룬 것은 글로벌 투자 자본들이 이사회 다양성을 요구하며 목소리를 높인 것과 ESG에 대한 관심 확대가 늘어난 것에 따른 결과이다. 사실 이사회 1/3 이상 여성 임원 할당제 목표는 충분히 달성 가능하다.

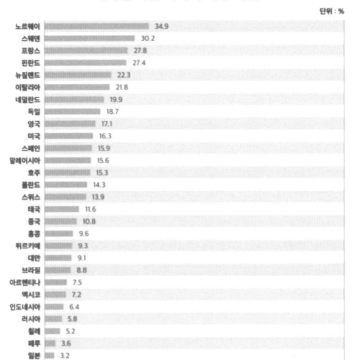

국가별 기업 이사회 여성 비율

단위 : %

국가	비율
노르웨이	34.9
스웨덴	30.2
프랑스	27.8
핀란드	27.4
뉴질랜드	22.3
이탈리아	21.8
네덜란드	19.9
독일	18.7
영국	17.1
미국	16.3
스페인	15.9
말레이시아	15.6
호주	15.3
폴란드	14.3
스위스	13.9
태국	11.6
중국	10.8
홍콩	9.6
튀르키예	9.3
대만	9.1
브라질	8.8
아르헨티나	7.5
멕시코	7.2
인도네시아	6.4
러시아	5.8
칠레	5.2
페루	3.6
일본	3.2
한국	1.2
평균	13.6

자료 : Business Strategy and the Environment

EU 27개국 중 프랑스와 독일을 비롯한 8개국은 이미 유사한 제도를 시행 중이며 2021년 10월 기준 EU 내 기업의 이사회에서 여성 이사 비율은 약 30%, 이사회 의장 중 여성은 8.5%다. ESG Leader인 European countries의 상황은 이러한데 한국 정부는 언제쯤 EU 수준의 이사회 여성 비율을 제도화할 수 있을까?

・다양성에 있어서의 글로벌 트랜드
'여성이사를 요구하는 글로벌 투자자본'

첫 번째는 '노르웨이 국부펀드 여성 이사 비율 30% 이상 요구' 사례이다. 2021년 2월, 노르웨이 국부펀드 NBIM는 자신들이 투자하는 전 세계의 기업에 여성 이사 비율 30% 이상을 요구하겠다고 발표했다. 여성 이사 비율이 30% 미만인 기업은 '젠더 다양성 목표'를 정하고 진척 상황을 공개하는 등 공식적인 추진을 권유했다. 당시 노르웨이 국부펀드는 74개국 9000여개 기업에 투자하고 있었다. 경영진의 여성 비율을 높이라는 투자자본의 목소리는 계속 있었지만 30%라는 구체적 수치를 제시한 건 처음이다. 투자와 성별 다양성은 상호 연계된 이슈로서 다양성이 높아지면 의사결정에 있어서도 더욱 다양하고 좋은 의사결정을 이끌어내는 등 더 나은 결과로 이어져 경영 성과가 더욱 좋아지니 투자자로서도 배당과 기업 가치 상승에 따른 이득을 본다. 공식적으로 여성 이사 비율 30%를 제기했으니, 더 적극적으로 다양성을 확보하지 못한 기업의 이사진 선임에 반대표를 던질 수 있다. 노르웨이는 자국의 500대 기업의 이사회 여성 비율이 40% 이상이 되어야 하는 성별 할당제를 세계 최초로 시행한 나라이기도 하다. 노르웨이 국부펀드의 운용자산 규모는 2021년 12월 기준, 12조 3,400억 크로네이며 달러로는 약 1조 3,900억 달러이다. 두번째 사례는 Legal and General Investment Management 케이스이다. 영국 최대 자산운용사 Legal and General Investment Management

즉 LGIM도 이사회에 여성이 없는 TOP 100 기업의 이사회 선임에 반대하는 입장이다. 미국의 자산운용사 Alliance Bernstein도 여성 이사가 한 명도 없는 일본 기업 이사회 선임에서는 반대표를 던진다고 선언했다. 일본의 기업에 여성 임원을 확보하라고 경고하거나 권고한 투자사는 셀 수 없이 많다. 경제 선진국 중 기업의 여성 임원 비율이 아주 낮은 국가가 일본이다. 그런 일본보다 더 낮은 국가가 한국이다. 글로벌 투자자본이 이사회의 다양성을 요구하는 것은 여성을 위해서, 소수자를 위해서가 아니다. 기업의 경영 성과를 위해서다. 한국의 여성 임원 비율이 낮은 것은 여성들에게 가혹한 일이기도 하지만, 한국 경제에도 가혹한 일이다. 여성의 장점 즉 여성만의 감성적이고 창의적인 특성, 그리고 Multi-tasking이 가능한 특성을 기업 경영 성과 창출을 위해 발휘할 수 있도록 여성 이사를 선임하여 기업의 경영 성과가 더욱 이끌어내질 수 있도록 해야 한다. 글로벌 투자자본은 특히 Inflation에 민감할 수 밖에 없다. Inflation은 투자자 뿐만 아니라 소비자, 경제학자 등 다양한 분야의 사람들이 예의주시한다. 미국 달러의 구매력에 영향을 미치며 미연준 Federal Reserve가 면밀히 주시하고 있기 때문이다. 미연준은 연간 2%를 기준으로 인플레이션을 관리한다. 인플레이션이 2%보다 높으면 미국 달러의 가치가 하락해서 구매력이 크게 감소하며 이러한 멀티 태스킹을 바탕으로 한 Macro Environment적인 시장상황 파악 및 분석 능력은 여성의 특장점으로 꼽을 수 있다. 여성은 동시에 여러 가지 일을 할 수 있는데 남성은 왜

한 번에 한 가지 일에만 집중할 수 있을까? 여성과 남성이 이렇게 다른 것은 뇌 연결구조가 다르기 때문이라는 논문이 '미국국립과학원회보'에 실렸다. 미국 펜실베이아대 루벤 구르 교수팀은 1000명에 이르는 사람들의 뇌를 자기공명영상 즉 MRI의 일종인 DTI으로 분석한 결과 이 같은 사실을 밝혀냈다. 연구팀이 8~22세 남성 428명과 여성 521명을 조사했고 그 결과 여성의 뇌는 좌뇌와 우뇌 사이가, 남성은 전뇌와 후뇌가 촘촘히 연결돼있는 것을 밝혀냈다. 구르 교수는 "뇌 연결망의 차이 때문에 여성은 사회성이 높고 멀티태스킹에 유리한 반면, 남성은 인식한 정보를 행동에 바로 적용하는 순발력이 강한 것"이라고 했다. 이를 통해 알 수 있듯이 여성만의 특장점이 있음을 인정하고 점차 커지고 있는 기업의 사회적인 영향력을 여러 측면에서 분석하여 기업 이미지 제고 및 경영 성과를 극대화할 수 있도록 'Woman power'를 십분 활용하는 지혜가 필요하다.

⑤ ESG 2.0에서 부각되는 사회적 책임 이슈

ESG 중에서 E에만 편중되던 것이 ESG 1.0이었다면, S가 함께 비중 있게 다뤄지는 것이 ESG 2.0이다. ESG 투자나 ESG 경영 모두 E, 그중에서도 Net-zero, 친환경 에너지로의 전환에 우선순위를 둔다. 이러한 우선순위 관련 토픽을 다루고 나면 그 다음 순위인 사회적 책임 이슈를 다룬다. ESG 1.0이 환경적 리스크 대응을 중심으로 ESG에 진입하는 단계였다면, ESG 2.0은 본격적인 ESG 기반의 사회적 가치와 기회 창출, 비즈니스 전환 단계다. 여기에서 중요한 사회적 책임 이슈로는 생산과 공급망에서의 노동과 인권 문제, 소비자 피해배상 등이다. 플랫폼 노동자 문제, 비정규직과 긱경제 등 비즈니스 환경 변화에 따른 일자리 구조 변화는 입장에 따라 대응이 달라진다. 이러한 리스크에 대응하지 못하면 기업이 존폐 위기에 놓일 수 있다.

EU는 공급망 실사법을 통해 직간접적 공급망에서 발생하는 환경 문제와 함께 노동, 인권 문제도 비중 있게 다룬다. 이 문제를 해결하지 못하면 비즈니스 자체가 어려워질 수 있기 때문이다. 특히 비즈니스의 전환에 따른 일자리 형태 및 구조 변화가 다방면으로 일어나는데, 과거에는 없던 노동 문제가 대두되는 핵심축이 바로 이것이다. 과거 제조업 기반 산업에만 편중되어있던 산업구조가 기술의 발달 및 COVID19 등 내외부 요인의 영향으로 새롭게 변했고 이로 인해 언텍트 비즈니스의 중요성이 부각된 이후 바이오산업, IT산업 등 플랫폼 기반 산업으로 변화한 산업생태계가 형성되었다. 이러한 비즈니스 형태는 일자리 변화에 따른 노동, 인권 문제를 야기시켰다. 플랫폼 사업 종사자들의 열악한 근무환경과 시간당 임금의 수준이 대표적 예이다. AI와 Big data, Robotics 기반의 High-tech 산업이 발달할수록 인간의 일자리가 위협받는 것은 당연한 이치이다. 미래에는 로봇과 인간이 상생하며 보다 스마트하고 합리적, 효율적으로 스마트하게 로봇을 활용하여 인간의 일과 삶의 질을 향상시키는 방향으로 진일보해야만 한다. 결코 로봇에게 자리를 내어주어 예속되는 일이 없도록 선을 긋는 '현명한 결단'이 절실히 요구되어진다. 더 이상 과거와 같은 노동력이 필요 없어지고 새로운 노동력이 필요해지는 상황이 계속 발생하며 이러한 배경 아래 일자리를 잃는 사람들이 증가하는 가운데 "이들을 어떻게 도와줄 것인가?" 하는 사회적 과제가 주어졌으며 이에 따라 기업과 정부의 중요성이 증대되고 있다. 일자리 전환을 위해 기업이 적극적으로 고용하고 지원함으로써 사회적 역할을 감당할 것인지 정부가 '큰손'으로써 역할을 하고 개입하여 적극적으로 해결할 것인지는 해당 이슈를 해결하기 위해 우선적으로 필요로 되어지는 부분이다. 이는 곧 일자리, 지역사회의 해결 현안과도 연결되기에 정부로서도 외면할 수 없는 이슈이다.

AI, Robotics 등이 지배하는 4차 산업혁명 시대를 살아가면서 ESG경영을 생각하다 보면 '로봇이 사람의 일자리를 대체하는 것'은 ESG경영에 어긋나는 것일까?' 하는 질문을 하게 된다. 기계화 및 자동화에 따라 '로봇이 사람의 일자리를 대체하는 상황'을 단순히 '기술'이나 '기술이 발달한 사회적 특성'과 관련된 문제가 아니라 '사회적 책임'의 문제로 봐야 하고, 여기에서 제기되는 로봇세, 기본소득 등도 정책이나 복지 차원의 문제가 아니라 '사회적 책임'이자 사회 구성원들이 함께 고민하여 해결해 나가야 하는 '사회적 당면과제'로 봐야 한다.

• 사례1 Social 부분의 리스크 관리 이슈

Social에서 사업장 안전, 보건, 노동, 인권 문제 등은 기업이 적극적으로 리스크를 관리해야 하는 이슈들이다. 현대자동차 디자인센터 디자이너의 죽음을 두고 직장 내 괴롭힘, 승자 독식의 치열한 경쟁 시스템 등이 원인으로 제기되기도 했는데, 이는 기업 내에서 이런 문제를 해결하고 관리할 시스템이 제대로 작동하지 않았기 때문이다. 이는 현대자동차 뿐 아니라, 네이버, 삼성전자 등 주요 대기업에서도 제기되는 문제인데, 이제는 기업이 적극적으로 풀어가야만 한다.

• 사례2 ESG 관련, S 리스크 대응 이슈

HDC현대산업개발의 광주 아이파크 아파트 붕괴사고를 비롯해, 건설 및 산업 현장에서의 안전사고와 그에 따른 S 리스크는 ESG 관련, 적극적 대응이 필요함을 여실히 보여준다. 연관하여, 글로벌 투자기관에서도 주주총회에서 HDC현대산업개발의 개선을 요구했다. 해당 사고 이후 2022년 1월 말부터 시행된 중대재해처벌법에 대응하기 위해 기업들의 노동 전문 변호사 영입 경쟁이 치열해졌다. 국내 최대 법무법인인 김앤장 법률사무소에서 노사관계 분야 리더였던 변호사가 쿠팡 풀필먼트 대표이사로 옮겨간 것을 비롯해서 주요 법무법인의 노동분야 변호사들이 대기업, IT기업, 중견기업, 외국계 기업으로 대거 이동했다. 일부 법무법인에서는 중대재해처벌법 시행 이후 관련 업무는 증폭되었는데 일할 변호사가 부족해서 채용 공고를 내기도 했다. 노동

분야 변호사의 인기가 급등한 것은, S 리스크 대응이 중요 이슈가 되었다는 증거이다. 젠더, 인종 이슈는 최고의 인재를 확보하기 위해 생각해야 하는 이슈이고 전략적으로 접근할 필요가 있는 이슈이지, 소수 계층에 대한 보호만 목적이 되어서는 안된다. 조직 내 다양성 수준을 높이는 것도 결국은 다양한 인재 확보를 통해 보다 더 나은 성과를 이끌어내기 위해서이다. 노동과 인권 이슈도 결국은 인적 리스크 해소와 연결되며 해당 리스크 해소를 통해 다양한 인재를 확보하여 조직의 성과를 극대화하고자 하는 것과 연결된다.

・사례3 기후위기의 타격과 그에 따른 영향

기후위기의 타격은 노동 생산성과 무관하지 않다. E만큼이나 S도 경영 현장과 상황적인 관점으로 접근하고 파악하여 다양한 개념들을 현상들과 연결해서 다뤄야 하는 것이다. ESG는 상호 별개의 개념이 아니며 특히 E와 S는 아주 밀접하게 연결된다.

기후위기의 타격은 제3세계, 저소득층에게 더 크다. 경제강국인 선진국에서 소비하고 배출한 산업폐기물들이 개발도상국, 저개발국 등으로 이동되어 토지를 뒤덮어 '쓰레기 산'을 이룬 모습이 사진에 담겨 있는 것을 보면 양극화의 폐단을 절실히 느끼게 된다. 이는 물 부족 문제, 식량문제로도 이어지고, 주거문제와 삶의 질 문제, 그리고 경제적 불평등과 양극화 이슈로도 이어진다. NET-ZERO는 E에서 그치지 않고 S와도 연결되는 것이다. 결국 기업경영, 정보공시, 정부정책운영

뿐만 아니라 개개인의 일상생활에서도 E와 S, 그리고 G의 상호 연결성 및 의존성을 이해하는 것이 중요하다.

⑥ ISO26000, CSR, ESG 및 MSCI와 노동이슈 & 기업 노동가치 측정

ISO26000은 국제표준화기구(ISO)에서 개발한 기업의 사회적 책임(CSR: Corporate Social Responsibility)의 세계적인 표준이다. 제네바에 본부를 둔 국제표준화기구(ISO)는 사회적 책임 경영의 국제표준으로 ISO26000을 2010년 11월에 제정 발표했다. ISO26000은 사회적 책임을 이행하고 커뮤니케이션을 제고하는 방법과 관련하여 지침을 제공한다. 이를 만들기 위해 준비 기간은 4년(2001년~2004년), 개발 기간은 6년(2005년~2010년)이 걸렸다. 해당 ISO26000 지침서를 참조로 하면 어느 조직이나 미래의 지속 가능성을 확보하기 위한 활동을 준비할 수 있다. 사회적 책임에 대한 관심이 고조되면서 ISO는 2001년 ISO 소비자 정책위원회(ISO/COPOLCO)가 사회적 책임에 관한 국제 표준 개발의 타당성을 검토할 수 있도록 결의안을 승인했다. 거의 2년에 걸친 연구 결과 ISO는 새로운 표준을 개발하기 위해 사회적 책임에 관한 ISO 실무그룹(ISO/WG SR)을 구성하기로 결정했다. 실무그룹은 선진국 및 개발도상국의 국가표준기구(스웨덴의 ISO 멤버인 SIS와 브라질의 ISO

멤버인 ABNT)가 공동으로 이끌었다. 이러한 ISO26000의 기본 7개 원칙은 책임성, 투명성, 윤리적 행동, 이해관계자의 이익존중, 법규준수, 국제행동규범존중, 인권존중이다. 또한 사회적 위험과 영향을 파악하고 이를 관리하기 위해 가이드 라인에 포함시킨 핵심 분야는 조직 거버넌스, 인권, 노동관행, 환경, 공정운영관행, 소비자 이슈, 지역사회 참여와 발전 등이다. 기업이 다양한 비즈니스 의사결정이나 프로그램을 통해 기업의 사회적 책임을 이행할 때 위에 언급된 핵심분야를 고려하지 않을 수도 있다. ISO26000 가이드 라인에는 상기의 핵심분야가 기업이나 조직의 지속 가능성에 영향을 미치며 위험성이 있는 분야라고 명시되어 있다. 상기의 핵심 분야를 고려하지 않을 경우 언론 감시, 민사/형사 소송, 소비자 민원으로 이어질 수 있다. 또한 인권문제나 인적자원 관련 이슈에 관심을 기울이지 않을 경우 사회적 비난을 초래할 수 있다. 공정 거래 관행을 따르지 않을 경우에는 금전적 손해와 이미지 훼손을 입게 된다. 따라서 ISO26000 문서는 기업이 사회적 책임(CSR)을 이행할 때 어떠한 활동을 해야 하고 어떠한 의식을 반영해서 이행해야 하는지에 대해 기업을 포함한 모든 조직에게 명확한 지침을 제공하기 위해 개발되었다. 대부분의 한국 기업들이 보여주는 관행과 달리 기업의 사회적 책임은 사회에 공헌하는 몇 가지 이벤트나 프로그램을 이행했다고 해서 끝나는 것이 아니다. 본 가이드라인에 포함된 핵심주제는 기업의 주요 경영철학 및 관행에 반드시 반영되어야 한다. ISO26000은 기업이 반드시 준수해야 할 표준이 아니라 가이드라인이다. 따라서 조직이나 기업의 사회적 책임 활동 또는 프로그램이 본 가이드라인을 준수할 것인지 여부는 각 조직이나 기업의 결정에 따른다. 앞에서 살펴본 ISO26000, CSR 등과 관련된 기업의 경영 트랜드가 거론될 때마다 한국의 노동조합은 별다른 운동을 하거나 반응을 보이지 않았다. 사실 사회적으로, 사회적 책임이나 지배구조에 대한 이슈에 관심을 보이는 것에 비해 기후변화에는 거의 관심이 없었다고 해도 과언이 아닐 것이다. ISO26000, CSR이 그냥 그렇게 지나갔듯이 ESG도 그냥 그렇게 지나가리라고 생각한다면 잘못된 판단이다. 특히 기후변화와 관련한 친환경 에너지 및 산업 정책은 먼 미래의 얘기가 아닌 것이 현실이다. '그린뉴딜'이 노동조합에 미칠 영향도 적지 않을 것이다. ESG 가치는 노동조합과 환경단체 그리고 시민단체와 함께 '연대'할 수 있는 미래의제라고 생각할 수 있다. 이렇듯 대한민국 정부는 ESG를 정책과 제도로 공공기관에 적용하고 있고, 기업은 경영전략으로 녹여내고 있다.

노동가치는 어떻게 측정할까? 바로 MSCI ESG 평가를 통해 해당 기업의 노동가치를 측정해 볼 수 있다. MSCI ESG 평가항목 중 노동과 관련된 Key Issues는 크게 네가지로 구분할 수 있다. 첫째, Labor Management다. 이것은 노동자 권리확보를 위한 기업의 체계와 노력 및 그에 따른 영향 즉 이직률 등을 평가하는 것이다. 둘째, Health & Safety이다. 노동자는 안전한 노동현장에서 일할 수 있는 권리가 있다. 따라서 회사가 노동자의 안전을 위해 갖추고 있는 조직 시스템이 무엇이며 어떻게 되는지 평가받게 되는 것이다. 그리고 안전문제 이슈가 있는 사업지역에서의 사업비중과 매출비중을 측정하고 관리정도를 평가해서 점수를 매기고 이를 정량화한다. 셋째, Human Capital Development를 통해 고용된 노동자의 업무 숙련도 및 경험 향상을 위한 기업의 정책, 프로세스 등을 측정하고 그 결과를 기반으로 기업의 인력개발과 고용안정을 평가한다. 넷째, Supply Chain Labor Standard 평가는 협력업체 등 공급망 전반에 걸친 노동자 인권, 권리, 급여체계 등을 살펴보고 기업의 공급망 및 근로자에 대한 책임 여부를 평가한다. 글로벌 기업들은 거대 규모의 공급망을 가지고 있으므로 자체 노동인력 뿐만 아니라 공급망 전체에 대한 평가가 실시돼야 하는 것이다. 협력업체 선정 단계부터 'Labor Standard' Key Issue 평가 항목 중 '노동자 관리를 위한 정책 및 현실적인 프로세스 보유 여부'를 검토하고 노동자 관리 여부를 확인해야 하는 것이다.

MSCI 노동 Key Issues 중 Labor Management 부문에서 높은 평가를 받기 위해서는 노동자의 권리보장이 가장 중요한 항목이다. 실제로 Labor Management에서 점수가 높은 회사를 보면 원유, 가스, 광물 등을 생산하는 기업들이 많다. 산업의 특성상 노조 설립이 용이하기 때문이다. 반면, 점수가 낮은 회사들은 노조가입 비율이 낮고 노동자 권리보장이 부족한 회사들로 구성되어 있다. Labor Management 하위 회사들 중에 Apple이 포함되어 있다. Health & Safety에서는 생산현장에서 발생하는 노동자의 건강과 안전이 가장 중요한 평가 항목이다. Health & Safety 부문에서 평가가 높은 회사는 ESG 평가에서도 높은 등급을 받는 것으로 나타난다. 평가 하위 그룹은 건설과 물류 산업에 속한 기업이 다시 포함된다. 산업의 특성상 노동자 건강과 안전이 중요한 이슈가 되는 산업군이 그 대상이다. 사실 COVID19 이후에 노동자 문제는 더 심화되었다. 불안전한 노동자 고용과 관련하여 불평등 구조가 확대되었고 보건 및 안전, 정당한 보상, 노동자 권리를 보호하기 위한 적절한 보호 장치 등이 부족하다는 점들이 심각하게 부각되었다. 해당 문제 뿐만 아니라 COVID19 이후 임시, 저숙련 노동자가 필수 노동자로 바뀌면서 일어나는 변화와 영향이 다양해지고 있다. COVID19이 노동자에게 끼친 직접적인 영향은 기업의 행동에도 큰 영향을 주었다. 가장 직접적인 영향은 노동자 해고와 근무시간 단축이다. ILO에 따르면 실직으로 인해 기업은 생산성이 줄어들었고 가계는 빈부격차가 확대되었으며, 정부는 예산 지출이 급증하는 영향을 받았다고 한다. 투자자 입장에서 노동 관련 이슈는 직접적인 투자 위험으로 작용할 수 있다. 관련 소송 비용 증가, 운영 및 평판 위험 확대로 기업 매출이 감소할 수 있다. 이러한 위험에 대하여 Principles for Responsible Investment 즉 PRI에서는 투자 기업을 고려할 때 다음과 같은 질문이 필요하다고 제안한다. 첫째, 건강 및 안전에 대한 고려이다. 회사는 비정규직과 신입사원을 포함한 모든 근로자에게 유급 병가를 제공해야 한다. 또한 노동자에게 충분한 개인 보호장비와 위생용품을 제공하고 감염 보호를 위해 교육을 실시해야 한다는 것이다. 둘째, 직원 건강 및 웰빙을 위한 지원이다. 의료 접근과 실업 보호, 요양과 휴가 등 사회적 보호를 위해 지원을 늘려야 하고 육아 및 가족 부양을 위해 고용주의 노력이 필요하다. 셋째, 노동자 권리 확보를 위한 제도 마련이다. 특히, 노동조합을 결성하고 노동자의 권리를 적극적으로 요청할 수 있는 권리가 확보되어 있는가에 대한 고려가 필요하다는 판단이다. 직원만족도를 높이기 위해서는 일반적으로 급여, 복리 후생 조건 등이 경쟁 회사 대비 좋아야 한다. 높은 직원만족도를 위한 기업의 노력은 비용 증가로 이어질 가능성이 높다. 기존 투자 관점에서 보면 비용 증가는 주가가 하락할 수 있는 원인으로 판단할 수 있다. 많은 연구결과에 따르면 직원만족도 향상에 대한 이점이 비용보다 클 수 있다. 직원만족도가 높아지면 생산성이 향상되어 실적이 개선되고 주가가 상승할 가능성이 높아지게 된다. 특히, 주식시장이 불황일 때 직원만족도가 높은 회사의 초과 수익률이 높게 나타났는데 이는 직원만족도가 회사의 위기 대처와 연관될 수 있다는 점을 보여 준다. 그렇더라도 모든 기업이 직원만족도가 기업 가치 상향의 원인이 되는 것은 아니다. 산업과 회사 특성별로 직원만족도가 기업에 미치는 영향에 차이가 크기 때문이다. 따라서 노동이 기업 가치에 미치는 영향을 확인하고 이를 근거로 투자하기 위해서는 투자를 판단하기 위한 기준이 있어야 한다. 투자자 입장에서도 장기적인 관점에서는 직원만족도가 투자수익률에 도움이 될 수 있는 것이다. 투자자들은 회사의 수익성과 성장성을 중요한 투자 척도로 삼는다. 단기적으로는 급여 인상 등이 비용으로 인식될 수 있으나 장기적이며 지속 가능성 관점에서는 직원들의 회사와 일에 대한 만족도가 높을수록 투자수익률이 개선될 수 있는 것이다.

7 지속 가능 기업 경영을 위한 의사결정기구와 경영진의 윤리경영을 위한 제언

COVID 19 시대에 ESG는 금융시장 및 산업계에서 화두 중의 화두로 급부상했다. 과장이 아니며 2022년에 걸쳐서 2023년에도 경영 소비 투자 등 경제 전반에 걸쳐 ESG라는 트렌드는 이제 일상이 됐다. '기업의 사회적 책임 수행'과 '윤리경영'을 뛰어넘어 조금 더 상위개념인 'ESG경영'이라는 경영계의 트렌드가 전 세계의 대다수 기업을 휩쓸고 있는 상황인 것이다. 과거에는 이윤창출 및 이윤극대화가 기업의 최고 미덕으로 여겨졌으나, 이제 '기업의 사회적 책임'과 '지속 가능한 경영'에 대한 관심이 커지고 있는 것이 사실이다. 만약 기업들이 ESG 경영을 소홀히 하면 사업 자체 뿐만 아니라 신용등급, 규제 대응에 이르는 다양한 리스크들에 직면할 것이며, 결과적으로 투자자, 고객, 파트너사, 사회 등 핵심 이해관계자들로부터 신뢰를 잃게 될 것이다. 따라서 ESG 경영을 준비하고 실행하는 것은 시간이 흐를수록 선택사항이 아닌 필수적인 생존전략이 될 것이다. '기업의 사회적 책임수행'은 일단은 비용을 발생시키지만, 장기적으로 보면 기업 이미지 및 경영 활동 전반에 긍정적인 영향을 끼친다는 믿음에서 수행되어왔다. 'ESG 경영'은 기업이 ESG활동을 통해 환경과 사회 전체에 긍정적인 영향력을 발휘하면 기업의 비재무적 성과, 즉 기업 가치에 직접적이고 긍정적인 영향을 미칠 수 있다는 믿음에 기초하고 있다. 이러한 점이 '기업의 사회적 책임수행'과 가장 큰 차이라고 할 수 있다. 학계에서는 '기업의 사회적 책임수행'이나 '윤리경영' 그리고 'ESG경영'이 기업의 재무적 성과에 직접적인 영향을 미치는지에 대해 여전히 논란이 있는 것도 사실이다. 하지만 주주 자본주의에서 이해관계자 자본주의로의 전환, 인류의 생명활동을 위협하고 있는 지구온난화 현상, Global weirding 등의 환경 문제는 'ESG경영'을 촉발시켰고 이를 지속적으로 촉진시키고 있는 글로벌 투자자들의 영향력 등을 고려하면 'ESG 경영'이 단기에 사라져 버릴 단순한 유행이라기보다는 장기적이고 지속적으로 기업이 추구해야만하는 경영활동이자 경영계의 트랜드로 자리 잡을 가능성이 매우 크며 'ESG경영'은 이러한 흐름 가운데 AI, Big data 기반 Data driven analytics, Robotics, Big tech, Digital transformation, Block chain, NFT, Platform business 등과 더불어 미래 경영의 메가 트랜드로써 경영학계와 경영 현장에서 지침으로 삼고 나아가야 하는 주요 트랜드인 것이 명확하다. 마치 사람이 살아가는데 기본 덕목과 인성을 갖춘 언행을 하지 않으면 주변에 사람들이 함께 하지 않는 것처럼 기업들이 'ESG경영'을 실천하지 않으면 소비자들이 외면하는 Boycott 현상이 도드라지는 사회가 된 것이다. 따라서 기업들은 'ESG경영'에 상당한 관심을 가지면서 이를 도입해서 내재화하려고 노력하고 있으며, 투자자들은 'ESG투자성과'에 집중하면서 기업의 'ESG경영'을 모니터링하고 있다. ESG와 관련해 정리가 필요한 이슈들이 잔존하고 있으며 다수의 이해관계자들이 'ESG경영'이 무엇인지 정확하게 알고 있지 못한 것도 사실이다. 그렇기 때문에 필자는 해당 상황 하에 ESG와 관련된 다양한 이슈들을 알기 쉽도록 엮어 냈다. 해당 내용을 통해 의사결정기구와 경영진이 인사이트를 얻는 데 도움이 되기를 바란다.

소비자가 바라본
ESG

조수연

통합커뮤니케이션 그룹 피알원

컨슈머IMC본부 이사

25년 동안 기업의 마케팅, PR을 담당하면서 사회 전반의 다각적인 변화에 맞춰 수많은 프로그램을 기획하고 실행해 왔다. 국내에서는 약 20년 전부터 '착한 소비', '착한 가치'라는 개념이 시민단체와 기업 등 다양한 분야에서 나타나기 시작해 기업 마케팅 활동으로 적용하면서 대략 그 시점을 기준으로 '소비자'의 소비 원칙이 점점 바뀌기 시작했다. 사실 '착한' 기업 활동은 기업의 필요에 의해 만들어진 것이 아니라 우리가 살고 있는 지구환경 변화에 대한 전 세계의 다양한 움직임 중의 하나였고, 점차 일부의 목소리가 아닌 모두의 요구로 변하고 있는 과정이었다. ESG 경영을 하는 기업이 많아질수록 사회 구성원 모두가 더 나은 삶을 살 수 있게 될 거라는 필요에 의한 요구인 것이다. 기업과 소비자가 함께 공감하고 함께 실행하며 꾸준한 평가를 통해 지속 발전할 때 지속 성장 가능한 기업이 될 수 있을 것이다. 그러나 그 누구도 처음부터 모든 것을 잘 해낼 수는 없다는 것을 기업도 소비자도 인식해야 하며 장기적으로 계획하고 실행하여 서로 간의 이해관계를 충분히 형성할 필요가 있다고 생각한다.

'지속 가능', '지속 성장'은 기업만의 미션이 아니라 기업과 소비자가 함께해야 가능하다는 것을 인지해야 할 것이다.

① 국내 기업 사례 중심 ESG 경영에 대한 소비자 인식

  기업은 이윤 창출의 목적을 최우선으로 하기에 여러 기업과의 경쟁을 통해 성과를 내고 발전하는 과정을 거칠 수밖에 없다. 그런 과정에서 환경적인 문제 발생, 기업 내부 조직원 사이의 다양한 부정이슈 또는 오너 리스크, 소비자의 컴플레인, 기업 관계사와의 문제 등 다양한 문제가 야기될 수 있다. 이러한 다양한 문제를 기업이 성장하기 위한 불가피한 상황으로 치부하고 당면한 문제만을 최소화로 해결하는 단순한 방식을 취하기 쉽다. 하지만 소비자가 추구하는 기업의 문제 해결 방식은 문제 발생 시 단순한 해결만을 필요로 하는 것이 아니라 문제 발생의 원인을 조사, 분석하고 재발하지 않도록 예방할 수 있는 개선된 시스템을 마련하는 것이다.

  소비자는 기업이 최소한의 책임을 선택하는 것이 아니라 기업이 할 수 있는 최대한의 책임을 선택하는 것을 필요로 한다는 점을 기업은 충분히 인지해야 한다. 이미 현재 사회의 소비자는 기업의 단순 성과로만 기업을 판단하는 것이 아니라 환경(Environment), 사회(Social), 지배구조(Governance)의 활동에 대한 다방면의 정보를 기반으로 종합적으로 평가하여 기업을 판단하는 단계에 이르렀다.

예를 들어 2019년 당시 2030 세대에게 인기가 높았던 국내 유명 패션 전문 온라인 플랫폼 2곳의 위기 이슈 발생 상황을 살펴보면, 소비자 관심도가 높은 플랫폼이었던 만큼 부정적 이슈가 생성되자마자 각종 언론과 온라인 커뮤니티, SNS 등을 통해 매우 빠른 속도로 확산되었다.

A사는 SNS를 통해 소비자 이벤트를 공지하는 과정에서 역사 인식 문제의 소지가 있는 내용을 희화화한 이벤트를 게재함으로써 국민적 공분을 일으킨 사건이었고, B사는 판매한 제조 상품의 문제점을 제기한 소비자 의견 대응 부실을 시작으로 논란이 대대적으로 확산된 사건이었다.

양사의 부정 이슈가 시작된 시점은 비슷했지만 사건 해결을 위한 행보는 매우 달랐다.

A사는 역사 인식이 부족한 내부 직원들의 실수로 해당 내용이 기업의 공식 SNS에 게재되는 사건이 발생하였고 이를 확인한 소비자들이 기업에 강력하게 항의하기 시작하면서 사건은 시작되었다. 문제 발생 당일, 이를 인지한 기업은 사건 경위를 정확하게 파악하고 즉시 소비자에게 해당 사건 관련 사과문을 게재하였다. 이후 사건 발생 원인과 최선의 해결 방안을 체계적으로 정리하고 최우선적으로 직접적 피해 대상자에게 진심을 담은 사과를 전달했다. 또한 차후 유사 문제가 발생하지 않도록 기업 내 관련 시스템을 정비하는 한편 문제 발생 조직원 징계와 더불어 재발 방지 및 근본적인 원인 방지를 위해 조직원

전원을 대상으로 한 정기적인 역사 인식 교육 등을 진행하기로 의사
결정했다. 그리고 이러한 모든 과정을 숨김없이 소비자에게 공개하여
기업의 문제 해결 과정에 대한 의구심이 발생하지 않도록 했다.

사건에 대응하는 기업의 빠르고 적극적인 행동, 그리고 신뢰할 수
있는 공개 방식, 소비자를 존중하는 태도, 기업의 조직원에 대한 처사
등 사건 발생 후 A사의 행보는 오히려 소비자의 기업 호감도를 상승시
키고 매출에도 긍정적인 영향을 끼치게 되었다. 이 모든 과정을 사건
발생 직후 10일 안에 속도감 있게 해결함으로써 기업의 내외부적 손실
도 최소화할 수 있었다.

반면 B사의 행보는 달랐다. B사는 판매한 제품에서 문제점이 발견
되어 소비자가 이를 기업에 이의제기하는 사건이 발생했는데, 기업은
최소한의 해결 방법을 소비자에게 제안했고 불만족스러운 소비자 대
응에 실망한 소비자들의 반발이 점점 더 확산되었다. B사는 소비자들
이 작성하는 비판 댓글을 임의로 삭제하고 기업 공식 SNS를 일시적으
로 비공개 계정으로 전환해 소비자의 의견을 차단하면서 더 큰 반발과
분노를 샀다.*

사건에 대한 기업의 입장을 빠르게 표명하지 않고 있는 과정에서
소비자의 의구심은 점차 확장되었고 B사의 또 다른 판매 제품 문제 제
기까지 발생되었다. 연이은 소비자의 문제 제기에 결국 기업은 사과문

---

* 2019년, 조선일보

을 발표했지만, 사건을 해결하는 과정에서 기업의 태도가 문제가 되면서 논란은 계속되었다.*

심지어 허위사실과 루머까지 확산되면서 매출에 직격탄을 맞게 되었다. 사건 발생 3개월 후, B사는 다시금 문제 해결을 위한 소비자와의 커뮤니케이션을 시작하고 2차 사과문을 공개했다. 또한 소비자 보상을 위한 노력도 꾸준하게 진행했다. 그러나 사건 직후 기업의 행보를 통해 진정성보다는 실망감을 더 많이 가지게 된 소비자들의 마음을 되돌리기엔 쉽지 않았다. B사의 제품 관련 논란, 소비자에 대한 기업의 태도 논란에 이어 공정거래위원회 과태료 부과, 소비자와의 집단소송으로까지 확산되면서 기업은 문제 해결과 여러 가지 논란에서 벗어나기 위해 긴 시간 부단한 노력을 해야만 했다.**

B사는 소비자와의 소통을 통해 지속적으로 성장해 왔던 만큼 B사의 소비자 대응 문제는 더욱 기업에 치명적이었다. 특히나 초기 대응 부실은 소비자의 의구심과 반발을 촉진시켰고 이후에도 부정적인 방향으로 또 다른 문제가 발생하게 되는 원인 중 하나가 되었다.

기업 성장 과정에서 소비자와의 활발한 커뮤니케이션을 통해 소비자의 브랜드 충성도가 매우 높게 형성된 편이었고 이를 통해 성장한 B

---

* 2019년, 서울경제 / 2019년, 스포츠투데이
** 2020년, KBS뉴스 / 2020년, MTN뉴스 / 2020년, 인사이트 / 2019년, 한국경제

사. 그런 기업의 성장 배경을 잘 살펴보면 해당 사건이 의도적이거나 악의적으로 소비자에게 대응한 것이 아니라 사건을 겪는 기업의 미흡함일 수도 있다는 생각을 할 수 있다. 기업이 급성장하는 과정에서 재무적 성과를 중점으로 경영하다 보면 비재무적 부분을 간과했을 가능성이 높기 때문이다. 또한, 사건 발생 시점이 다양한 분야로 사업을 확장하고 매출이 급성장하는 과정이었기에 기업과 조직원, 기업과 소비자 간의 ESG 부문을 고려한 시스템을 우선 도입할 판단을 못 했을 거라 예측된다. 그렇게 ESG 경영과 관련된 정보나 체계, 필요성에 대한 기업 인식이 부족한 상태에서 사건이 발생하고 사건 대응 시스템 체계가 부실한 상황에서 사건 해결까지 지연되면서 소비자의 오인은 깊어지고 블랙 컨슈머 루머까지 겹쳐 기업 입장에서는 총체적 난국의 상황이 되었을 수 있다.

그러나 중요한 것은, 사건 발생 초기부터 문제 해결을 위한 기업의 책임 있는 선택과 빠르고 적극적인 대응, 최대한의 개선을 기대했던 소비자의 인식과 격차가 컸던 기업의 행보가 결국은 부정적인 결과로 이어진 것이다.

결과적으로 사건 발생 이전 2018년 기준, A사의 매출은 1,081억 원, B사의 매출은 1,700억 원으로 양사는 패션 전문 온라인 플랫폼 강자로 대두되고 있었으나, 2019년 사건을 기점으로 극과 극의 상황으로 전환되었다. 사건 발생 4년이 지난 2022년 기준, A사는 매출 7,083억 원으로 급격한 성장을 이루어 업계 최강자로 확고한 자리매김을 이룬 반면, B사는 매출 174억 원으로 4년 전 매출 규모보다 크게 축소된 것은 물론 2022년에는 주력사업까지 잠정 중단하게 되었다.*

　최근 기업 경영에 있어 소비자가 우선적으로 요구하는 것이 기업의 책임 경영일 것이다. 이미 ESG 경영이 다수의 사회 구성원에게 일반적인 트렌드로 자리 잡아 가고 있으며 특히, 기업과 조직원, 기업과 소비자의 관계에서 사회(Social)적 인식 수준 향상에 대한 요구는 여러 기업의 사건 사고나 안전 문제, 조직 내 문제 등을 경험하면서 점점 더 상향되고 있다. 그중에서도 소비자와 직접적인 마케팅 커뮤니케이션을 실행하는 기업은 소비자의 기업 전반에 대한 관심도가 더 높은 편이어서 ESG 경영 체계를 사전에 준비하지 못했거나 실행 속도나 타 기업에 비해 뒤처지고 있다면, 사건 발생 시 소비자의 부정적 반응으로 기업 가치와 매출 성장에 매우 치명적일 수 있다. 뿐만 아니라, 사건의 규모와 확산 정도에 따라 기업의 지배구조(Governance)에도 영향을 끼칠 수도 있다.

　C사의 경우, 예비 유니콘으로 주목받으며 경쟁사인 D사와 함께 업계 1, 2위를 선도하면서 매해 거침없는 매출 신장세를 보이고 있었다. 대형 투자 유치와 기업공개(IPO) 준비 단계에 돌입한 C사는 TV CF, 온

---

* 2019년, 포브스 / 사람인 홈페이지 / 2019년, 녹색경제신문 / 2023년, 어패럴뉴스

라인 마케팅, 소비자 프로모션 등 목표를 향해 다양한 마케팅 활동을 펼치며 기업 인지도와 소비자의 호감도를 구축하는 데 성공했다.

그러던 중 사내 성추행 사건과 오너 가족의 갑질 논란, 그리고 피해자 부당해고까지 1년 안에 연이은 부정 이슈가 발생했다. 여성 소비자가 주요 타깃이었던 C사에게 있어 성 관련 이슈는 기업 가치를 저해하는 치명적인 사건이 되었고, 결국 진행 중이던 대형 투자유치와 기업공개(IPO)도 좌절되었다.

C사는 론칭 첫해 매출 8억 원에서 3년 뒤부터는 300% 성장, 400억 원이라는 놀라운 매출을 이뤄냈지만, 사건이 발생한 해에는 연초 매출 목표에 못 미치는 721억 원까지 성장했다. 매출 자체만을 보면 성장한 것으로 볼 수 있지만 무서운 속도로 성장하던 C사에게 처음 발생한 매출 목표 미달성이었다. 이듬해까지 연이은 부정 이슈가 발생하면서 소비자 불매 운동과 기업 내외부의 잡음이 끊이지 않으면서 매출 성장세가 급격하게 둔화되고 영업 손실이 크게 나타나 적자 기조가 시작되었다.

결국 회사를 살리기 위해 C사의 대표와 경영을 함께 맡았던 오너 가족은 모두 퇴사하게 되었고 경영 전문 기업이 C사를 인수하면서 C사의 지배구조는 전면 재배치되었다. 이후 C사의 새로운 경영진은 논란을 파악하고 기업 내부 준법 체제를 강화하였으며 외부 이해관계자와의 사이에서 발생하는 이슈에도 발 빠르게 대처하기 시작했다. 또한 실적 성장을 이끌어 내기 위해 마케팅 효율화, 재고 및 인건비 효율화 등으로 정비하였다. 거기에 다양한 소비자 캠페인과 친환경을 더해 지속 가능 기업으로 거듭나기 위한 기업의 사회적 책임을 다할 수 있도록 자연 순환 3R을 적용해 ESG 경영 실천에 앞장섰다. 2022년에는 매출 1,736억 원으로 다시 업계 1위 탈환을 목표로 도전하고 있다.*

만약 C사가 재무적 성과가 급속도로 성장하는 시점에 비재무적 요소들을 적극적으로 검토하고 소비자의 요구를 적극 반영하여 ESG 경영을 실천하기 위한 노력과 시스템을 마련했다면 기업의 지배구조가 교체되는 상황까지 갔을까?

예비 유니콘으로 주목받으며 업계를 선도하던 C사가 2년 동안 논란에 휩싸이고 소비자에게 외면당하며 경영진이 교체되는 사이, 경쟁사였던 D사는 꾸준히 성장하여 3년 연속 매출 1위를 달성하고 2022년에는 매출 2,127억 원을 달성하며 해외 진출까지 이뤄냈다.

이렇듯, 기업의 ESG 경영은 기업의 성장에 있어 이제 선택적 요소가 아니라 필수적 요소임을 인지하고 빠르게 기업 경영에 반영하여 실행해야 한다. 기업에서 발생할 수 있는 여러 가지 문제들을 단순 사건으로 치부해 버리거나 대충 처리하고 조용히 해결되기를 바라는 것이 아니라, 기업의 구조적 책임으로 여겨 기업의 내부 시스템을 개선하고

---

* 2023년, 파이낸셜 뉴스 / 2021년, 뉴스웨이 / 2020년, 비즈 트리뷴 / 2020년, 서울경제 / 2021년, 애플피시

지배구조가 변화하여 지속 성장 발전 가능성이 있는 기업이 되어야 한다.

따라서 기업의 ESG 경영은 '소비자'를 중심으로 설계되어야 성공적인 ESG 경영을 할 수 있다는 인식을 가질 필요가 있다. 이제 기업 활동에 의해 발생하는 환경과 인권, 기업의 지배구조와 관련된 모든 정보는 기업보고서나 언론, 온라인 커뮤니티, SNS, 다양한 앱 등을 통해서 정보를 확인할 수 있다. 소비자는 이러한 정보들을 기반으로 기업의 가치를 확인하고 기업에 대해 선호도를 갖게 되며 기업 활동을 평가하고 있다. 소비자가 기업의 ESG 경영을 평가할 때는 대기업뿐만 아니라 중견, 중소기업에게까지 동일한 잣대를 기준으로 적용하며 적극적인 요구를 하고 있는 상황이다.

중소기업중앙회가 2023년 1월에 발표한 ESG 사례집에 따르면, 30대 대기업의 87%(26개 사)는 이미 협력사 대상 ESG 평가를 실시하여 협력사인 중소기업의 ESG 경영에 대한 요구가 확산되고 있는 상황이다. 그러나 대기업 협력사 및 수출 중소기업 621개 사 대상 조사한 '공급망 ESG 대응 현황 조사 보고서'에 따르면, 20%의 기업만 'ESG 평가 요구 경험이 있다'고 응답했을 뿐 아직 어떤 식으로 ESG 경영을 해야 하는지 막막한 수준이라고 밝혔다. 반면 글로벌의 ESG 관련 상황은 2016년 50건 내외였던 ESG 관련 규제 건수가 2020년에는 200건 이상으로 급증해 특히, 수출 기업은 글로벌 규제에 대한 비용 증가나 거래 중단의 위험까지 놓일 수 있다는 것을 예상할 수 있다.

현재 우리나라의 중소기업의 ESG 관련 인식은 53.5%는 ESG 경영의 필요성을 인식하고 있으나 실제 ESG 경영을 준비 중인 중소기업은 25.7%에 불과한 상황이다. 또한 중소기업에 ESG 기준을 적용하는 것을 무리라고 생각하는 인식이 50%라고 하니, 실질적으로 중소기업이 ESG 경영을 실행하기가 매우 어려운 환경이라는 것을 반증한다고 볼 수 있다.* EU의 공급망 실사를 앞두고 다수의 기업이 ESG 기준 이슈로 인해 계약 파기나 수출 난항 등의 피해를 입을 수 있는 상황이다. 그러나 아직 ESG 경영과 관련된 실질적인 지원이나 정부 정책이 부족하고 ESG 경영을 위한 시설 설치나 보수를 위한 유지 보수비용 등 모든 것이 기업의 부담으로 압박을 받고 있다.**

모든 기업이 환경(Environment), 사회(Social), 지배구조(Governance)까지 ESG 전반을 한 번에 기업 경영에 반영하는 것은 결코 쉬운 일이 아니다. 그러나 기업의 필요성, 글로벌 기준, 소비자와 사회가 요구하는 우선순위 등을 반영하여 단계적으로 반영한다면 결국엔 지속 가능 경영영이 가능한 기업으로 발전할 수 있을 거라 생각한다. 수출이나 제조업체 납품이 필요한 기업이라면 원료 관련 정보 제공 방식과 시행 조치를 검토해야 할 것이며 현장 사업이 주된 기업이라면 안전 관련 시스템을 구축하고 인허가 취득, 유지가 우선될 것이다. 제조 공장을

---

* 2023년, 중소기업중앙회 ESG 사례집
** 2023년, KBIZ 중소기업중앙회

가동하는 기업은 환경, 부패, 안전사고 등 리스크를 줄이기 위한 교육과 시설 설치를 필요로 하고 글로벌 대상 수출을 하는 기업은 글로벌 탄소중립 RE100 가입, 공급망 탄소중립을 위한 노력이 우선시 될 것이다.

그러나 모든 기업이 잊지 말아야 할 최우선의 요건은 ESG 경영에 대한 소비자의 의식 수준이다. 부정부패, 부당한 행위, 인권 관련 문제, 비친환경적 기업 활동 등에 대한 소비자의 ESG 평가 기준은 보편적으로 점차 상향화되어 가고 있다.

지속적으로 ESG 경영을 체계화시켜 소비자의 ESG 경영 평가에서 성공 사례가 되는 기업 사례를 살펴보자.

직거래 서비스 앱으로 시작하여 코로나19 기간 중 급속도로 성장한 플랫폼 기업인 E사는 기업의 활동 자체가 환경 보호에 기여하고 있는 시스템을 가지고 있다. E사는 얼마 전 2022년까지 플랫폼을 통한 소비자 활동으로 1억 2천만 그루의 소나무를 심은 것과 같은 자원 순환 효과를 이뤄냈다고 분석 발표했다.[*]

E사는 소비자와 함께할 수 있는 ESG 경영에 환경적 부분을 특화하여 마케팅하고 있다. 9월 6일 자원순환의 날을 소비자에게 적극적으로 알려 재사용한 자원의 가치를 강조하고 온실가스 감소 효과에 대

---

[*] 2022년, 디지틀조선일보

해 공유하고 있다. 지구의 날, 세계 환경의 날 등 에너지 절약을 통한 이산화탄소 저감 효과와 환경 보호를 실천하도록 소비자 인식을 촉구하는 참여 마케팅도 꾸준히 활성화하고 있다.*

환경적인 기업 경영 외에도 지역 상권에 기여할 수 있는 프로그램을 운영하여 지역별 디지털 격차나 저소득층 지원을 위해 활발한 활동을 하고 있다. 또한 수평적인 회사구조를 통해 조직원 간의 소통과 책임감, 신뢰도를 향상시키고 있음을 꾸준히 홈페이지를 통해 공개하고 있다. 기업이 수익 창출뿐만 아니라 ESG 경영을 기초로 비재무적 요소를 고려해 다양한 서비스와 캠페인에 도전하면 긍정적인 평가와 함께 소비자의 높은 만족도를 받으며 성장할 수 있다는 것을 보여주는 모범사례로 꼽히고 있다.

F사는 로컬 라이프 스타일 기업이었으나 글로벌 사모펀드가 최대 주주로 매각하면서 2022년부터 본격적인 ESG 경영을 추진하기 시작했다. 플라스틱을 이용한 제품이 다수인 F사는 2009년부터 소비자 대상 업사이클링 캠페인을 꾸준히 진행하고 있었는데, 2020년부터는 소비자는 물론 공공기관과 시민단체까지 확장하여 운영 규모가 대규모화되었다. 캠페인을 통해 수거된 제품은 재생 원료화 과정을 거쳐 업사이클링으로 재생산했다. 친환경 제품, 친환경 경영을 하는 기업

---

* 2021년, 소비자평가

에 대한 소비자 선호 경향이 강해지고 특히 MZ세대를 중심으로 친환경 활동 참여에 관심이 높아지면서 F사의 활동은 소비자의 주목도를 높여 소비자와 함께하는 마케팅으로 더욱 적극적으로 나서고 있다.* 2013년부터는 소비자 서포터즈를 창단해 현재까지 친환경 문화 확산을 꾸준히 하고 있다.

생산 부분에서는 제조 · 유통 과정의 탄소 감축을 목표로 온실가스 배출량, 재생에너지 등을 공시하기 시작했다. 또한 협력사 행동 규범, 체크리스트를 통해 ESG 자가진단을 시작하고 제품에 대한 성분을 투명하게 공개하고 있다. 전반적으로 소비자와 임직원의 안전을 생각하는 이행 강화 방침에 따라 이행 목표를 정하고 다양한 이해관계자의 가치를 창출하는 데 역점을 두어 지배구조의 다양성, 건전성, 전문성, 효율성을 중점으로 건전한 지배구조 정착을 위해 노력한다고 밝혔다.

앞으로의 미래 환경에 집중하여 책임 있는 기업 경영을 운영하기 위한 자원 순환 문화 확산에 앞장서는 기업의 행보를 시작하고 있는 것이다.**

중견 식품 기업인 G사는 ESG 평가기관인 한국기업지배구조원 (KCGS)이 평가한 식품 기업 중 유일하게 5년 연속 ESG 통합 평가에서

---

* 2023년, KBIZ 중소기업중앙회 블로그 / 2022년, MTN뉴스
** 2022년, 2022 F사 지속 가능 경영 보고서 / 2023년, 매일일보

A+등급을 받은 기업인 만큼 ESG의 3가지 분야를 균형 있게 운영하고 있다.

G사는 2017년부터 제품 배송 체계의 변화를 위해 전기차를 도입해 배기가스 발생을 저감시켰고 신재생에너지 설비를 설치해 에너지 사용량을 감축하는 데 노력하고 있다. 제품을 생산하는 과정에서 용수 투입량 최적화를 통해 물 사용량을 절감하고 있으며 폐기물 발생 최소화를 위한 다각도의 공정 과정을 설비, 확대하고 있다.

G사의 지배구조는 다양성을 확보한 이사회 시스템으로 대표된다. 객관성과 공정성을 확보하기 위해 이사 선임 프로세스를 수립해 사외이사의 독립성을 공개하고 있으며 성별 다양성을 확보하고 다양한 위원회를 신설해 수년간 효율적으로 운영하고 있다.

2018년부터 사람 존중 경영을 규정하여 인권 정책을 실시하고 조직원의 근무환경 개선과 차별 없는 고용, 산업안전 보장 등 조직원을 위한 적극적인 투자에 앞장서고 있다. 더불어 함께 만드는 동반 성장 경영을 위해 상생결제시스템을 도입해 협력 기업의 금융비용을 절감하고 대금 회수 안정성 확보에 도움을 주고 있으며 협력기업 임직원 복리후생 지원 프로그램이나 금융지원 프로그램도 운영하고 있다.

무엇보다 CCM(소비자중심경영) 인증제도가 처음 도입되었던 2007년, 첫 인증을 받은 이래 G사는 소비자 지향 경영을 꾸준히 이어오고 있다. 소비자의 의견을 반영하기 위해 고객 센터, 홈페이지, SNS 채널, 온라인몰, 챗봇 등 다양한 채널을 통해 의견을 수렴하고 개선하기 위한 노력을 하고 있다. 실제로 2021년 접수된 VOC(고객의 소리)는 100% 응대 처리를 완료해 고객만족도는 매해 평균 90점대의 높은 점수를 기록하고 있다. 제품 출시, 제품 이용 안내, 제품 포장 방식 등에도 소비자 모니터링을 통해 소비자의 의견을 반영하고 있어 소비자 중심 경영의 대표적인 모범 기업이라 할 수 있겠다.*

G사는 ESG 마인드를 전 직원 의무화하고 있으며 소비자가 없으면 존재할 수 없는 기업이라는 생각으로 소비자와 활발하게 소통하고 있다. 소비자와의 소통을 통해 지속 가능한 ESG 경영을 하는 대표 기업이라고 할 수 있겠다.**

BSC(미국 Balanced ScoreCard Institute) 경영전략에 따르면, 소비자는 기업의 중요한 이해관계자 중의 하나이며 기업의 ESG 경영은 기업에 대한 소비자의 평가로 중요하게 인식되고 있고 기업의 재무적 목표를 달성하기 위해서는 소비자 만족이 필수 요소이다.

기업의 ESG 성과 공개는 기업에 대한 소비자의 신뢰를 높이고 기업 이미지 형성에 영향을 미친다. 또한 기업의 이미지 향상 효과와 긍정적 기업 평판은 기업의 재무성과로 나타나고 있다. 따라서 ESG 경영 활동은 소비자의 인식과 태도에 영향을 끼쳐 다시 기업의 재무성과

---

* G사 뉴스룸
** 2023년, 투데이신문

로 연결되는 순환 효과를 줄 수 있으므로 기업은 다양한 활동을 통해 소비자의 ESG 인식 수준을 높일 수 있도록 전략적으로 설계해야 한다.*

이때 주의할 부분이 있다. 기업이 ESG 경영을 글로벌 평가 기준에 맞춘 대응을 목적으로 우선 설계한다거나 기업 홍보 수단으로 활용하기 위해 운영해서는 안 된다는 점이다.

2022년 기준, 주요 기업 거의 대다수는 ESG 경영 성과를 담은 지속 가능 경영 보고서를 발간했다. 그러나 소비자가 직접 체감할 수 있는 성과가 매우 저조하고 앞으로의 계획을 서술하는 경우가 많다는 지적이다. 이화여대 경영학부 박정은 교수와 곽윤주 연구원의 '기업의 ESG 활동에 관한 소비자 인식과 소비자의 신뢰와 행동 의도에 미치는 영향' 연구에 따르면, 조사 대상 62.8%가 ESG 경영을 모르고 있는 것으로 나타났다.

보고를 위한 보고서가 아니라 소비자가 경험하고 이를 계량화하는 것을 보여주는 ESG 경영이 실현되어야 소비자의 신뢰를 형성할 수 있는 것이다.**

소비자와 기업이 함께하는 소비자 경험 중심의 ESG 경영 활동을 진행해야 기업은 이미지 향상과 신뢰, 재무적 성과까지 향상시킬 것을

---

* 2023년, 주한외국기업뉴스
** 2022년, 국민일보

기대할 수 있을 것이다.

반면, ESG 경영을 위해 다각도로 노력하는 기업에 편승해 ESG 그린워싱을 진행한 경우도 다수 등장하고 있다. 국내외에서 볼 수 있는 ESG 그린워싱은 ESG를 마케팅 수단으로 활용하여 투자 유치나 기업 이미지 홍보로 활용하기 위해 진행되는 경우가 많다. 그러나 ESG 그린워싱은 결과적으로 소비자의 기업 정보 오인을 발생시키고 기업에 대한 신뢰도를 떨어뜨려 ESG 경영 관련 올바른 평가를 받을 수 없어 사실상 기업에 불필요하다. 하지만 현재의 ESG 평가와 정보 제공 체계는 소비자의 선택권을 보장하고 정확한 정보 제공을 위한 소비자 관점이 매우 부족한 상황이다. 국내 대표적인 ESG 평가기관인 한국기업지배구조원의 ESG 모범 기준은 실제 ESG 평가에 소비자 관련 항목이 어떻게 반영되는지 알기 어렵다. 더구나 2021년 정부가 발표한 K-ESG 가이드라인에는 소비자 관련 필수 요소가 모두 빠져 있어 사실상 투자자 관점의 기준일 뿐, 소비자가 소외되었다고 볼 수 있다. ESG 경영의 올바른 확산을 위해서는 소비자 중심, 소비자 경험, 소비자 평가를 우선시해야만 할 것이다.*

ESG 그린워싱에 대해 실무적 관점에서 한 가지 짚고 넘어가야 할 부분이 있다. 2010년 캐나다의 친환경 컨설팅기업 '테라초이스'에서

---

* 2022년, 대전일보

발표한 그린워싱 유형에 해당하는 케이스라면 당연히 사회적 비판을 받아야 하겠지만, 사실상 ESG 경영 관련 사회와 소비자의 변화를 빠르게 인지하지 못한 케이스도 있을 수 있음을 간과하지 말아야 한다는 점이다.

기업의 규모가 작아 ESG 관련 조직이 부재하거나 정보 미숙으로 인한 비의도적 ESG 그린워싱이 발생할 수도 있어 기업이 의도적으로 ESG 그린워싱을 한 것인지, ESG 경영을 시도하기 위한 도전이었으나 착오로 발생한 케이스인지 구분할 필요가 있을 것이다.

무조건적이고 신랄한 사회(Social)의 비판은 기업이 ESG 경영에 참여하고자 하는 의지와 노력을 매우 날카롭게 짓밟을 수 있다. 이는 다수의 기업이 ESG 활동을 시작하고 지속 가능 경영을 위한 책임 경영에 지장을 줄 수 있고 결국은 소비자 중심 경영의 발전을 저해할 수 있는 부분이 될 것이다. 기업을 평가하고 비판하기 전에 기업의 의도와 전후 상황을 팩트 기반으로 객관적이고 합리적으로 분석해 ESG 그린워싱 기업으로 매몰시키지 않고 실수를 바로 잡아주고 응원해 주는 것도 필요할 것이다. 또한 정부나 ESG 평가기관은 기업이 ESG 그린워싱이 되는 경우를 사전 예방하기 위한 ESG 평가 기준의 법적 가이드라인 마련, 참고사례, 체크리스트 등을 충분히 기업에 정보 제공, 지원하고 평가를 투명하게 하여야 할 것이다. 정부 규제 제도를 좀 더 명확하게 가이드한다면 소비자와 기업이 주도하는 ESG 경영 활동에도 구체적이고 발전적인 방안이 확장될 수 있을 것이다.*

친환경 제품 그린워싱 체크리스트는 '제품이 환경에 좋다는 객관적인 증거가 있나요?', '친환경, 재활용 가능 등 일반적인 용어를 과장하지는 않았나요?', '나무, 숲 등 자연 친화 이미지를 무분별하게 사용하지는 않았나요?' 등을 살펴볼 수도 있다.**

② 변화하는 소비자의 ESG 관점과 기업의 ESG

대부분의 기업이 매해 매출 목표를 정하고 성장 발전을 목적으로 운영하고 있으며 장기적으로는 지속 경영 가능을 목표로 100년 기업을 꿈꿀 것이다. 해외의 100년 기업은 6만여 개가 넘고 그중 일본은 3만 3,079여 개, 미국은 1만 2,780여 개, 독일도 1만 73개에 이른다고 한다. 200년이 넘는 기업도 7천여 개가 넘어 해외의 100년 이상 장수 기업은 부지기수인데 국내 100년 기업은 9개에 불과하다.***

---

* 한국환경산업기술원 KEITI 블로그

** 미디어 CQR / 2022 Greenwaching Checklist by CQR

*** 2020년, 머니투데이

장수 기업의 요건은 여러 가지가 있겠지만 과연 소비자가 원하지 않는 기업이 100년 기업을 달성할 수 있을까? 사회와 소비자의 변화를 인지하고 그 변화에 맞춰 변화하는 것이 결국 기업의 지속 경영 가능성을 결정한다는 것을 기업은 잊지 말아야 한다. 현재의 소비자는 ESG 경영을 선택이 아닌 필수로 가치관이 성립되어 있다는 점을 최대한 빠르게 인지하고 소비자와 함께할 수 있는 기업의 ESG 경영 방침을 만들어 가야 할 것이다.

하나의 기업이 만들어지고 성장하고 100년 기업으로 가기까지 사건 사고가 한 번도 일어나지 않는 것은 불가능에 가까운 일일 것이다. 기업 활동 중 발생하는 문제를 대처하는 기업의 자세, 해결 방식, 그리고 이후 개선 조치 등을 어떻게 취하는가가 결국 장수 기업으로 갈 수 있는 중요한 기준이 될 것이다. 문제를 회피하지 않고 진실성 있게 대응하고 항상 노력하는 자세의 기업이라면 좀 더 나은 방향으로 나아갈 수 있을 것이고, 사회와 소비자, 기업 모두가 함께함으로써 글로벌 경쟁력을 갖춘 100년 기업으로의 초석을 다질 수 있을 것이다.

한국법제연구원은 2022년, '소비자 관점에서의 ESG 현황과 개선 방안'이라는 보고서를 발간해 ESG에 소비자 관점의 중요성을 설명했다. 기업의 ESG 경영에 있어 가장 핵심적인 이해관계자인 소비자가 자신의 가치 판단을 토대로 제품이나 서비스를 소비하고 미래세대의 희생을 최소화하면서 소비하는 지속 가능에 주목하는 모습을 보이고 있다. 실제로 2022년 대한상공회의소에서 발표한 'MZ세대가 바라보는 ESG 경영과 기업의 역할'에 따르면, 응답자의 48.4%가 ESG를 실천하는 기업의 제품이라면 2.5~5% 이상 가격이 높더라도 구매할 수 있다고 응답했다.*

ESG 마케팅 컨퍼런스 2023에서 발표된 약 400만 건의 빅데이터에 따르면, ESG 경영에 대한 소비자의 관심도는 2021년까지는 환경(Environment) 분야를 중심으로 집중되었다면 2022년에는 사회(Social) 분야로 급격하게 관심도가 증가하고 있다. ESG에 대한 소비자의 관심 변화는 코로나19 확산 이후 2021년 기준, 약 100만 건으로 79% 이상 증가했으며 주 관심도가 사회(Social) 분야로 나타났다. 환경 분야에서는 친환경 제품 소재, 전기차, 환경 캠페인 등에 관심이 높은 것으로 주요 집계되었고 산업 포장 패키지 등 폐기물 배출이나 그린워싱 논란, 근무 환경의 변화, 안전성 등에 대한 관심도도 지속적으로 부각되어 있다.

이러한 소비자의 사회 분야의 관심도는 특히 다양한 미디어를 통해 확산되고 기업의 부정적 인식이나 이미지 변화가 광범위하게 전파될 수 있으니 이에 대한 적절한 현상 파악과 대응도 필요하다. 자칫 각종 리스크에 대한 기업의 대응 방식이 적절하지 않을 경우, 소비자는 '빠르고 투명하고 책임감 있게 소비자와 소통하지 않는다'는 기업 이미지를 갖게 되어 기업에 대한 불매 운동으로까지 확산될 수 있기 때

---

* 2022년, 그린포스트코리아

문이다.*

소비자들은 변화하고 있다. 소비자가 지금 사용하고 있는 제품이 좋다고 하더라도 나쁜 기업이라는 이미지가 소비자에게 형성되면 해당 제품을 다시 소비하지 않고 있다. 오늘날의 소비자는 예전과 달리 사회적 책임을 소홀히 하는 회사의 제품보다는 가격이 높더라도 사회적 책임에 적극적인 회사의 제품을 선호하고 있다. 2021년 대한상공회의소 조사에 따르면 60%가 넘는 소비자들이 제품 구매 시 ESG 활동을 고려하고 있으며 'ESG 활동에 부정적인 기업의 제품을 의도적으로 구매하지 않는 경험이 있다'라는 답변이 70%에 육박했다.**

특히 환경 혹은 사회에 도움이 되는 소비라면 조금 더 비싼 가격의 제품을 구매한다는 응답이 68%, 각종 사회문제가 있는 기업의 제품을 불매하는 이유도 평균 50%였으니 소비자의 인식 변화가 환경적, 사회적 영향에 지대하다는 점을 알 수 있다.***

우리나라에서 '착한 소비'에 대한 관심이 확산된 것은 대략 2003년 아름다운 가게가 공정무역 커피인 '히말라야의 선물'을 팔면서, 국내에서 공정무역이 시작된 이후 여러 사회단체가 공정무역에 관심을 가

---

* 2023년, 전자신문
** 2021년, 대한상공회의소
*** 엠브레인 트렌드 모니터, 신한금융투자

지면서 착한 소비가 확산되었다고 볼 수 있다. 이렇게 시작된 착한 소비는 꾸준히 그 의미가 확장되면서 공정무역뿐만 아니라 환경과 사회에 도움을 주는 의미로 확대되었고 기업과 소비자의 관심을 이끌면서 다양한 사회적 반향을 일으켰다.*

코로나19 팬데믹을 전 세계가 경험하게 되면서 기후변화의 위험은 글로벌적인 공론화가 되었고 정부, 기업, 소비자 모두에게 ESG 경영이 필수적 요소로 인식이 급변하게 되었다. KB 트렌드 보고서에 따르면, 소비자는 환경 문제 중 대기오염 38.3%, 기후변화 및 지구온난화 37.8%로 심각성을 크게 갖고 있다. 또한 교통, 교육, 주거 등 다양한 부분에서 친환경 행동을 실천하려고 하지만 그중에서도 특히 '소비(55.6%)'를 통해서 친환경 행동을 주도적으로 실천하고 있다는 것을 알 수 있다.**

따라서 소비자는 소비 행태의 변화를 통해서 기업에 소비자의 의견을 충분히 요구할 수도 있는 것이다. 실제로 코로나19가 불러온 생활 방식의 변화로 배송과 배달이 급증했고 그로 인한 쓰레기가 폭증했다. 소비자는 플라스틱, 보랭제, 스티로폼, 완충제, 테이프 등으로 인해 발생할 환경 문제의 심각성을 의사 표현하기 시작했고 소비 선택

---

* 2009년, 파이낸셜뉴스
** 2021년, KB 트렌드 보고서

시 친환경 배송을 하는 기업의 제품을 우선적으로 선택하기 시작한 것이다.*

배송에 주력하는 기업들은 소비자의 친환경 배송 필요성을 요구하는 소비자 요구를 빠르게 반영하여 배송 시 발생할 수 있는 폐기물을 최소화하고 소재를 바꾸는 등 발 빠르게 변화했다. 결과적으로 소비자의 의식과 요구가 기업의 제조, 유통 과정을 전반적으로 바꾸게 만든 것이다.**

2021년 12월 발표된 '소비자의 ESG 경영 요구가 ESG 경영 지지에 미치는 영향' 조사 자료에 따르면, IT 인프라 사용에 익숙하고 소셜미디어를 통해 자신의 가치관을 표현하는 MZ세대는*** 사회적 여론이 형성되는 소셜미디어 공간 속에서 사회문제에 더 쉽게 노출될 수 있고 **** 이러한 MZ세대의 특성이 기업에게 ESG 경영을 요구한다. 기업을 지지하는 행동으로 이어질 수 있도록 하기 위해서는 MZ세대에게

---

* 2021년, KB 트렌드 보고서

** 2018년, 메트로 / 2019년 이데일리

*** 「Z 세대와 밀레니얼 세대 소비자의 호기심과 소속 욕구가 레트로 제품 선호도에 미치는 영향: 자아확장의 매개효과를 중심으로」, 소비자학연구, 이지현, 김한구, 2021

**** 「소셜 미디어 이용과 시민성 간의 관계에 대한 구조 분석: 인터넷 정치참여의 매개효과분석」, 사회과학논집, 김상돈, 김승녕, 2012

맞는 방식으로 소비자 책임 인식에 대한 교육과 사회적 경험도 필요하다. 경제활동의 경험이 있거나 ESG 경영에 대한 사전 지식이 있을 때 ESG 경영에 대한 요구와 이를 지지하는 행동이 더 잘 나타나는 것을 볼 수 있기 때문이다. 특히 경제활동의 경험이 있는 소비자는 기업의 사회 책임에 대한 요구와 윤리적 지배구조에 대한 요구 사항이 높다는 것을 알 수 있다.*

기업은 제도와 규제에 의한 변화가 아니라 소비자의 사회적 요구에 의해 더 강력하게 변화할 수 있지 않을까?

기업의 사회적 책임 경영 활동은 강행 법규 등을 통한 규범적 접근만으로는 한계가 있고, 이들의 노력이 해당 기업이나 기업이 생산하는 상품·서비스에 대한 소비자 선택으로 귀결될 때 더 강화될 수 있다. 이에 기업의 지속 가능 공시, ESG 평가 등급, CCM 인증 등이 소비자가 기업의 사회적 책임 수행 정도를 식별하는 수단으로 활용할 수 있도록 이를 전달하는 정보 전달 체계를 마련하고 고도화할 필요가 있다. 각종 인증 획득이나 평가 결과가 소비자에게 유용한 정보로 기능하기 위해서는 소비자의 이해도 필요하지만, 정확한 관련 정보 제공 등 판별의 용이성이 선행되어야 한다.** 또한, ESG 평가를 비롯하여

---

* 「소비자의 ESG 경영요구가 ESG 경영지지에 미치는 영향」, Enterpreneurship& ESG 연구, 유현경, 이성호, 남정민, 2021년
** 「시장의 신뢰 확보를 위한 인증제도 개선방안 연구-소비자정보 관점을 중심으로」, 한국소비자원 연구보고서, 이경아, 2012

지속 가능 경영 공시 등 기업이 추진한 ESG 경영 성과가 소비자 의사 결정에 활용되어 ESG 경영이 기업의 차별화 전략으로 활용될 수 있도록 정보 전달 체계를 점검하고 개선할 필요가 있다.

가치소비를 지향하는 경제 조직에 대한 소비자 참여가 획기적으로 증가하지는 않고 있는데, 소비자 접근 편의성을 개선하는 법제 개선과 경제 조직의 자생적 경쟁력을 지원하는 정책을 통해 소비자가 소비의 경제활동을 통해 범국가적인 ESG 노력에 기여 및 참여할 수 있는 여건을 마련할 필요가 있다. 한편, 가치소비 관련 경제조직 등이 보유한 경험이나 노하우를 정부의 ESG 정책이나 기업의 ESG 경영과 연계하는 노력이 요구된다. 가치소비 관련 경제 조직이나 소비자 단체 등은 오랜 기간 소비자와 접점을 형성하여 친환경 상품이나 서비스, 사회적 배려 계층 생산품 등을 가치소비로 전환하는 상당한 경험과 노하우, 이의 실행 조직을 보유하고 있기 때문이다. ESG 경영에 對 소비자 책임 영역이 충실히 반영되고 ESG 소비가 확산되기 위해서는 가치소비를 지향하는 경제 조직 및 소비자 단체, 소비자 전문기관의 경험과 역할 등을 국가 차원의 ESG 거버넌스 관점에서 활용할 필요가 있다. 다양한 영역과 차원에서 추진되는 가치소비 정책을 소비자 실천의 관점으로 종합하고 소비자 중심으로 정책의 연계가 요구될 것이다.

환경 문제가 국내를 넘어 국제적인 통상 이슈로 확대되는 추세를 고려하면 ESG 소비는 소비자와 관련된 기업뿐만 아니라 국가 차원에서도 중요한 의제이다. 국내 가치 지향적 소비 정책이 환경 정책, 산업 정책, 금융 정책, 사회적 경제 정책, 소비자 정책 등에 산재되어 있으므로 관련 정책의 수립과 집행 시 핵심 이해관계자인 소비자 중심으로 정책의 연계 체계를 발전시켜야 한다. 소비자의 행동 변화가 요구되거나 소비자 불편을 유발하는 친환경 정책은 이의 시행 전에 소비자의 행동학적 특성 등을 검토하여 소비자의 수용성을 제고할 수 있는 방안 마련 및 충분한 준비가 선행되어야 한다. 일례로, 친환경 자동차 부품에 대한 소비자 인지와 인식 부족 등으로 자동차 수리 시 친환경 부품 사용률이 매우 낮게 나타난 것을 알 수 있다.*

향후 ESG 경영은 기업의 연속성을 결정짓는 중요한 생존 전략이 될 것이고, 경영 활동의 전반에 소비자를 중요 이해관계자로 설정하고 소비자 권익 제고를 추구하는 소비자 중심 경영이 ESG 경영의 주요 전략이자 역량이 될 것이다. ESG 경영을 촉진 및 지원하는 정책이 소비자 권익과 정책 수용성을 중심으로 추진되어 소비자의 지속 가능한 참여가 가능한 정책 신뢰성이 확보되어야 한다.**

2022년 10월 ESG Best Practice 세미나에서 글로벌 회계 컨설팅 법인 EY한영이 발표한 기업의 E, S, G 각 영역에 대한 소비자의 인식 조사 결과에 따르면, 소비자들은 환경 부문에서 자원의 효율적 사용, 친환경 제품과 기술 개발에는 기업이 잘하고 있다고 응답했지만, 오

---

* 「자동차 수리 시 친환경 부품 사용률 매우 낮아」, 한국소비자원 보도자료, 2020. 10.21.
** 「ESG 경영의 소비자 정책 이슈와 시사점」, 한국소비자원, 이금노

염 물질 배출과 환경 보호에는 다소 미흡하다고 답했다. 사회 부문은 소비자를 위하고 공정한 경쟁을 잘하고 있지만, 사회문제 해결과 사회 공헌 활동에서 부족하고 부정부패에서 자유롭지 않다고 응답했다. 지배구조는 주주의 권리 보호, 다양한 이해관계자 참여에는 적극적이지만 투명한 의사 결정 체계와 외부에 문제를 숨기지 않는지 여부에는 다소 부정적인 인식을 가진 것으로 나타났다.

ESG를 잘하는 것과 구매 의사 결정 사이에는 복잡한 심리적 맥락이 있으므로 소비자가 정말 구입하고 싶은 지속 가능한 제품과 서비스를 만들어내는 게 관건일 것이다.*

이렇게 수많은 조사 결과와 대기업과 중견기업은 물론 정부 정책까지도 빠르게 변화하고 있음에도 불구하고 아직도 ESG 경영의 갈 길은 멀다.

기업의 ESG 경영 활동이 소비자에게 제대로 전달되지 않거나 인식할 수 있는 방법이 부족하고 ESG 경영을 기업 투자와 정부, 글로벌 평가를 우선으로 활용하고 있는 상황에서 ESG의 활성화를 통해 지속 가능한 사회로 발돋움하기 위해 소비자의 참여를 유도하고 소비자의 경험을 증대하는 데 노력이 필요하겠다.**

2022년 9월, 매일경제와 전국경제인연합회가 모노리서치에 의뢰

---

* 2022년, 임팩트온
** 2022년, 매일경제

해 기업 인식에 대한 설문조사 자료에 따르면, 최근 2년 새 기후변화 대응, 준법 경영 등 ESG를 잘하는 기업에 대한 기업 호감 지수는 급상승한 것으로 나타났다. 기업에 대한 호감도가 ESG 경영 확대로 인해 매해 긍정적인 영향력을 끼치고 있다는 것이다.*

앞으로도 소비자의 기업 평가 기준은 ESG 경영에 대한 기업 평가 기준이 가장 우선순위로 자리매김하지 않을까?

국내에서도 소비자가 ESG 경영의 수준을 좀 더 강력하게 요구하는 분야가 나타나고 있다. 그중 하나가 바로 패션 분야이다. 패션은 의식주 중의 하나로 소비자가 매일 접하고 취하는 분야이기 때문에 소비자의 주 관심사일 수밖에 없는 분야이다. 따라서 소비자는 꽤 오랜 시간에 걸쳐 패션 산업에 주목하고 있었고 생산, 판매, 폐기의 전 과정에 걸쳐 기업의 책임 경영을 요구하고 있다. 이에 맞춰 국내 패션 기업들은 리사이클, 생분해성 등 지속 가능 대체 소재 개발과 탄소 배출 감축을 위한 다양한 노력을 하고 있음에도 여전히 좀 더 명확하고 구체적인 ESG 경영을 요구받고 있는 것이다.

한국섬유패션정책연구원과 TIN뉴스가 2022년 8월 소비자와 섬유패션업체 대상 설문 조사한 결과, 소비자 10명 중 8명(84.6%)은 섬유패션업체들에 ESG 경영 필요성을 요구하는 것으로 나타났고, 55.8%는

---

* 매일경제

'해외업체와 비교해 국내 패션업체들의 ESG 경영 수준이 낮다'고 평가했다. 또한 소비자와 업체 모두 '표준화된 섬유패션 ESG 평가 기준 제정'과 '지속 가능 패션 이니셔티브 출범'을 가장 시급한 과제로 꼽았다. 동시에 소비자의 83%는 'ESG 우수 기업 제품이라면 경쟁사 동일 제품 대비 10~30% 내외의 추가 가격을 지불하고 구입할 의사가 있다'고 답했다. 특히 조사 결과 중 주목할 부분은 소비자 16.3%가 '오래 입을 수 있도록 설계된 의류'를 꼽았고 환경에 영향을 미치는 요소를 제거한 친환경적이고 지속 가능한 소재, 공정, 가공 기술에 더욱 가치를 두고 있는 것을 확인할 수 있었다. 이는 현재의 패션 기업들이 PET병을 수거해 재활용 리사이클 제품군을 선보이는 것과는 다른 결과로 기업과 소비자가 생각하는 ESG 경영과 소비자의 선호 방향성에 차이가 있음을 알 수 있는 결과이기도 하다.*

주요 상장 패션 기업 9곳을 살펴보면, 3년 전인 2020년 한국기업지배구조원(KCGS)의 ESG 평가 등급 기준보다 상향된 기업은 영원무역과 F&F 2개 기업을 제외하고는 3년 전과 동일하거나 오히려 평가 등급이 하향된 것으로 나타났다.**

2023년 고금리, 고물가, 고환율의 여파로 경기침체가 국내 경제는

---

* 2022년, TIN뉴스
** 2021년, 시장경제

물론 세계 경제 전반에 걸쳐 전망이 좋은 편이 아니기 때문일 가능성이 높다. 생존의 위협을 받는 기업도 증가하고 있는 상황이어서 기업이 재무적 관점이 아닌 ESG와 같은 비재무적 가치에 투자하는 것은 어쩌면 더 어려운 상황일 수밖에 없다. 그러나 이와 반대로 소비자는 ESG 관점이 더 중요해졌고 미래 투자 가치 기준으로 자리 잡아가고 있어 기업과 소비자의 ESG에 대한 관점이 엇갈릴 수 있는 시점이다.

최근 국내 여러 기업에서 발생한 사건 사고 이후 기업들이 발 빠른 대응을 했음에도 불구하고 기업의 사회적(Social) 관점에 해당하는 인권, 상생 가치, 조직원과 협력사에 대한 기업의 인식과 행동이 사회적 기준으로 적정하지 않은지를 지속적으로 소비자는 모니터링하고 있다. 또한 소비자는 사회적 관점의 의견을 제기해 기업이 이를 수용하지 않을 때는 장기적 불매를 통해 소비자의 소비 행동으로 표현하기도 한다. 기업이 책임 경영을 다해 지속 가능성을 진정성 있게 보여줄 때까지 적극적으로 행동하고 있어 기업과 소비자의 ESG에 대한 기준 관점이 많이 다름을 알 수 있다. 가장 중요한 것은 기업의 입장과 소비자의 입장이 다를 때 기업은 소비자의 생각을 토대로 기업의 ESG 기준을 설계해야 하며 이러한 기준이 다를 때는 소비자의 소비 행동으로 기업의 지속 가능성에 위협이 될 수 있음을 인지해야 한다.*

---

* 2022년, 에너지경제

③ 소비자가 요구하는 기업 ESG의 미래

사스, 메르스, 에볼라 등 전 세계를 공포에 몰아넣었던 수많은 바이러스에 이어 2019년 말 시작된 코로나19는 소비자가 지구 환경 변화에 의한 위기로 받아들이게 되면서 ESG의 중심적인 역할을 하도록하는 촉매제가 된 것으로 보인다.

코로나19 이전의 소비자는 기업의 활동 중 친환경 부문에 중점적으로 관심을 가지고 있는 편이었다면, 이제 한 단계 더 나아가 사회 부문에 대한 문제 제기를 나서서 하게 되었고 그 책임 경영에 대한 결과로 지배구조의 변화까지 직접적으로 요구하게 된 것이다.

소비자는 지구 환경 변화에 영향을 끼칠 수 있는 기업 활동에 대해 방관하지 않고 관심을 표현하고 기업 활동에 참여하길 요구해 소비자 스스로가 원하는 기준을 기업에 제시하는 트렌드로 바뀐 것이다. 이제 기업은 물론 정부까지도 달라진 소비자 의식 트렌드를 인식하고 소비자의 ESG 관점, 참여, 평가 방식에 대한 더 많은 고민과 기준을 만들어야 한다.

기업의 마케팅 PR 파트를 담당하다 보면 여러 기업의 철학과 방침, 소비자 대응 방식 그리고 정부의 가이드를 파악할 수 있는 경우가 있는데, 소비자, 특히 MZ세대의 가치관이나 기준, 트렌드와 기업이 하고자 하는 마케팅 PR 구성 간의 간극이 느껴지는 경우가 다수 있다.

MZ세대에게 가치소비는 이제 자연스러운 트렌드이며 개인 SNS를 통해 자신의 소비 활동이나 의견을 전달하는 방식으로 소비와 불매에 대한 내용을 거침없이 인증하고 공유한다.

기업이나 정부는 빠르게 공유하는 MZ세대와 소통하고 긍정적 관계를 형성하기를 원하지만 소통의 문제가 발생하는 경우도 다수 볼 수 있다. 이는 기업과 정부가 실행하고 있는 ESG적 활동보다 다양한 채널을 통해 소비자가 받아들이는 ESG 관련 정보와 변화에 대한 반영 속도가 더 빨라지고 있기 때문이다. 설령 지금 당장 ESG를 모르는 소비자라고 하더라도 ESG에 관련된 정보를 습득하고 나면 가치적 판단을 통해 소비자 스스로가 취할 수 있는 내용 등을 비교 분석한 후 바로 그 경험을 공유하고 호불호를 의사 표현하는 것이 MZ세대의 트렌드인 것이다.

최근의 기후변화를 통한 이상기후 현상으로 발생하는 화재, 홍수, 가뭄, 태풍 등을 지켜보면서 소비자는 더 이상 단순한 사건 사고로만 생각하지 않게 되었다. 이에 급격한 기후변화에 대한 원인을 찾고 이에 대한 정부와 기업의 활동, 대응 방식을 살피면서 소비자는 ESG의 필요성과 책임감 있는 대응 방식을 더욱 절실히 느끼고 평가하게 된 것이다.

기후변화로 인한 생활 환경의 문제 발생은 단순한 기후변화가 아닌 기후 위기로까지 여겨지면서 소비자는 더 빠르고 즉각적인 효과를 일으킬 수 있는 ESG 활동이 필요하고, 그것이 현재와 미래의 행복한 삶을 위해 우선적으로 요구된다는 것을 파악했기 때문이다.

이제 ESG의 중심은 소비자로 급변하게 될 것이다. 소비자는 ESG 경영의 각 분야에 주축이 되어 소비자의 의견을 개진하고 이를 기업이나 정부가 얼마나 수용하는지 그에 따른 변화와 결괏값이 얼마나 효용성이 있는지를 평가하고 싶어 한다. 만약 기업과 정부가 이러한 소비자의 변화를 발 빠르게 파악하고 변화의 속도에 맞춰 대응하지 못한다면 매우 심각한 결과를 초래할 수 있다.

유럽계 에너지 전문 컨설팅 업체인 '에너데이터(Enerdata)'가 조사한 국가별 에너지 소비 조사 자료에 따르면, 2021년 기준 유럽 선진국 주요 국가의 에너지 소비는 1990년 에너지 소비보다 더 적은 것으로 조사됐다. 그러나 한국의 에너지 소비는 계속 증가하면서 최종 에너지 소비는 10위, 전기 소비는 7위를 차지했다. 또한 2020년 기준, 재생에너지 발전 비율은 조사 대상국 44곳 평균 26.6%, 우리나라는 4.8%로 44국 가운데 40위를 기록했다고 발표했다. 현재 상황 대한민국은 에너지 소비는 상위권이고 재생에너지 사용은 하위권을 기록한 것이다.*

전 세계에서 쓰레기 분리수거를 가장 잘하는 나라는 독일과 대한민국이다. 분리수거 1, 2위를 앞다퉈 가며 쓰레기 분리수거를 잘해 내고 있을 만큼 우리 국민의 시민의식은 매우 높은 편이다. 그러나 플라

---

* 2022년, 그린포스트코리아 / 2020년, 조선일보

스틱 쓰레기 배출량 글로벌 2위*일 뿐만 아니라, 플라스틱 재활용률은 22.7%로 매우 저조한 성적을 기록하고 있다.**

소비자는 정부의 지침에 따라 일반 쓰레기, 음식물 쓰레기, 재활용을 분리하여 배출하고 이러한 개개인의 ESG 활동은 지구 환경에 도움을 줄 수 있을 것이라는 신념을 가지고 있다. 그러나 정부나 지자체의 분리배출 쓰레기 재활용률을 높이기 위한 기술 개발이나 정책 지원은 여전히 부족하고, 플라스틱이 아닌 친환경적 소재 개발이나 포장재 방식 변경, 재생에너지 활용에 대한 기업의 투자가 저조한 상황을 입증하듯이 나타나는 여러 가지 지표들을 바라보는 소비자의 시각은 매우 불편할 수밖에 없다.

소비자는 기업이 ESG 경영을 수행할 이유로 '소비자 요구'를 비교적 중요하게 인식하는 반면, 실제 기업의 ESG 경영 수행은 '국제적인 추세' 및 '기업 이미지 개선'을 위한다고 응답하고 있어*** 기업의 ESG 경영 시 주체와 방향성에 대해 빠른 인식 개선 유도가 필요한 것으로 나타났다. 기업의 ESG 활동을 관찰만 하는 소비자가 아니라 주체적으로 요구하고 참여하며 공감하는 소비자로 인식하고 소비자의 평가를 우선하여 성과 목표를 설정하고 실행해야만 높은 평가를 받을

---

* 2020년, 유로맵 조사

** 2019년, 그린피스 조사 / 2016년, 기업나라 / 2021년, 머니투데이

*** 「ESG 경영 관련 소비자 인식 및 권익 제고 방안 연구」, 한국소비자원, 이보한, 이금노, 2023년

수 있다는 것을 인식해야 한다. 또한 소비자가 기업의 사회적 책임 실천 정도를 쉽게 확인할 수 있는 제도를 마련하고, 지배구조 개선을 위해서는 엄격한 기준을 통한 관리 · 감독을 통해 기업 투명성에 관한 정보를 소비자가 이해가 용이하도록 가공하여 전달해야 한다.* 기업의 ESG 활동과 결과는 미디어, 자사 홈페이지, SNS 채널, 앱 등 소비자가 확인할 수 있는 다양한 방식에 적극적이고 지속적으로 정보를 제공해서 소비자가 충분히 인지할 수 있도록 노력할 필요가 있다. 다수의 기업이 아직까지 소비자를 위한 정보 제공 노력에 힘쓰지 않고 있어 소비자는 기업의 ESG 활동을 확인하기 어려운 경우가 많고, 이런 경우 기업의 정보를 오인지할 수도 있다. 기업은 소비자로 하여금 기업의 ESG 경영 내용 및 성과가 소비 생활과 어떻게 연관되는지 등에 관한 내용을 직관적으로 이해할 수 있는 정보 콘텐츠 생산과 제공할 필요가 있는 것이다.

기업은 소비자가 구매자일 뿐만 아니라, ESG 경영 활동에 대한 투자자로 역할 할 수 있음을 고려하는 인식의 전환이 요구되겠다.**

당연하게 생각하고 간단하게 만들어서 빠르게 적용해 보자.

첫 번째, 기업의 타깃 소비자의 ESG 기준을 확인해라. 사람과 사

---

* 「ESG 경영 관련 소비자 인식 및 권익 제고 방안 연구」, 한국소비자원, 이보한, 이금노, 2023년
** 「ESG 경영 관련 소비자 인식 및 권익 제고 방안 연구」, 한국소비자원, 이보한, 이금노, 2023년

람 사이에도 생각의 기준, 관점의 기준 차이가 결국 소통의 차이를 만드는 원인이 된다. 소비자 트렌드, 라이프 스타일 등을 체크하고 타깃 소비자의 관여도가 높고 주요 관심 분야의 ESG를 확인해 이를 실행해야만 기업의 이윤 추구에도 도움이 될 수 있다. 소비자의 ESG 기준은 MBTI, 공정사회, 비건, 경험 중시, 구독 시장 등 소비자의 트렌드 변화에 맞춰 꾸준히 변화하고 성장하고 있으니 소비자의 변화하는 기준을 꾸준히 확인하는 노력이 필요하다.

두 번째, 소비자의 ESG 관련 의견을 모집하라. 기업의 ESG 활동을 기획하고 실행을 확정하기 전에 온/오프라인 다양한 루트를 통해 소비자와 ESG 관련 충분히 논의하고 의견을 수집할 필요가 있다. 소비자가 요구하는 내용이 아니라 기업이 말하고 싶고 기업이 원하는, 기업이 필요로 하는 ESG 활동으로만 설계한다면 당연히 그 기업의 ESG 활동은 소비자에게 외면받을 수밖에 없다. 당연한 얘기라고 생각할 수 있지만, 아직까지도 기업의 총수나 오너가의 의견, 임원진의 의견을 소비자의 의견보다 우선 적용하고 실행하는 기업이 많은 것이 현실이고, 그에 대한 책임은 운영 담당자의 몫이 되는 경우가 많다. 소비자의 의견을 듣기 위해서 소요되는 비용이 발생할 수 있지만 소비자의 의견이 반영되지 않은 기업의 ESG 활동을 통해 발생할 수 있는 기업의 손실과 비교한다면 매우 효과적인 비용이라는 것을 기업은 인지해야 한다.

세 번째, 소비자가 참여할 수 있는 ESG 활동을 설계해라. 기업의

ESG 활동에 있어 소비자 참여를 배제한 활동은 소비자의 무관심 분야가 될 수밖에 없으며, 따라서 기업의 투자와 노력 대비 높은 평가를 받기 어려울 가능성이 높다. 소비자의 자발적 참여를 이끌어 낼 수 있는 ESG 활동을 설정한다면 많은 비용을 투자해 소비자의 ESG 활동을 유도해야만 하는 타 기업에 비해 소비자의 ESG 평가와 호감도의 상향은 물론, 투자 비용의 절감도 기대할 수 있다.

기업의 ESG 활동의 중심과 미래는 바로 '소비자'여야 한다는 것을 당연하게 생각해야 한다. 소비자의 ESG 기준을 확인하고 의견을 모아 소비자가 쉽게 이해하고 참여하고 평가할 수 있도록 편리하게 만들어야 한다. 기업의 ESG 변화 속도는 소비자보다 빨라야 하고 순발력 있게 적용하고 융통성 있게 변화할 수 있는 유연성이 있어야 한다.

앞으로의 ESG는 지속적으로 변화하고 발전할 것이다. 기업의 철학과 진정성을 담은 ESG를 기반으로 소비자가 원하고 필요로 하는 ESG 요소를 설계하여 소비자와 기업이 함께 운영하는 ESG 활동을 실행한다면 변화하는 ESG에 동반 발전하는 지속 가능 기업의 토대가 될 것이다.

epilogue

    좋아하는 것을 업으로 삼게 되는 것은 어릴 적부터 저자가 원하는 삶의 행복 기준이었다. 대학교를 졸업하고 기업 홍보팀에서 일을 할 수 있게 되었고, 좀 더 기업 홍보 업무에 집중하기 위해 다양한 기업의 홍보를 전담할 수 있는 홍보 에이전시로 이직했다. 다행히도 일련의 모든 선택은 저자가 좋아하는 일을 더욱 잘할 수 있는 결과로 나타났고 이를 통해 몸담게 된 조직과 함께하는 사람들 모두가 저자에게 큰 행복이며 저자의 삶이 작은 행운들로 가득 차게 되었다는 것을 알게 되었다.

    오랜 기간 크고 작은 기업의 마케팅과 홍보, 컨설팅, 위기관리까지 다양한 업무를 담당하면서 또 다른 관심 분야가 된 것이 바로 ESG 경영이었다.

    소비자와 기업, 기업의 조직원, 기업 오너, 국가와 글로벌 경제 그리고 지구 환경에 이르기까지 모든 것은 순환적 연관성을 가지고 있음을 빠르게 인지하고 ESG 경영을 위한 시스템 마련이 필요한데, 저자가 경험한 다수의 기업들은 아직 ESG 경영과 마케팅, 홍보와의 연계성을 이해하지 못하거나 담당의 부재, 필요성의 부재를 가지고 있었다.

    공저에 참여할 기회를 가지게 된 것을 시작으로 앞으로 도움이 필요한 더 많은 기업에 ESG 경영과 마케팅, 홍보와 관련된 컨설팅을 전달해 기업의 변화와 발전에 도움을 줄 수 있기를 바란다.

Thanks for... 서강대학교 경영전문대학원 천형성 교수님, ESG 경영 4기 원우님들 그리고 공저자 여러분, 마지막으로 저자의 업력의 가장 큰 스승이시자 배움의 기회를 주신 피알원 이백수 대표님

ESG, 지속 가능한 국제 물류

조윤주

볼로레 로지스틱스 코리아
대표이사

저자는 대학에서 불어불문학을 전공하고, 1999년 프랑스 국제 물류 회사에 입사해 현재까지 볼로레로지스틱스라는 회사에서 근무하고 있다.* 그동안 국제 물류 기업 안에 있는 해상 및 항공 수출입 업무, 기업 영업, 산업 프로젝트 등 다양한 분야를 섭렵하고, 한국 지사와 프랑스 본사에서 일하는 기회를 가졌으며, 인턴에서 팀장 그리고 회사 전체를 총괄하는 대표이사까지 다채로운 역할을 맡아 왔다. 2000년대 초에는 프랑스 본사에서 근무하며 경영대학원 공부를 병행했는데, 이때 환경 보호 및 사회 참여 그리고 지배구조 개선에 관한 사회적 분위기를 감지할 수 있었고, 그 시절부터 주의를 기울여 온 환경 보호와 사회 참여 그리고 합리적 의사 결정 과정에 관한 철학은 지금도 회사 경영에 적지 않은 영향을 미치고 있다. 그 사이 한국도 CSR에서 ESG, Climate Change에서 Climate Crisis라는 환경을 포함해 기업의 사회적 참여와 역할에 관해서 성장을 이루었고, 많은 기업에서 관련 활동을 활발히 진행하고 있으며, 일부 기업에서는 관련 부서 신설과 지속 가능 보고서를 작성하기 시작했다.

2024년 오늘의 ESG는 더 이상 추상적 구호나 슬로건이 아닌 기업

---

* 본 저작물은 저자의 식견을 바탕으로 한 것으로 속한 단체나 회사의 공식 입장과 일치하지 않을 수 있다.

의 필수 불가결한 가치이자 방향성이며, 기업의 주주와 구성원 및 모든 이해관계자들에게 큰 관심의 대상이 되고 있다. 환경 보호를 위한 급진적인 실천, 적극적이고 구체적인 사회적 책임의 감당, 투명하고 건전한 지배구조 개선과 유지는 오늘날 지속 가능한 기업 경영의 핵심이라고 생각한다. 이에 본인이 몸담은 국제 물류 분야에서의 ESG 도입 현황과 안고 있는 도전 등을 통해 지속 가능한 국제 물류의 앞날을 전망해 보고자 한다.

국제 물류 산업(International Transport & Logistics)의 어제와 오늘

· 국제 물류 산업의 태동

경제의 역사는 물류의 역사와 뗄 수 없다 해도 과언이 아니다. 경제의 출발점이 금전과 물품의 물리적 교환인 상업 행위이기 때문이다. 1차, 2차 산업혁명은 그 중심에 있던 철도 수송과 증기선, 자동차와 비행기의 개발을 통해 국가와 민간 경제에서 물류의 역할이 얼마나 중요한지 인지시켰고, 물품의 운송과 개인의 이동을 통해 일상의 삶에도 적지 않은 변화가 생겼다. 1차, 2차 세계대전 중 군수물자 수송을 통해 국가의 정치적 입지를 다지는 데 주요한 역할을 담당했던 국제 물류는, 2차 세계대전 이후 미국을 필두로 각국의 기업들이 물류를 사업의 중요한 전략적 축으로 두면서 그 입지가 한층 강화되었다. 이에 따라 '가치 사슬(value chain)'이라는 개념은 공급망(supply chain)과 함께 산업 전반과 분리가 불가능한 존재가 됐다.

급성장한 국제 교역으로 국제 물류는 1970~1980년대 역사상 유례없는 부흥을 맞게 되는데, 이는 정치 경제를 선도하던 선진국들이 지속적으로 무역의 핵심 수단인 국제 운송에 지대한 관심을 보여온 결과였고, 이후 계속된 자유무역과 세계화를 통해 국제 운송과 물류는 국가 운영과 기업의 성공에 있어 주요한 축으로 자리 잡게 되었다.

그런 과정에서 국제 물류 기업도 탄생하고 성장했다. 아래 표는 현재 상위 20개 국제 물류 전문 기업의 설립연도와 설립 국가를 정리한 것인데,* 실제 반 이상의 기업들이 1970~1980년대 유럽과 미국에서 설립되었다는 점을 알 수 있다.

A&A Rank	Company	Establish Year	Establish County	Current HQ	Go Public	Gross Logistics Revenue (US$ Millions)
1	Kuehne + Nagel	1890	Bremen, Germany	Schindellegi, Switzerland	SIX Swiss Exchange	40,838
2	DHL Supply Chain & Global Forwarding	1969	San francisco, USA	Bonn, Germany	Frankfurt Stock Exchange	37,707
3	DSV	1976	Hedehusene, Denmark	Hedehusene, Denmark	Nasdaq Nordic	28,901
4	DB Schenker	1872	Vienna, Austria	Essen, Germany	NA	27,648
5	Sinotrans	2002	Beijing, China	Beijing, China	Hong Kong Stock Exchange	19,097
6	Expeditors	1979	Washington, USA	Washington, USA	Nasdaq	16,523
7	C.H. Robinson	1905	North Dacota, USA	Minesota, USA	Nasdaq	22,356
7	CEVA Logistics	2006	New-York, USA	Marseille, France	NA	12,000
7	Nippon Express	1937	Tokyo, Japan	Tokyo, Japan	Tokyo Stock Exchange	18,612
8	Kerry Logistics	1981	Hong Kong, China	Hong Kong, China	Hong Kong Stock Exchange	10,516
9	UPS Supply Chain Solutions	1919	Washington, USA	Atlanta, USA	Nasdaq	14,639
10	GEODIS	1995	Le Havre, France	Levallois-Perret, France	BNA	11,900
11	Kintetsu World Express	1970	Tokyo, Japan	Tokyo, Japan	Tokyo Stock Exchange	9,010
12	Hellmann Worldwide Logistics	1871	Osnabrück, Germany	Osnabrück, Germany	NA	4,718
13	Allcargo Logistics	1993	Mumbai, India	Mumbai, India	BSE, NSE	2,741
14	Bolloré Logistics	1986	Puteaux, France	Puteaux, France	CAC 40	5,701
15	CTS International Logistics	1984	Shanghai, China	Shanghai, China	Shanghai Stock Exchange	3,822
16	Yusen Logistics	1955	Tokyo, Japan	Tokyo, Japan	TSE, NSE	7,788
17	LX Pantos	1977	Seoul, Korea	Seoul, Korea	NA	6,541
18	DACHSER	1930	Kempten, Germany	Kempten, Germany	NA	8,333
19	AWOT Global Logistics Group	2008	Guangzhou, China	Shanghai, China	NA	4,058
20	Logwin	1985	Grevenmacher, Luxembourg	Grevenmacher, Luxembourg	Frankfurt Stock Exchange	2,184

· [표 1] A&A's Top 20 국제 물류 전문 기업들의 설립연도와 설립 국가

---

* A&A's Top 25 Global Freight Forwarders List Ranked by 2021 Gross Logistics Revenue/Turnover and Freight Forwarding Volumes. 중 Top 20개 사의 설립연도, 설립국, 현재 본사 그리고 주식 상장 정보를 수집해 작성했다. 다만, 국제 물류 기업 간에는 다수의 M&A가 이루어져 왔고 현재도 진행 중이기 때문에 현재 시점으로 업데이트되지 않은 정보가 존재할 수 있다.

· 국제 물류 산업의 현황

1973~2019년 사이 가속화된 세계화로 해상 무역량은 3배 이상 증가했는데, 상업용 해상 선박의 적재 가능량이 4배 가까이 증가한 것이 크게 기여했다. 1973년까지는 주로 원유와 정제유를 실은 유조선이 해상 교통의 절반 이상을 차지했지만, 2018년 이후에는 일상생활 상품이 약 70%를 점하게 되었다.[*] 해상 운송에 혁신을 가져온 컨테이너선과 차량 운송에 특화된 RORO선 등 물자 수송을 위해 특화된 상업용 선박의 개발과 발전된 해상 관제 시스템이 도입되어 해상 운송의 비약적 발전에 큰 몫을 감당했다. 또한 기술적으로 더 믿음직하고 대형화된 항공기의 제작과 함께 발전된 항공관제 시스템이 도입되어 비행기의 사고 위험을 낮추는 기술적 도약이 있었기에 항공 운송 분야의 발전이 가능했다. 이후 정보통신기술의 발전을 기반으로 한 3차 산업 혁명으로 물류의 종말을 가져오는 것이 아니냐는 우려가 있었다. 하지만 이것은 기우에 불과했고, 도리어 정보 산업과 디지털 산업 관련 제품들이 지속적으로 출시됨으로 관련 국제 물동량은 폭발적으로 증가했다.

2020년 초부터 전 세계를 멈추게 만든 팬데믹 코로나19로 인해 국제 물류도 일시 정지 상태에 들어갔다. 항공기와 선박의 운항이 멈추

---

[*] 바츨라프 스밀, 『세상은 실제로 어떻게 돌아가는가』, 강주헌 옮김, 김영사, P. 226

고 감염의 확산세가 심각했던 유럽과 미국, 중국 등은 모두 물류센터와 사무실의 셧다운(shut down)이 실행됐다. 이후 연간 40% 정도의 점진적인 회복세가 있었다. 그 사이, 이미 성장세에 있던 전자 상거래가 전 세계적으로 더욱 확산되고, 드론 및 전자 시스템 등을 이용한 물류 산업 혁신의 가속화를 촉진했으며, 라스트 마일 서비스 등이 각국 경제 전략의 단초가 되기도 했다.

2021년 3월, 국제 물류는 또 한 번 중대한 기로에 서는데, 수에즈 운하에서 좌초된 에버그린 선박으로 인해 수백 척의 선박이 수에즈 운하에 발이 묶이면서 국제 물류의 커다란 한 축이 마비된 것이다. 이로 인해 전 세계 공급망이 마비되면서 기업 활동이나 물류에 관심이 없던 일반 소비자들도 국제 물류의 중요성에 대해 인지하는 중요한 계기가 되었다.

이제는 많은 기업의 리더들이 기업의 공급망 관리가 사업의 성패에 얼마나 중요한지를 깊이 인지하고 물류 전문가를 임원으로 인선하는 등, 그 중심에 있는 국제 운송과 물류의 관리 및 설계에 깊은 관심을 보이고 있다. 국제 운송과 물류 기업에서는 적극적인 기술 혁신을 통해 각 물류 공급망 단계서의 전자화(Digitalization) 및 자동화(Automation), 녹색 최적화(Green Optimization)를 통해 가시성과 환경 보호가 강화된 서비스 제공을 위해 기업의 모든 역량을 모으고 있다.

② 국제 물류 산업에서의 ESG 현황

・국제 물류 산업과 환경(Environment)
- 탄소 발자국과 기후변화

물류는 본질적으로 우리가 살아가는 지구에 막대한 탄소 발자국을 남긴다. 전 세계적으로 연간 수십억 톤의 물품이 차량, 기차, 비행기, 선박 등으로 순환되는데, 이러한 이동은 주로 내연기관으로 된 운송 수단을 통해 이루어진다. 이동한 물품을 보관하고 보급하기 위한 물류 센터의 건설과 운영에도 많은 에너지와 자원이 쓰인다. 국제 물류 산업과 환경은 떼려야 뗄 수 없는 관계를 가진다.

그렇다면, 국제 운송과 물류가 실제 전 세계 탄소 배출량에서 차지하는 비중은 얼마나 될까?

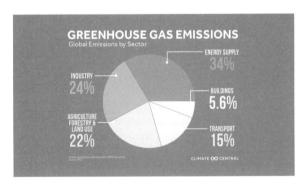

・[표 2] 산업군별 지구 온실화에 미치는 영향 분포도
<출처: IPCC report, Climate Change 2019>

상기 [표 2]의 2019년 IPCC 자료에 따르면,* 운송이 배출하는 이산화탄소는 전체의 15%이고, 이중 국제 운송 및 물류가 차지하는 비중은 11%에 달한다.

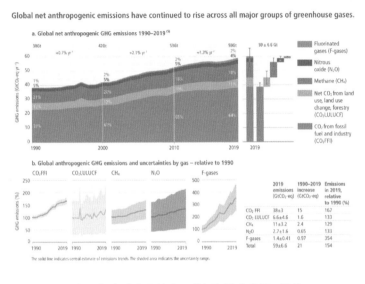

· [표 3] 전 세계 온실가스 배출량 통계 1990~2019
<출처: Climate Change 2022, IPCC report, P.11>

[표 3]은 지난 30년간 지구온난화에 영향을 미친 주요 배기가스들의 통계인데, 전체적인 증가세와 함께 이산화탄소가 차지하는 비중이

---

* Intergovernmental Panel on Climate Change: 기후변화에 관한 정부 간 협의를 위해 세계 기상 기구와 국제 연합 환경 계획에 의해 1988년 설립된 조직으로, 인간 활동에 대한 기후변화의 위험을 평가한다.

단연 높다. 이러한 분석에 기반하여 기후변화 대응의 주요 전선이 이산화탄소 배출량 감축으로 수렴된 것이다. 국가별 다양한 에너지원과 사회간접자본시설 확충도 수준 역시 산업군별 이산화탄소 배출량에 영향을 미치는데, 프랑스의 경우 국가의 공급 에너지원 중 원자력 의존도가 높아 상대적으로 운송 분야가 이산화탄소 배출량 기여에 더 많은 부분을 차지하고 있다.

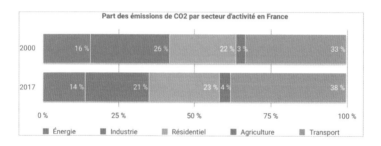

· [표 4] 프랑스 산업군별 지구 온질화에 미치는 영향 분포도, 운송 38%*

영국에서 시작된 산업혁명이 서유럽을 벗어난 곳에서 일어났을 가능성이 극히 낮은 이유 중 한 가지를 화석연료의 사용에서 찾는 의견은 상당히 설득력이 있다.** 산업혁명 이후 서양이 본국과 동남아시아, 아

---

* [LES DEFIS DE LA SUPPLY CHAIN] J.-M. Huet, J.-M. Micheaux, Person, 2020, p.22 Source : © CÉLINE DELUZARCHE, D'APRÈS CHIFFRES CITEPA POUR L'ANNÉE 2017

** Ian Moris, 『Why the West rules – for now(왜 서양이 지배하는가)』, 최파일 번역, 글항아리, 2010

프리카 등지에서 본격적으로 거두어들인 경제적 이익은 그만큼 치우친 자원의 사용량을 나타내기도 한다. 그 200년 동안 화석연료와 대량 육가공품 그리고 현대 사회를 떠받치는 거대한 네 기둥 중 하나인 플라스틱은 산업 발전을 명목으로 선진국에서 무제한으로 사용되었다.

이미 알려진 비밀과 같이 기후변화에 따른 지구온난화는 산업혁명 때부터 시작과 동시에 가속화되어 이로 인한 경고가 150년 전부터 있어 왔지만, 개발과 발전이 무엇보다 우선했기에 이 경고를 귀담아듣는 국가는 어디에도 없었다. 사안이 심각해지자 30년 전부터 유엔을 비롯하여 각국에서 전문성 있는 국제기구를 만들고, 전 지구적 목표를 세워 2050년까지 연평균 지구 상승 온도를 1.5도 미만으로 낮추며 지구온난화의 가장 큰 부분을 차지하는 이산화탄소 중립화를 이루기 위한 연간 보고서와 RE100 등의 결의문을 채택했다.

기후변화라는 난제를 해결하기 위해, 인류가 역사상 처음으로 전 세계적 연대와 노력을 촉구하게 된 것이다. 하지만, 구속력 없는 행동 강령은 실효성이 없어 그사이 전 세계 탄소 배출량은 그 전보다 25% 정도 증가했고, 이대로 2050년이 되면 50%가 넘으리라는 전망도 있다. 이에 유럽에서는 2022년 말 CBAM*이라는 구속력 있는 법규를 제정했고, 2023

---

* Carbon Border Adjustment Mechanism: EU에서 2023년 10월부터 시행될 법으로, 일차적으로 시멘트, 비료, 철강, 알루미늄, 전기 및 수소 등 6개 품목군의 EU 수입 시 등록, 탄소 배출량 보고, 2026년 탄소세 등을 거쳐 2030년까지 55% 탄소 감축을 목표로 함.

년 하반기부터 EU로 수입되는 해당 품목들에 대해 적용할 예정이다.

아래 [표 5]에서는 해상 운송이 전체 국제 운송에서 지구온난화에 70%를 차지하는 것과, 2010년에서 2019년 사이 전 세계 GDP가 2.9% 성장할 때, 국제 운송도 2.0% 증가한 이산화탄소를 배출했음을 보여준다. 국제 물류는 국제 교역의 양만큼 증가하고 그만큼 이산화탄소를 배출시켜 왔다.

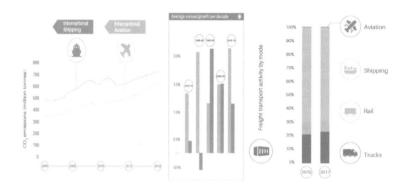

· [표 5] 국제 운송 수단별 지구 온실화에 미치는 영향 및 지난 20년간의 성장률*

어떠한 촉구에도 꿈쩍하지 않고, 멈춤 없이 계속되던 인류의 개발을 향한 돌진은 2020년 초 코로나19 팬데믹으로 인해 일시에 강제 정

---

* SLOCAT (2021) Tracking Trends in a Time of Change: The Need for Radical Action Towards Sustainable Transport Decarbonization, Transport and Climate Change Global Status Report – 2nd edition

지됐고, 항공과 해상 그리고 내륙 운송의 공급과 수요가 동시에 멈추면서 이산화탄소 배출도 현격히 줄어들었다. 자료에 따르면, 코로나19 팬데믹으로 인해 전 세계적으로 에너지 수요는 4%, 이산화 탄소 배출은 5.4%까지 줄어들었다고 한다. 초기 이산화탄소 배출 감소에 주된 기여를 한 분야는 항공과 해상 및 육상 등의 국제 운송이다. [표6]에 따르면, 국제 운송에 있어 2019년 대비 2020년에 총 19.4% 배출량 감소가 있었고, 그 가운데 국제 항공 운송이 56.4%, 국제 해상 운송이 24.8% 그리고 내륙 운송이 14.6% 배출량 감소를 보였다. 이 같은 초창기 이산화탄소 배출량 감소에도 불구하고 하반기 의료품 수송 등으로 인해 수송 물동량이 증가하면서 연간 이산화탄소 총배출량은 2020년 0.6% 증가했다.

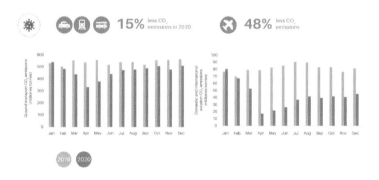

· [표 6] 코로나19 동안 2019년 대비 2020년 국제 운송 CO2 감소량*

* SLOCAT (2021) Tracking Trends in a Time of Change: The Need for Radical Action Towards Sustainable Transport Decarbonization, Transport and Climate Change Global Status Report – 2nd edition

2022년, 다시 전 세계적으로 경제와 무역이 재개되며 대부분의 국제 운송도 회복됐다. 팬데믹과 전쟁은 인류 역사를 통해 끊임없이 반복되지만, 기술과 통신의 발전이 무색하게, 사후 발생을 막기 위한 근본적인 대책을 마련하거나 신속한 해결을 위해 구조를 개선하는 경우는 역사를 통틀어 거의 없었다. 에너지 고갈과 환경 이슈로 서양의 에너지 사용량은 자연스럽게 감소하는 추세이고, 후발 주자들은 서양이 200년간 누린 정도로 자원을 사용하는 것이 애초에 불가능해졌다. 그럼에도 불구하고, 유엔인권위원회 식량특별조사관으로 장기간 봉직한 장 지글러가 빈곤의 원흉으로 간주하는 국가 간 무역과 투자는* 여전히 오늘날 저소득국가들 발전에 핵심적인 도구로 여겨지고 있다는 데 동의한다.** 실제로 다년간 대륙별 에너지와 이산화탄소 발생량을 기록하고 분석한 자료들에서도 아시아, 아프리카, 남아메리카 등 아직 개발과 발전의 여지가 큰 국가들의 최근 교역량 성장세가 뚜렷하다. 이곳 국가들의 기본적이고 지속적인 경제 성장으로 인해 향후 2050년까지 국제 교역과 그에 따른 국제 운송은 지금의 3배 정도 그 규모가 성장할 것이라는 전망이 있다.***

이 전망은 다른 산업군에서 화석연료의 사용을 줄여도 대부분의 국제 운송이 아직은 많은 부분 내연기관 운송 수단에 의지해 이뤄지

---

* 장 지글러, 『왜 세계의 절반은 굶주리는가?』 유영미 옮김, 갈라파고스, 2016
** 『서울리뷰오브북스 (10호)』 2023 여름호, 2023, P. 62
*** 『ITF Transport Outlook 2023』 Published on May 24, 2023

고 있고, 대형화되는 물류센터 건설에 많은 물자가 투입되고 대량의 폐기물이 배출되는바, 국제 운송과 물류 분야에서 적확한 환경적 조치가 시급히 이뤄지지 않는다면 이산화탄소 배출에 비례해 가속화되는 지구온난화를 막기 어려워진다는 것이다. 따라서, 이를 막기 위해선 우선적으로 모든 종류의 제조 생산 기반 회사들에서 공급망을 검토하여 적극적으로 운송과 물류 부분을 최소화하는 조치를 취하는 것이 중요하다. 이미 친환경 기업의 대표 격인 파타고니아에서는 원재료 수급에서 최종 고객 배송까지의 공급망을 검토해 최대한 현지 생산하고, 빠른 주문 배송을 지양토록 하는 조치들을 통해 운송의 환경 비용을 최소화하는 작업을 지속적으로 취해오고 있다.* 국제 운송과 국제 물류 사업의 주체들은 녹색최적화를 통해 이산화탄소 배출량을 줄이기 위해 운송 경로, 화물 적재 방법, 운송 방법 전환, 운송 연료 전환, Fulfillment 최적화, 친환경 운송 초장재,** 등 다각도의 분석을 통해 대책을 마련하고 가능한 정책과 실천을 하고 있다. 앞서 언급한 전통적 한계를 감안하고도, 3년간 계속된 코로나19 팬데믹과 2022년 2월 발발해 아직 계속되고 있는 우크라이나 전쟁은, 전 지구적으로 철저한 고립과 단절을 동시에 경험케 함으로써, 자국서 최대한 생산하고 자급

---

* 이본 쉬나드, 『파타고니아, 파도가 칠 때는 서핑을』 이영래 옮김, 라이팅하우스, 2020, P.220
** 3R 3R's of environment: Reduce, Reuse, and Recycle, are essential parts of Waste Hierarchy.

하는 것에 대한 중요도를 인식시켰고, 대륙 간 연결과 확장이 기본인 국제 운송의 미래에 대한 성찰과 고찰의 계기를 마련했다.

• 국제 물류 산업에서의 사회적 책임 (Social Responsibility)

일반적으로 국제 운송 물류 전문 회사와 ESG의 "S", 즉 사회적 책임의 상관관계는 앞에서 설명한 "E"와의 관계처럼 바로 다가오지는 않을 것이다. 하지만, 국제 물류 기업의 사업 내용은 사회적 책임과도 아주 밀접하게 연결되어 있다.

먼저, 기본적으로 국제 물류 기업은 생산 설비를 기반으로 운영되는 제조업이 아닌 서비스 산업군에 속한다. 회사의 주된 구성 요소이자 자산이 사람 곧 직원이기에, 인적 자원에 대해 다루는 사회적 책임 분야와 아주 긴밀하게 상호 작용한다. 또한, 특정 제품이 아닌 다양한 고객사의 다양한 물품을 다루는 운송 과정과 물류 센터 운영에 있어 안전하고 정확한 관리 및 직원의 건강 유지가 무엇보다 요구된다. 마지막으로, [표7]과 같이 전 세계 네트워크를 구축하고 있는 다국적 회사들이 국제 물류 기업의 주요한 축을 이루고 있는 만큼, 성평등과 다양성 및 포용적 태도로 국제 기준과 규칙을 따르며 동시에 각 국가의 문화와 가치를 존중하고 지역사회에 기여하는 회사 운영이 절실히 요청된다.

A&A Rank	Provider	Gross Logistics Revenue (US$ Millions)*	Ocean (TEUs)	Air (Metric Tons)
1	Kuehne + Nagel	46,864	4,386,000	2,232,000
2	DHL Supply Chain & Global Forwarding	45,590	3,294,000	1,902,000
3	DSV	34,883	2,665,147	1,557,972
4	DB Schenker	30,392	1,909,000	1,326,000
5	Sinotrans	16,405	3,890,000	781,000
6	Expeditors	17,071	942,500	869,000
7	CEVA Logistics	18,700	1,300,000**	520,000
8	Nippon Express	19,932	756,741	867,038
9	C.H. Robinson	23,874	1,425,000	285,00
10	Kerry Logistics	10,483	1,176,370	515,419
11	GEODIS	12,624	1,146,100	293,984
12	Bolloré Logistics	7,466	793,000	708,000
13	Hellmann Worldwide Logistics	5,504	977,500	652,100
13	Kintetsu World Express	8,710	697,828	688,823
14	UPS Supply Chain Solutions	14,294	575,000	864,000
15	LX Pantos	8,243	1,527,000	123,000
16	Yusen Logistics	6,886	668,000	325,000
17	CTS International Logistics	3,274	805,651	373,139
17	Maersk Logistics	14,423	658,000	211,484
18	DACHSER	8,918	575,600**	236,865
19	LOGISTEED	6,053	455,000	176,000
20	Savino Del Bene	4,955	685,000	87,000
21	Logwin	2,488	659,000	167,000
21	Worldwide Logistics Group	2,002	862,742	132,845
22	Toll Group	6,300	523,300	117,400

· [표 7] A&A's* Top25 Global Freight Forwarders List 2022**

ESG에 있어 사회적 책임 부분은 크게 인권 및 노동 환경, 지역사
회와의 관계, 개인정보보호, 건강과 안전 그리고 직원 관계와 다양성

---

* Armstrong & Associates, Inc. 는 1980년에 설립된 3자물류 전문 리서치 및 컨설
팅기관이다.

** https://www.3plogistics.com/3pl-market-info-resources/3pl-market-
information/aas-top-25-global-freight-forwarders-list/

을 포함한다. 사실 ESG 전반은 새로운 개념이라기보다 인류가 당연히 해야 하고 추구해온 보편적 가치이며, 투자자들이 이끈 사회적 패러다임의 변화이다.* 2006년 유엔 산하 기구인 UN PRI**에서 처음으로 'ESG 책임투자'라는 용어를 사용했고, 이것은 기업의 환경 보호, 사회적 책임 및 지배구조 요소를 투자 결정에 통합해 위험을 더욱 효율적으로 관리하고 장기 수익 창출을 목표로 하는 투자접근법으로 투자자들의 의사 결정 절차에 ESG를 포함하도록 한 것이다. 여기서, 기업의 사회적 책임을 의미하는 CSR(Corporate Social Responsibility)***과 ESG는 많은 교집합에도 불구하고 근본적인 차이가 있는데, 연세대 정보대학원 조신 교수는 그 차이를 다음과 같이 설명한다.

"CSR은 ESG와 달리 투자자가 아니라 기업의 행동에 초점을 두고 있다는 것이 가장 큰 차이점이다. 즉, 투자자들이 기업에 CSR을 요구하는 것이 아니라, 환경 단체, 소비자 단체, 노조 등 이해관계자들이 기업 시민이라는 표현을 쓰면서 인격체로서의 기업을 설정하고 사회적 책무를 부여하는 것이다."****

---

* 김용진 편저, 『국민연금이 함께하는 ESG의 새로운 길』, KMAC, 2021, P.36, 75
** Principles for Responsible Investment: 책임투자원칙이라는 UN이 지원하는 국제 금융기관 네트워크다.
*** Corporate Social Responsibility 기업이 생산 및 영업활동을 하면서 환경 경영, 윤리 경영, 사회 공헌과 노동자를 비롯한 지역사회 등 사회 전체에 이익을 동시에 추구하며, 그에 따라 의사 결정 및 활동을 하는 것을 말한다.
**** 조신, 『넥스트 자본주의, ESG』, 사회평론, 2021, P.108

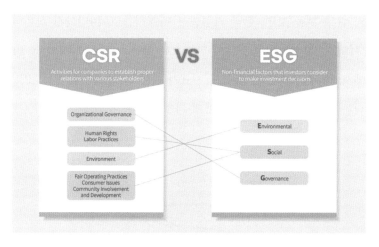

· [표 8] CSR과 ESG의 비교*

한국의 48개 상장 기업들에 대해 한국신용평가**와 블룸버그에서 제공한 CSR 공시 지표와 재무제표를 분석한 '사회적 책임, 지배구조 그리고 기업 가치(Corporate Social Responsibility, Ownership Structure, and Firm Value: Evidence from Korea)'라는 2018년 MDPI***에 실린 논

---

* https://news.skhynix.com/understanding-esg-from-investors-perspective/

** Korea Investors Service-Value (KIS-Value) and Bloomberg database between 2010 and 2014. Specifically, we obtain annual financial data from the KIS-Value provided by National Information and Credit Evaluation (NICE) because of its comprehensive financial information on Korean firms. The NICE is affiliated with Standard & Poor's (S&P) and is one of three major credit rating agencies in Korea

*** MDPI: Multidisciplinary Digital Publishing Institute 스위스 온라인 오픈 액세스 과학 저널 출판 연구소.

문의 한 부분을 보면, 한국 기업들 사이에서는 2014년까지 전통적으로 사회적 책임에 대한 부분이 환경보다 높은 영역을 차지했다. 2010년에서 2014년 사이 환경 공시 지표가 눈에 띄게 증가하면서 2012년부터는 사회적 책임에 대한 지표가 다소 줄어든 것을 볼 수 있다.

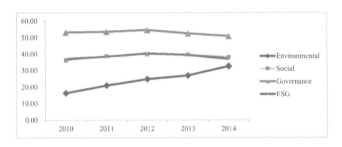

· [표 9] 2010~2014 CSR 공시 지표*

그렇다면 이러한 기업의 사회적 책임에 대한 패러다임의 변화는 어디서부터, 그리고 언제 본격적으로 시작되었을까.

2019년 8월 미국에서 있었던 비즈니스 라운드테이블(Business Round Table, BRT)**에서 발표된 '기업의 목적에 관한 선언문(Statement on Purpose of a Corporation)'***은 아마존의 제프 베이조스,

---

* https://www.mdpi.com/2071-1050/10/7/2497#fig_body_display_sustainability-10-02497-f001

** BRT는 미국 내 200대 대기업의 연간 협의체로 기업의 이익을 대변하는 단체다.

*** https://opportunity.businessroundtable.org/ourcommitment/

애플의 팀 쿡, JP 모건의 제이미 다이먼, 보잉의 데니스 뮬런버그, GM의 메리 배라 등 181명이 서명했는데, 이들은 여기서 "기업의 목적을 주주 중심에서 모든 이해 관계자 중심으로 변경한다."고 말했다. 이 말은 "고객에 대한 가치 제공, 종업원에 대한 투자, 협력업체와 공정하고 윤리적인 거래, 지역사회에 대한 지원, 장기적인 주주 가치 창출, 이 모두가 기업의 필수적인 목적"이기에 "주주에 대한 이윤 극대화라는 전통적 가치를 넘어 종업원과 고객, 납품업체 등 전 이해관계자들에 대한 사회적 책무를 강화"하겠다는 것이다.

· [사진 1] BR 멤버들: 엑센추어 줄리 스위트, 에플 팀 쿡, 비오에이 브라이언 모이니핸, 아마존 제프 베이조스, 지엠 메리 배라, 블랙록 래리 핑크 등 / 뉴욕타임즈*

---

* https://www.nytimes.com/2019/08/19/business/business-roundtable-ceos-corporations.html

이후, 여러 탐사 조사기관들에서 실천되지 않은 약속들과 실행되지 않은 후속 조치들을 꼬집어 지적했다. 그럼에도 불구하고, 이 선언은 재무제표적 가치만을 기업의 존재 이유로 봤던 전통적 개념에서 비재무적 가치와 책무도 강화하겠다는 선언으로서 의미가 컸다. 무엇보다 이것이 큰손(미국) 투자자들의 중요한 투자 기준이 되었기에 유럽, 아시아 등 다른 대륙의 기업들에서도 앞다투어 사회적 약속으로 천명하는 계기가 되었다.

전 세계 국제 물류 기업들에서도 이때부터 이 흐름에 적극적으로 동참하기 시작했고, 오늘날 국제 물류 기업들에게 구체적인 사회적 분야에 대한 참여와 지속적 개선은 기업 오너의 선택에 따른 사항이 아닌, 기업의 지속 가능한 생존과 직결되는 사안이 되었다. 기업 경영 목적의 우선순위가 전통적인 '주주 가치'에서 '이해관계자 우선주의', 즉 기업의 이해관계자인 '소비자-종업원-협력업체-지역사회'로 이동한 만큼, 많은 국제 물류 기업들도 각종 사회적 참여 활동을 통해 지역사회에 기여하는 것은 물론 논란이 될 조달들은 삼가고, 채용과 교육에 있어 종교, 정치, 젠더에 따른 차별을 지양하며, 다양과 포용 그리고 평등한 노무 인사 관리는 물론, 장애 노인 등 마이너리티와의 동행 및 협력사들과의 상생에도 적극적인 행보를 보이고 있다.

2022년 한국에 신설된 중대재해처벌법*에는 물류 분야가 제외되는

---

* 한국의 사업 또는 사업장에서 일하는 모든 사람의 안전 및 보건을 확보하도록 경영 책임자에게 의무를 부과한 법률로 2022년부터 시행됐다.

부분들이 있지만, 지속적으로 사무 작업 환경 개선과 개인정보보호 및 직원들의 건강과 안전을 위한 다각도의 필요한 조치들을 취하고 있다.

· 국제 물류 산업에서의 지배구조 (Governance)

Governance는 지배구조, 통치, 관리를 위한 권한 행사 등으로 다양하게 해석되는데, ESG에서 이 "G" 부분이 맡은 내용은 이사회, 보상, 소유권과 견제, 회계, 기업윤리, 세금 투명성이다.

3 Pillars	10 Themes	33 ESG Key Issues
Environmental	Climate Change	Carbon Emissions
		Climate Change Vulnerability
		Financing Environmental Impact
		Product Carbon Footprint
	Natural Capital	Biodiversity & Land Use
		Raw Material Sourcing
		Water Stress
	Pollution & Waste	Electronic Waste
		Packaging Material & Waste
		Toxic Emissions & Waste
	Environmental Opportunities	Opportunities in Clean Tech
		Opportunities in Green Building
		Opportunities in Renewable Energy
Social	Human Capital	Health & Safety
		Human Capital Development
		Labor Management
		Supply Chain Labor Standards
	Product Liability	Chemical Safety
		Consumer Financial Protection
		Privacy & Data Security
		Product Safety & Quality
		Responsible Investment
	Stakeholder Opposition	Community Relations
		Controversial Sourcing
	Social Opportunities	Access to Finance
		Access to Health Care
		Opportunities in Nutrition & Health
Governance	Corporate Governance	Board
		Pay
		Ownership & Control
		Accounting
	Corporate Behavior	Business Ethics
		Tax Transparency

· [표 10] MSCI ESG Ratings Key Issue hierarchy*

---

* MSCI ESG Ratings Methodology, MSCI ESG Research LLC, June 2023, P.6

TMR*의 최근 연구 내용을 다룬 기사에 따르면, 2023년도 전 세계 물류 시장의 총가치는 US $15.5조이고, 시장의 85% 이상을 대규모 국제 물류 회사들이 차지하고 있으며, 신기술, 친환경 노력들, 새로운 시장의 부상 무엇보다 규모의 경제를 위한 M&A의 영향으로 계속적인 변화를 거듭하고 있다.** 점점 더 대형화되는 국제 물류 기업들의 지배구조도 일반 기업들과 크게 다르지 않은데, 다음과 같다.

사기업: 의결권과 의사 결정에 대한 영향력을 가진 주주가 회사를 사적으로 소유하는 가장 일반적인 지배구조로 그들은 회사의 운영과 전략을 감독하기 위해 이사회를 임명할 수 있다.

공기업: 소유권은 주식 시장을 통해 공개적으로 거래되고, 주주는 주주총회에서 의결권을 행사하고 이사회를 선임한다.

협동조합: 일부 물류 회사는 개인 또는 기업일 수 있는 구성원이 소유하고 관리하는 협동조합으로 운영되는데, 조합원은 동등한 투표권을 가지며 민주적 의사 결정을 지향한다.

가족소유: 일부 국제 운송 회사는 가족소유 지배구조를 가지고 있고, 이 경우 회사는 일반적으로 임원 직책을 맡고 주요 결정을 내릴 수 있는 한 명 이상의 가족 구성원에 의해 운영 및 통제된다.

---

* Transparency Market Research Pvt. Ltd. 는 시장조사기관으로 국제 사업 보고서와 컨설팅 서비스를 제공한다.
** https://www.cips.org/noSearchResults

합작투자: 두 개 이상의 독립적인 회사가 국제 물류 사업을 수행하기 위해 새로운 법인을 구성한 경우로, 거버넌스는 합작투자 계약에 명시된 조건에 따라 결정되며 공동 의사 결정 또는 소유권 비례 대표가 있을 수 있다.

각각의 지배구조들은 회사의 목표와 소유권 그리고 시장의 역동성에 대해 차이를 보이고 각기 다른 장점과 단점을 갖고 있는데, ESG는 이 각기 다른 지배구조하의 전 세계 주요 국제 물류 기업들에 공통된 방향성을 제시해 주었고, 많은 국제 물류 기업들이 이를 따르고 있다.

첫째, 이사회 구성에 있어 성별, 국적, 인종, 경험 및 다른 관점이 혼합된 다양성을 지향하며, 환경 및 사회적 문제에 대한 전문 지식을 갖춘 이사를 선임해 회사가 ESG적 목표들을 달성토록 이사회를 강화하고 있다.

둘째, 이해관계자들에게 ESG 관련 사항들의 목표와 이행에 관한 정보들을 투명하게 제공하기 위해 GRI* 등에 기반한 '지속 가능성 보고서'를 작성해 정기적으로 공지한다. 저자가 속한 세계 20대 프랑스 국제 물류 회사인 볼로레로직스틱스에서도 관련된 내용을 200여 장에 걸쳐 상세한 자료로 작성해 연간 제공하고 있다.

---

* Global Reporting Initiative (GRI) is a non-profit organization that promotes economic, environmental and social sustainability in order to transition to a sustainable global economy. https://www.weforum.org/

· [사진 2] 볼로레로지스틱스 지속 가능성 보고서 2022*

셋째, 임직원 연간 보상 정책을 ESG 목표에 따른 매트릭스에 연결해서 환경 관리, 사회적 영향 및 거버넌스 우수성을 포함해 책임 있는 관행을 장려하고 구체적인 성과에 따라 보상하는 국제 물류 회사들이 늘고 있다.

넷째, ESG 원칙을 준수하는 공급업체와 협력하기 위해 엄격한 공급업체 선정 절차를 거치고, 평가 그리고 인증 프로그램을 통해 지속 가능성 기준들을 준수하도록 하고, 내부 및 외부 감사를 통해 절차의 정확성과 투명성을 강화하고 있다.

마지막으로, 조직의 모든 직원, 고객, 공급업체 및 지역사회를 포함한 이해관계자들과 지속 가능성 관련 사항들을 적극적으로 소통하

---

* https://www.bollore-logistics.com/app/assets-bollorelgs/uploads/2022/09/bollore_logistics_csr_report_en_2021_2022.pdf

고, 명확한 윤리적 지침과 행동 강령을 공유해 업무상의 무결성과 책임 문화를 장려하고 있다.

덴마크에 본사를 둔 A.P. 몰러-머스크 선사이자 국제 물류 기업은 업계서 ESG 경영에 있어 선도적인 위치에 있고, 계속해서 적극적인 행보를 이어가고 있다. 기업의 투명한 정보 공유와 책임 경영에 있어 많은 모범 사례를 남겼는데, 그룹의 회계 정보 및 네트워크상의 각 국가별 세금 납부 정보를 이해관계자 누가 봐도 이해가 쉽도록 자세하고도 간결하게 공시하고 있다.

· [사진 3] A.P. 몰러-머스크 회계 보고서 2022*

---

* 「2022 A.P. Moller-Maersk Tax Report 2022」 P.1, 6, 8, 9

국제 물류 기업들은 또한 국제무역법, 반독점규제, 외국환관리법, 반부정부패법, 인권법, 노무법, 사이버 안전 및 GDPR 등 개인정보보호에도 필요한 조치와 각별한 주의를 기울이고 있다. 특히, 국제 물류 기업들 중 본사가 유럽에 있는 경우가 많아 EU GDPR*은 큰 화두가 되었다. 이 모든 것들이 회사의 지속 가능한 경영을 위한 위기관리에 있어서 중요한 부분을 차지하기 때문이다.

아울러, 대부분의 국제 물류 기업들에서는 내부고발 제도를 운영하며, 기업윤리에 어긋나는 일이 발생하는 경우 즉각적이고 단호한 조치를 취함으로 기업의 지속 가능한 성장과 발전에 위해가 될 만한 일들을 선제적으로 차단하고 있다. 아래는 독일에 본사를 둔 국제 물류 회사 닥서의 해당 시스템이다.

· [사진 4] DACHSER 내부고발 시스템 서포트 닥서**

---

* General Data Protection Regulation: 일반 개인정보보호법의 약자로 개인정보보호를 강화하고 표준화하기 위해 제정되어 2018년부터 시행됐다.

** https://www.dachser.com/en/reporting-system-759

3 지속 가능한 국제 물류 산업을 위해 절대적인 ESG

• 측정 가능하고 현실적인 적용과 추적 (Scope 1, 2, 3)

ESG 중 "E"에 해당하는 환경 부분에 대한 평가 기준은 크게 (i) 기후변화, (ii) 천연자원, (iii) 오염과 폐기물, (iv) 친환경 기회로 구분된다. 세부적으로는 각각 탄소 배출량, 물 부족 및 생물 다양성, 포장재 및 유독성 폐기물, 그린빌딩 등 재생에너지의 활용 기회가 핵심 내용이고, 이를 통해 도달하고자 하는 단일한 목표는 물론 탄소중립화다.

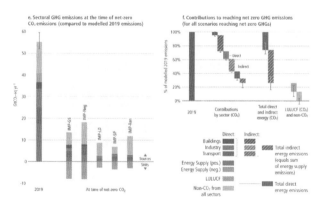

· [표 11] IMPs* 탄소중립을 위한 산업군별 예시적 완화 경로 전략안**

---

* Illustrative Mitigation Pathways, 탄소 배출의 예시적 완화 경로를 도출했다.

** Climate Change 2022, IPCC (Intergovernmental Panel on Climate Change report), P.31

이를 위해 전문가 그룹으로 구성된 GHG Protocol*에서 2001년 제안한 Scope 1, 2, 3은 기업의 자체 운영 및 포괄적인 가치사슬에서 발생하는 다양한 종류의 탄소 배출을 분류하는 방법으로 지금까지 온실가스 보고의 표준으로 많은 기업에서 사용되고 있고, 그 범주는 다음과 같다.

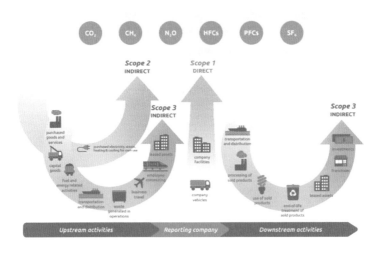

· [표 12] 밸류 체인별 온실가스프로토콜 Scopes 과 탄소 배출 개괄**

---

* Greenhouse Gas Protocol: 20년 전 World Resources Institute (WRI)와 World Business Council for Sustainable Development(WBCSD)에서 만든 온실가스 전문 기구로 기업들에 온실가스 표준과 측정에 관한 방법을 제공한다.

** Corporate Value Chain (Scope 3) Accounting and Reporting Standard Report 2013, GHG Protocol, P.31

Scope 1. 건물 보일러나 차량 등 기업에서 직접적으로 발생하는 온실가스

Scope 2. 기업에서 사용 중인 냉난방을 위한 전기 에너지 등의 생산 과정에서 간접적으로 발생하는 온실가스

Scope 3. 공급자로부터의 물품 구매부터 소비자의 최종 제품 사용까지의 전체 공급망 사슬에서 광범위하게 간접적으로 발생하는 온실가스

통상적으로 Scope 1과 2는 개별 회사의 통제 범위 내에 있어, 회사에서 직접 구매하는 가스·전기를 온실가스 톤 단위로 환산하는 데 필요한 원천 데이터를 확보해 탄소 배출량을 측정하고 대책을 마련할 수 있다. 국제 물류 기업들도 제로 웨이스트(Zero Waste), 플라스틱 사용 금지(Plastic Ban), 페이퍼리스(Paperless) 등 생활 환경 운동은 물론, 태양광 등 재생 에너지 조달 및 전기 자동차 전환 등을 통해 해당 Scope들에서의 배출량 기준 탄소중립 달성을 위한 목표들을 수립하여 실천하고 있다.

Scope 3 배출이 관건이다. 국제 물류 기업을 포함한 대다수 기업의 경우 이 부분이 탄소 발자국의 70% 이상을 차지하는데, 실제 기업의 통제권이 강하지 않다. 예를 들면, 항공이나 해상 운송에 사용할 수 있는 바이오 연료는 가격이 비싸 물류비용 절감을 생각하는 고객사를 설득하기 어렵고, 생산량도 전체 가용 연료의 3% 미만으로 턱없이 부

족하다. 이에 따라 현재 Scope 3 보고가 의무는 아니지만, 단계적 의무화는 계속 논의되고 있어 체계적으로 대비할 필요가 있다. 탄소 배출량을 공급망 단계별 규모와 배출 출처에 대해 분석하고, 단계별 영향력을 구분 지어 기존 공급업체와 배출량 감축 솔루션 관련 협력을 하거나 공급망 단계별 순차적 에너지 전환을 고려해야 한다. 국제 물류 기업에서는 Sustainability 전문가를 채용하고 국제 기준의 측정 방법을 도입해 Scopes별 항공 해상 육상 각 운송 수단들의 SAF* 등 친환경화 및 바이오 연료 사용, 물류센터에서 친환경 포장 운송재 및 폐기물 재활용 등의 가능한 행동들을 취하며 기한 내 탄소중립을 달성하기 위해 각 이해관계자들을 독려하며 감독하고 있다. 하기는 항공업계에서 마련한 2050년까지의 1.8 기가톤(Gigatons) 의 탄소중립을 위한 로드맵이다.

65% Sustainable Aviation Fuel (SAF)

13% New technology, electric and hydrogen

3% Infrastructure and operational efficiencies

19% Offsets and carbon capture

· [표 13] IATA Contribution to achieving Net Zero Carbon in 2050**

---

* Sustainable Aviation Fuel: Liquid fuel used in commercial aviation which reduces CO2 emissions by up to 80%. It can be produced from number of sources incl. waste oil and fats, green and municipal waste and non-food crops.

** IATA (International Air Transport Association) SAF Factsheet Net zero 2050 Report

지속 가능 연료의 생산을 늘리고 비용을 낮춰 고객 접근이 용이하게 하고, 각 국가의 영공과 항공 운용에 있어 새로운 기술 등을 도입해 효율성을 높이고, 항공기 및 엔진 제작에서부터 항공기 프레임, 추진체 등에서 급진적 전환을 도입하며, 각국의 공항 운용사들은 SAF 등 필요한 자원을 실비용에 공급하도록 필요한 인프라를 제공할 것 등이 포함되어 있다.

해상 업계에서도 바이오 연료 사용과 함께 선박 이산화탄소 포집 · 액화 저장 기술(CCUS)* 시스템에 대한 연구가 각국에서 활발히 이루어지고 있다. 화석연료를 사용하면서 발생하는 공기 중의 이산화탄소를 포집, 액화 저장할 수 있는 대용량의 OCCS를 설계부터 제작 · 선박에 설치 및 시운전까지 담당하고 선사에서 실제 운용하는 테스트들이 이뤄지고 있는데, 선박의 위험성 평가와 포집한 이산화탄소의 저장과 활용이 관건이다. 탄소 포집 · 저장 · 이용(CCUS) 기술은 세계 각국이 '2050 탄소중립' 목표를 향해 가는 길목에서 화석연료 사용을 단번에 줄일 수는 없어 탄소 감축을 위한 실질적인 대안으로 주목받고 있는 기술이다. 우리나라는 2030년 NDC** 목표에서 CCUS를 통해 1,120

---

* Carbon Capture, Utilization and Storage: 대기 중의 이산화탄소를 분리 포집하여 저장 및 사용하는 기술로 온실가스 감축을 위한 대안으로 언급된다. 유사, CCS, CCU 등.

** Nationally Determined Contributions: 2050년 탄소중립 달성을 위한 중간목표로, '파리협정'에 따라 참가국이 스스로 정하는 국가 온실가스 감축 목표. 우리나라는 2030년까지 2018년 총배출량 대비 40% 감축을 목표로 하고 있다.

만 톤을 흡수 처리한다는 계획을 발표했다.*

　프랑스의 대표적인 물류 기업 볼로레로지스틱스(Bolloré Logistics)에서는 2018년부터 "Powering Sustainable Logistics"라는 프로그램을 통해 지구온난화 환경 문제 해결을 위한 전사적 행동을 독려하고 있고, 업계 최초로 항공사 에어프랑스와의 협업을 통해 파리 샤를드골 국제공항과 뉴욕 존 F. 케네디 국제공항 구간에서 저탄소 연료를 사용해 운송하는 등, 2030년까지 Scope 3에서 발생하는 이산화탄소 배출량의 30%를 감축하기 위해 전 물류 생태계 공정별 연구와 적용은 물론 외부 감사도 병행하고 있다. 2021년부터, 공인기관인 EcoVadis로부터 관련 상위 1% 기업에 수여하는 platinum 등급을 매년 받아오고 있다.

　프랑스에 본사를 둔 선사이자 국제 물류 기업인 CMA-CGM 그룹은 전 세계 160개국에 155,000명의 직원, 400여 사무실, 750개 물류센터 및 590여 척의 선박을 보유하고 있는데, 2050년 탄소중립을 달성하기 위해 필수적인 그룹의 에너지 전환을 가속화하기 위한 1.5 Billion USD(1.9조 원) 규모의 에너지 펀드를 조성했고, 2022년 9월 관련 행동 강령과 그룹사 내 전 영역에 해당하는 구체적 로드맵을 공시했다. 이 에너지 기금은 탈탄소화를 위한 LNG dual 선박 주문과 바이

---

* 「에너지기술, 산업 생태계 분석」 산업통상자원부, 한국에너지기술평가원, 2023, P.22

오 연료 개발 및 생산 공장과 항만, 물류센터 및 육상 운송 수단의 재생에너지 전환을 이루는 데 투입되고, 사무실과 직원들의 생활 속 에너지 절감을 위해 지원되며, 운송과 보관 공급 등 전 이해관계자 가치사슬에 있어 각 단계별 녹색 최적화를 이루기 위한 친환경적 기술 혁신을 연구하는 기술센터 및 스타트업 생태계 등에도 지원 예정이라고 한다. 이미 이를 위해 전문가 집단으로 이루어진 팀을 구성해 2022년 10월 사업을 시작했다고 하니, 그 행보가 주목된다.

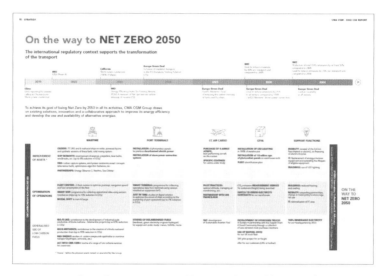

· [표 14] CMA-CGM 그룹 2050 탄소중립화 로드맵*

* 「2022 CSR REPORT NON-FINANCIAL PERFORMANCE REPORT」, CMA CGM, P.23

• 기업 구성원 개개인과 인류 공동체 존속을 위해 필수 불가결한 방향성

기업은 전 세계적으로 벌어지는 일의 축소판이다. 사회에서 벌어지는 이슈에 기업이 시시각각으로 반응하진 않지만, 이 사안들을 바라보는 기업의 관점은 중요하다. 다양한 사람들의 집합체인 기업이 구성원 개개인의 취향에 반응하지는 않지만, 인간의 삶에 영향을 미치는 결정들에 근거가 되는 기업의 가치관은 중요하다. 기업의 직원과 지역 사회, 공급자와 고객이 포함된 공동체의 보편적 이익을 염두에 두고 경영하는 것이 구성원과 인류 공동체의 지속 가능한 성장을 견인한다. 그런 차원에서 UN과 국제 사회에서 도출한 SDG* 2030은 의미 있고, 이는 많은 국제 물류 기업들도 표준으로 삼고 있는 인류 공동체의 보편적 발전을 위한 가이드라인이자 공통의 목표가 되었다.

---

* The Sustainable Development Goals: 2015년에 UN에서 인류의 보편적인 발전을 위해 전 세계 모든 국가가 2030년까지 달성하기로 합의한 변혁적인 지속 가능 발전 목표를 말한다.

· [표 15] UNDP* 지속 가능한 발전 목표 2030

　전 세계에서 사무실과 물류 시설 및 R&D 센터를 운영하는 글로벌 물류 기업들은 환경과 함께 사회적 책임 및 가치 부분에 있어 기여할 수 있는 기회가 상당히 많다. 직원들에게 적절한 보상과 안전하고 쾌적한 작업 환경 그리고 기술 개발의 기회를 제공하는 것은 중요하다. 무엇보다 국가마다 다른 노동법의 기준을 준수하는 것은 물론, 국제 인권 및 표준 노동 기준들이 잘 지켜지는지 면밀히 관리 감독한다. 서비스 품질을 개선하기 위한 끊임없는 노력과 함께 구성원들의 지속적인 직능 개발을 돕는다. 이해관계자들의 반대 의견을 경청하여 논란이 될 만한 조달 등은 수익 손실을 감수하더라도 과감히 포기한다. 속한 지역사회의 파트너쉽과 자선 기부, 자원봉사 프로그램 등에 참여함으로 긍정적 영향을 끼치고, 기업 구성원 개개인의 사회적 책임에 대한

---

* United Nations Development Program: 유엔개발계획은 세계의 개발과 원조를 위한 유엔총회의 하부 조직이다.

감수성도 함양시킨다.

볼로레로지스틱스의 경우에도 SDG 항목들을 기준해서 작성된 4분야로 구성된 윤리 헌장을 통해 기업의 사회적 가치관과 방향성을 공표하고 정기 보고서를 통해 구체적 지표들을 상세 공시하고 있다.

· [사진 5] BOLLORÉLOGISTICS 윤리 헌장*

볼로레로지스틱스는 장애인, LGBT 등 사회의 소수자를 포용하는 노무 정책의 이행도 활발한데, 카사블랑카에 설립된 장애인을 돕는 단체 'Anaïs association**'과 협업, 다운증후군을 가진 분들께 직업훈련을 제공해 2017년에는 7명의 훈련생이 볼로레로지스틱스 모로코 지사의 물류센터에 투입되어 3년간 근무했다. 볼로레로지스틱스코리

* 「BOLLORÉ LOGISTICS CSR and Ethics Charters」, 2020, Diversity and Inclusion Charter P.3

** https://www.fondation-anais.org/

아에서도 2019년부터 장애인 채용을 시작해 현재 두 명의 발달장애인 동료가 서울 사무실에서 함께 근무하고 있다.

· [사진 6] Collaborations between Bollore Logistics and Anaïs association**

국제 물류 기업에서도, 다른 사업군과 마찬가지로, 아직까지 전체 임원의 여성 비율은 현저히 낮으며, 본사가 있는 국가 출신이 각국 지사의 대표를 맡는 경우가 다수다.

CMA-CGM 그룹의 경우, 2025년도까지 임원의 30%를 여성으로 하고, 각국 지사의 대표의 60% 이상을 프랑스인이 아닌 국적으로 채용하며, 해상과 항만에서 발생하는 사고를 2019년 대비 40%까지 감소시킬 것과, 자체 교육기관인 CMA CGM Academy를 통해 디지털, 기후 위기, 생태계 다양성 등의 교육을 조직의 모든 구성원에게 어느

** https://www.bollore-logistics.com/en/csr/ensure-accessibility-for-people-with-disabilities/

시간만큼 제공한다는 등의 구체적 향후 목표와 기한을 설정해서 공표했고*, 연간 보고서를 통해 진전 사항들을 이해관계자들과 투명하게 공유하고 있다.

독일에 본사를 둔 국제 물류 기업 DACHSER는 인도주의 국제기관인 'Terre des Hommes**'와 함께 인도에서 인구 밀집 지역이며 빈곤 지수가 특히 높은 북인도 Uttar Pradesh 주에 아동과 마을 주민들에 교육에 적합하고 친환경적인 환경 조성을 위해 프로젝트 사업을 추진 중에 있다.

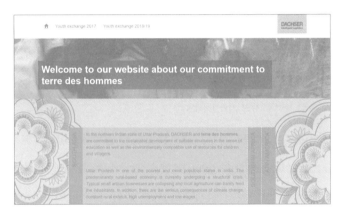

· [사진 7] Collaborations between DACHER and Terre des Hommes***

---

* https://cmacgm-group.com/en/sustainability-and-innovation/acting-for-people

** Terre des Hommes: 캐나다, 덴마크, 프랑스, 독일, 이탈리아, 룩셈부르크, 네덜란드, 스위스에 독립 조직이 있는 국제 연맹 산하의 국제 아동 권리 자선 인도주의적 우산 조직이다.

*** https://www.dachser.com/campaigns/terredeshommes/en/index.html

국제 물류 기업들은 속한 환경과 역량에 따른 정도의 차이가 있지만, 다국적 기업 문화 환경 속에서 역량 있는 인재를 차별 없이 발굴하고 사회적 포용과 성평등 및 전체 공급망 사슬상의 인권과 기본권 수호를 강조하는 사회적 책임 원칙을 회사의 중심 가치로 삼고, 지역사회에 기업 활동에 대한 높은 기준을 충족시키며, 기업의 존속과 성장이 가능한 활동들을 전 세계적으로 활발히 병행하고 있어 바람직한 방향성이라고 본다.

• 지속 가능한 기업 경영을 위한 의사 결정 기구와 최고 경영진의 윤리 경영

기업의 규모가 크고 다국적일수록 각 분야별 업무를 결정하고 추진하는 전문적 의사 결정 기구가 세분화되어 있다. 역량과 책임감, 전문성과 소통력을 함양한 인재를 이사회 및 의사 결정 기구의 위원으로 발탁하여 조직 안팎에서 적극적으로 의사를 개진하고 정보를 공유하도록 하는 것이 중요하다.

이것은 조직 안에서는 바른 결정을 실행함에 있어 추진력을 얻을 수 있고, 외부와는 견고하고 튼튼한 조직과 의사 결정 체계를 공유해 투자자로부터 신뢰를 얻고 비즈니스 리스크 관리에 대해 직간접적인 모니터링 효과를 기대할 수도 있다. 이러한 장점에도 불구하고 아직 구체적인 ESG 적용이 미흡하거나 E(환경) 분야에만 유독 치우친 국내 상황에 비해, 국제 물류 회사들의 적응과 적용 상황은 놀랍다. 대부분의 상위 국제 물류 회사들이 본사가 있는 국가에서 상장 회사인 것도 주효했을 것이다([표 1] 참조). 국제 물류 기업들은 이사회 멤버들의 교육 과정에 ESG 영역을 필수적으로 다루고 있다. 글로벌 고객 마케팅, 신시장 진출 및 투자자가 언제나 중요한 기업들이라 투자자 관점의 ESG 경영이 비교적 짧은 시간 안에 활발히 도입된 것이다. 재무적 비재무적 ESG 정보의 공개가 자연스러워 대부분의 그룹사 홈페이지에는 이사회 구성과 방법 및 이사회 구성원의 프로필도 상세히 나와 있다. 한국은 대기업의 경우에도 사외이사 및 내부이사 비율만 기입해 놓고 별도로 공시 자료를 찾아보지 않으면 기본적인 사항조차 파악하기 어려운 곳이 많다.

· [사진 8] 경영진 및 이사회 상세 소개, DHL 그룹과 Kerry Logistics*

---

* https://www.dpdhl.com/en/about-us/management/board-of-management.html
  https://www.kln.com/en/governance/board-of-directors/

일본의 물류 회사 APLS LOGISTICS는 기업 구조 형태와 이사회 이사들의 상세 이력은 물론 capacity check list까지 공지해 놓은 것이 인상적이다.

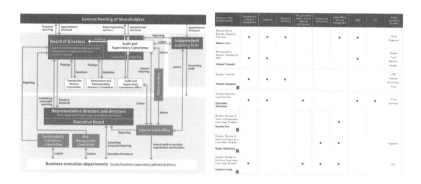

· [표 16] 기업 지배구조 및 이사진 프로필과 Skill Matrix*

ESG 경영은 조직 내 그리고 대외 이해관계자들과의 소통까지 포함하는 매우 포괄적인 경영관리의 프로세스면서 건강한 인프라 환경 및 투명한 시스템으로 이해할 필요가 있다. 이를 위해서는 조직 간 유기적인 역할과 책임을 정립하는 것이 거버넌스 영역의 주된 부분이고, 기업 내부 통제 영역과도 긴밀히 연계되어 있어 감사 선진화도 병행되어야 객관성과 개선점을 꾸준히 찾아 보강할 수 있는데, 아직은 내부 및 외부 감사 부서 및 기관들이 관련 영역에 있어 전문성을 갖춰 가고

---

* https://www.alps-logistics.com/en/corporate/governance/index.html

있는 단계라고 생각된다.

　조직이 세분화되고, 전문화되어도 기업의 대표는 여전히 기업 전체의 문화와 방향성에 중요한 영향을 끼친다. 지속해서 기업이 추구하는 가치와 목표에 대한 대표자의 의지와 지원이 병행되지 않으면 계속적이고 때때로 필요한 가속화된 동력을 얻긴 어렵다. 국제 물류 기업들의 대표들도 국제 무역에 있어 필수적인 최고의 국제 물류 서비스를 구현하고, 고객에게 제공하면서 환경 위기에 대한 공감대를 바탕으로 마련된 해결 방안들을 사업에 도입하기 위해 적극적이고 단호한 행보를 이어가고 있다. 아울러 지역 공동체의 발전에 기여하기 위해 지속적인 관심과 구체적인 실천들을 병행하며 투명하고 건강한 기업 경영의 틀을 만들어 나가고 있다.

　앞서 언급된 프랑스 선사이자 국제 물류 그룹 CMA-CGM의 대표 Rodolphe Saadé는 환경 보호와 사회적 책임을 지속 경영전략으로 삼고, 바로 2019년 국제 선박의 북항로 사용을 중단했고, 2022년 에너지 기금을 조성하며 바로 플라스틱 폐기물 운송을 중단하며 새로운 친환경 LNG 선박을 주문했다. 아울러 2005부터 시작된 CMA CGM 그룹 자선 부서를 통해 350여 지역, 국가, 국제 프로젝트를 통해 긴급한 인도적 구호와 교육의 개선 및 동등한 기회의 창출을 위해 지속적이고 적극적인 노력을 기울여 왔다. TANGRAM이라는 그룹의 혁신과 훈련을 견인할 센터를 준비해 국제 운송과 물류의 미래를 준비하며 전 이해관계자들 특히 다양한 미래의 리더십 세대를 적극적으로 포함시키고 사업과 방향과 구성 및 과정을 투명하게 공유하고 있다.

· [사진 9] TANGRAM 홈페이지*

전 세계 국제 물류 기업들은 이사회의 구조 및 위원회의 구성과 운영 등에 대한 투명한 정보 공개와 효율적이고 자율적 의사 결정 구조의 운영, 독립성과 내부 통제의 강화, 내부 외부 감사의 선진화를 통해 지속적으로 새로운 체계를 정립해 나아가고 있고, CEO와 최고 의사 결정 구조 간 건강한 협치를 통해 기업 가치를 창출하고 높이는 데 심혈을 기울이고 있다. 아울러, ESG 경영 전반에 걸쳐 다음 세대 혹은 미래의 리더십 세대와도 적극적 소통을 이어가는 것이 매우 중요하리라 생각된다.

---

* TANGRAM, the learning and innovation center (tangramcenter.com)

epilogue

    그녀도 같은 생각을 한 듯하다. 그레타 툰베리는 최근에 세계 석학들과 쓴 공저 『The Climate Book』에서, '개인의 변화와 시스템의 변화, 둘 중 어디에 중점을 두어야 하느냐고 묻는다면 그 답은 이렇다. 어느 한쪽이 없이는 다른 한쪽도 이룰 수 없다. 두 가지 변화를 모두 이루어야 한다.'라고 했다.*

    환경 문제만이 아니다. 저자도 ESG적 개인의 삶이 확장된 것이 ESG적 기업을 가능케 한다고 생각한다. 기업의 구성원 개개인이 일상에서부터 ESG적 가치와 원칙들에 공명하고 행동하는 것이 장기적으로 지속 가능한 ESG 기업 경영의 구심점이 될 것이다.

    국제 물류 기업에서도 최선의 가치는 협업이다. 맡은 보직에 대한 적합성 및 탁월함과 함께 전체적인 조화와 협업을 일구어내는 것이 아이러니하게도 개인주의가 강화되는 듯 보이는 현대 사회에서 점점 더 중요해지고 있다. 다면적이고 다층적인, 심층적인 ESG 경영의 성패도 바로 이 협업에 달려있다.

    국제 사회의 변화를 가장 먼저 마주하고 체감하는 곳 중 하나가 바

---

* Greta Thunberg, 『The Climate Book』, 이순희 옮김, 김영사, 2023, P.410

로 국제 물류 기업과 물류인들이다. 그렇기에 자주 녹록지 않은 환경 가운데 있게 된다. 그럼에도 불구하고, 더 많은 국제 물류 기업들이 전 세계에 광활하게 펼쳐있는 공급망 생태계에서 다양성과 지속 가능성을 적극적으로 포용하고 수용해 ESG 기업 경영을 지속적으로 활발히 구현해 나가리라 기대하며, 이 책이 미약하나마 그 길 위에 작은 응원이 되길 바란다.

반갑게 얻은 4개월 새로운 배움의 시간에 언제나처럼 힘이 되어준 가족들과 회사 동료들, 그리고 공저의 자리까지 손잡아 이끌어 준 원우들과 전문위원님 그리고 지도교수님께 깊이 감사드린다.

ESG와 금융기관의 역할과 방향

김미라

현 한국씨티은행 기업금융업무 수출입부서 근무
전 WellsfargoBank N.Y.Seoul Branch TRADE SERVICE
UNIT 매니저
전 National Bank of Pakistan Seoul Branch a무역금융
부 매니저역임
대한 상공회의소 주최 수출입세미나 무역통역

1 ESG 개념 및 중요성

• ESG의 개념

ESG의 개념은 다양하게 정의되고 있으나, 일반적으로 기업의 전략을 실행하고 기업의 가치를 높이기 위한 능력에 영향을 미칠 수 있는 환경, 사회 및 지배구조에 관한 요소들을 포괄하는 개념으로 이해된다. 때로는 ESG라는 표현을 대신하여 '지속 가능성(Sustainability)'이라는 표현이 사용되기도 한다. '지속 가능성'의 개념은 다양한 의미로 사용될 수 있는데, 「지속가능발전 기본법」은 "현재 세대의 필요를 충족시키기 위하여 미래세대가 사용할 경제·사회·환경 등의 자원을 낭비하거나 여건을 저하시키지 않으며 서로 조화와 균형을 이루는 것"이라고 정의하고 있다.

ESG 정보는 비재무적(non-financial) 정보라고 말하기도 하며, 기업이 ESG 요소를 어떻게 관리하느냐에 따라 기업의 재무적 결과에 영향을 미칠 수 있다. ESG는 여러 가지 기업의 경영 영역에서 재무적인 영향을 미칠 수 있다. (그림 1 참고)

ESG 요소 재무적 영향 ·····

자본 접근성 · 비용절감 및 생산성 · 리스크 관리 · 매출 증대 및 시장 접근성 · 브랜드 가치 및 평판

영업 라이선스 · 인적 자본 · 직원 유지 및 고용 · 인수 대상으로서의 기업 가치 · 다른 우수 기업을 인수할 수 있는 능력

(출처 : Sustainable Stock Exchange Initiative)

· [그림 1]

· 기후변화 위험에 관련한 ESG 정보 공개 필요성

'기후 변화에 관한 정부간 협의체(IPCC, Intergovernmental Panel on Climate Change)'에* 따르면 기후변화의 주요 원인은 인위적인 온실가스 배출이며, 1970년부터 2010년까지 온실가스 배출량 증가의 78%가 화석연료 연소 및 산업 공정으로부터 발생한 이산화탄소 배출에 기인한다. 기후변화가 초래할 위험에 대한 인식이 확산되면서 세계 정상들은 1992년 'UN환경개발회의'에서 기후변화협약에 서명하였다. 기후변화협약은 인간이 기후 체계에 위험한 영향을 미치지 않을 수준으로 대기 중의 온실가스 농도를 안정화시키는 것을 그 목표로 한다. 이후 1997년 선진국 중심의 온실가스 목표제를 규정한 교토의정서를 거쳐 2015년 파리협정은 모든 국가에게 온실가스 감축 의무를 부여하고

---

* 기후 변화에 관한 정부 간 협의체(IPCC)는 기후 변화 문제에 대처하기 위해 세계기상구(WMO)와 유엔환경계획(UNEP)이 1988년에 공동 설립한 국제기구로, 기후 변화에 관한 과학적 규명에 기여한다.

있다. 파리협정은 산업화 이전 대비 지구의 평균 온도 상승을 2℃ 이하로 유지하고 더 나아가 1.5℃까지 억제하기 위해 노력할 것을 그 내용으로 한다. 이에 따라 우리나라는 2030년까지 배출 전망치(Business As Usual)* 대비 37% 감축 목표를 제시하였으며, 최근 저탄소·친환경 경제로의 전환을 위한 그린뉴딜(Green New Deal) 계획을 발표한 바 있다. 저탄소 경제로의 전환은 경제 및 산업 전반에 걸쳐 중대한 변화를 요구하기 때문에 투자자와 기업 모두 장기 전략과 자본의 가장 효율적인 배분을 고려해야 한다. 기업은 기후변화로 인한 위험에 직면할 수 있지만 동시에 새로운 투자 기회를 창출할 수도 있다. 투자자, 대출기관 등은 기후변화로 인해 어떤 회사가 위험한 상황에 놓여 있고 어떤 회사가 이에 잘 대응하고 있는지를 고려하여 의사를 결정하게 되므로 기업의 기후변화와 관련한 정보를 요구하고 있다. 정보가 충분하지 않으면 위험을 적절히 고려하지 못할 가능성이 있기 때문이다. 저탄소 경제로의 전환에 따른 금융 시스템의 안정을 위한 G20의 요청에 따라

---

* 온실가스를 감축하기 위해 조치하지 않을 경우의 배출량 추정치

금융안정위원회(FSB)는* 기후변화와 관련된 재무 정보 공개를 위한 태스크포스(TCFD)를 설립하고, 투자자, 대출기관 및 보험회사가 기후변화와 관련된 위험을 적절히 평가하는 데 필요한 정보의 공개를 위한 권고안을 마련하였다.

② ESG와 금융의 현주소

• CSR에서 ESG 보고로의 전환

지난 10년 사이 국내 대기업·중소기업에서 CSR(Corporate Social Responsibility, 기업의 사회적 책임)은 당연히 해야 하는 영역으로 정착해 왔다. 다만, CSR에 대한 명확한 개념이 제대로 도입되지 않은 채, 국내에서 CSR은 사회공헌(Corporate Philanthropy)부터 책임투자(Responsible Investing), 공유 가치 창출(CSV, Created Shared Value), 지속 가능 경영(Sustainable Business)까지 매우 방대하고 모호한 개념으

---

* FSB는 금융위기 예방 및 대처방안 연구, 국제금융시스템 안정성 강화에 대한 국제 협력 등을 위해 1999년에 설립된 금융안정포럼(Financial Stability Forum)이 모태. G7 국가, 호주 등 12개 회원국 및 IMF, BCBS 등 10개 국제기구로 구성되었으나 2009년 우리나라를 비롯한 12개 국가 및 유럽위원회(European Commission)가 신규 회원국으로 가입하면서 금융안정위원회(Financial Stability Board)로 명칭을 개정. 각국 중앙은행, 재무부, 감독기구 등이 금융안정위원회 회원기관으로 참여. 우리나라에서는 한국은행과 금융위원회가 회원기관으로 활동.

로 쓰이고 있다. 이 때문에 근래 CSR은 사회공헌으로 인식되고, 대신 ESG(환경·사회·지배구조)라는 용어를 쓰는 곳이 늘고 있다. 다시 말하면, CSR에서 ESG로의 이동이 이루어지고 있는 것이다.

초창기 CSR은 환경 보고서(environmental reporting)로 거슬러 올라간다. 이 보고서들은 대부분 자발적으로 만들어졌고, 이사회에서도 '하면 좋고' 정도의 관심만 있었다. 미 증권거래위원회(SEC)에 의무적으로 제출해야 하는 문서가 아니었다.

하지만 상황이 바뀌고 있다. 지난 수십 년 동안 지속 가능 투자가 존재했지만, 지난 몇 년 사이 ESG는 규모와 인기, 중요도 측면에서 성장을 거듭하고 있다. CSR은 이제 ESG 보고서(reporting)로 바뀌고 있으며, '반드시 해야 하는' 필수사항이 되고 있다. 민간 및 공공투자 영역에서도 기업의 ESG를 둘러싼 관심이 늘고 있다. 2004년 이후 ESG 투자는 1,000% 증가했으며, 5년 전과 비교해도 68%나 늘었다. 현재 지속 가능 투자 규모는 30억 달러(3조 5,600억 원)에 달한다.

대부분의 기업 ESG 보고서는 여전히 'ESG 리포트'로 겉표지만 달리한 이전 CSR 리포트처럼 보인다.

맥킨지는 최근 ESG가 기업 수익에 미치는 영향에 관한 2,000여 개의 연구 결과를 보여주는 보고서를 펴냈는데, 이에 따르면 63%의 긍정적인 상관관계를 보여준다. ESG 중심의 전략을 지닌 기업들의 경우 재무성과에만 관심을 갖는 다른 일반 기업들에 비해 수익이 낮다는 것을 의미한다. 2019년 10월 OECD 최신 자료에 따르면, 전 세계 4

만 1,000개 상장기업 중 120개 기업만이 '지속가능성 회계기준 위원회(SASB)'* 기준에 따라 ESG 보고서를 발행하고 있다. 5,000개 기업이 적어도 한 번은 'GRI(Global Reporting Initiative)'를** 사용한 것으로 나타났다. 785개 기업은 '기후 관련 재무 정보 공개 태스크포스(TCFD)'를 기준으로 보고서를 발행했다.

이는 결국 대부분의 공기업과 민간기업들이 아직도 비공식적이고, 비구조화된 ESG 보고서를 발행하고 있다는 걸 의미한다. 많은 기업이 ESG의 초기 수준에 머물러 있는 데 반해, 투자자들은 엄격한 시각으로 ESG 기준으로 기업을 평가하고 있는 것이다. 투자자들을 확보하기 위해서, 기업들은 높은 수준의 ESG 기준을 충족해야 할 것이다.

2004년 ESG라는 약어가 처음 등장했지만, 그동안 규제 기관은 별다른 관심을 기울이지 않았다. 최근에야 ESG 제품의 허위, 과장 광고와 관련한 그린워싱의 규제에 나서고 있다. ISSB 표준의 도입과 의무화는 개별 국가가 결정하지만, IFRS 때와 마찬가지로 빠르게 확산돼 글로벌스탠다드로 자리 잡을 것으로 보인다. 금융위원회 역시 2023년

---

* SASB는 지속가능성 회계기준 위원회(Sustainability Accounting Standards Boards)를 뜻하는 말로, 지속 가능성 회계 표준을 개발하기 위해 2011년도에 설립된 비영리단체다.

** 1997년 미국의 NGO인 CERES와 UNEP가 중심이 되어 설립되었으며 2002년 네덜란드 암스테르담에 본부를 둔 상설기관으로 확대 개편되어 현재 세계적으로 통용되는 가장 권위 있는 지속 가능성 보고서 가이드라인인 'GRI 가이드라인'을 제정, 운영하는 기관.

3분기 중으로 ESG 공시 의무화 로드맵을 발표하여 본격적으로 ESG가 규제와 관리 대상이라는 것을 의미하도록 할 예정이다. 따라서 결론은 '좋지만, 때로는 별로 중요하지 않은' CSR에서 '영향력 있는' ESG로 사고방식을 아예 전환해야 한다는 것을 의미한다.

ESG는 환경, 인권, 다양성 같은 기업의 비재무적 가치를 인정하고 중시하는 데서 출발한다. 불과 수년 전만 해도 경영자의 경영 판단에서 우선순위에 들지 못하던 것들이다. 확정된 표준에 따른 공시가 의무화되면 매출액이나 영업이익 같은 재무 정보와 동일하게 비재무 정보를 사업보고서에 공개해야 한다. 자본주의의 경계가 재무적 가치에서 비재무적 가치로 확장되는 것이다. ESG 공시 도입이 환경과 사회에 실제로 얼마나 긍정적 효과를 미칠지는 알 수 없지만, 더 이상 경영자들이 ESG를 무시할 수 없다는 점만은 분명하다.

• 금융기관에 대한 탄소중립 요구

1) 글로벌 동향과 국내 동향

ⓐ 글로벌 동향

2015년 12월 12일, 프랑스 파리에서 열린 '제21차 UN기후변화협약 당사국총회(COP21)'에서 '파리협정(Paris Agreement)'이 채택되었다. 과거 1997년 12월 채택된 교토의정서(Kyoto Protocol)가 2020년 12월 만료됨에 따라 2021년부터는 신(新) 기후 체제가 필요하게 되었는데, '신 기후 체제'에 대한 합의문이 바로 파리협정이다. 파리협정은 이전의 협약과 달리 만료 시점이 없는 협약으로, 195개 모든 당사국이 지구 평균 기온을 산업화 이전 대비 2℃ 이하로 억제하고, 장기적으로는 1.5℃ 이하로 제한하기 위한 노력을 추구하는 것을 목표로 한다. 파리협정과 교토의정서는 전 지구적인 온실가스 감축이라는 최종 목적은 같으나, 참여 대상 및 이행 방법 등에서 차이를 보인다. 교토의정서는 일차적으로 선진국에 해당하는 38개국 대상으로 감축 의무를 부과하고, 그 외 개도국의 경우 의무 감축은 아니지만 온실가스 감축 및 기후변화 대응 관련 보고, 계획 수립 및 이행 등 일반적인 조치를 요구하였다. 반면 파리협정의 경우, 195개 모든 당사국이 각국 온실가스 감축 목표(NDC1)*를 수립해야 하며, NDC를 5년 단위로 제출하고 이행해야 한다. 즉, 일부 선진국에만 감축 의무가 발생했던 교토의정서와 달리, 파리협정에 따르면 195개 당사국 모두에게 온실가스 감축 의무가 발생하게 된다. 다만 '재원 조성' 측면에서는 선진국이 선도적으로 역할을 수행하고, 개도국은 자발적으로 참여하도록 하고 있다.

---

* NDC(Nationally Determined Contribution, 국가별 결정적 기여)는 각 국가가 감축할 온실가스 배출량을 목표로 설정하는데, 이때 기준이 되는 것이 바로 절대량과 집약도.

❶ 지구 평균기온 상승을 산업화 이전에 비해 2℃ 미만으로 제한

❷ 온실가스 배출 감축목표 설정 및 5년마다 상향 조정

❸ 온실가스 배출 감축목표 달성을 위한 국제 탄소시장 신설

❹ 기후변화에 대비한 적응력 강화 및 관련 보고서 제출

❺ 기후변화로 인한 피해 최소화를 위한 국가 간 협력 강화

❻ 개발도상국의 온실가스 감축 및 기후변화 적응을 위한 재원 마련 및 지원

❼ 기후변화 대응을 위한 노력, 개발도상국에 대한 지원 등에 대한 정보공개 및 2023년
부터 5년마다 이행상황 점검

· [표 1]

ⓑ 국내 동향

우리나라도 국제 동향에 따라 기후변화에 대응하기 위해 '2050 탄소중립 선언(20.10월)'을 계기로, 「2050탄소중립추진전략」을 수립(20.12월)'하고, 이에 따른 세부 전략 마련을 위해 '2050 탄소중립 시나리오를 발표(21.10월)'하였다. 또한, 이러한 탄소중립 정책의 체계적이고 안정적인 추진을 위해 「기후대응을 위한 탄소 중립·녹색 성장 기본법, 제정안」이 2022년 3월 25일부터 시행되었다.

금융위원회는 2020년 8월 녹색 금융 추진 TF 첫 회의에서 기후변화로 인한 금융 리스크를 관리 감독하는 방안을 구축하고 녹색 산업에 대한 투자를 확대해 녹색 경제로의 전환을 선도해 가겠다고 발표하였다. 이후 2021년 1월 녹색 분야 자금 지원 확충, 녹색 분류 체계 마련, 기후 리스크 관리, 감독 계획 수립 및 기업 환경 정보 공시 등을 내용으로 하는 「2021년 녹색금융 추진계획」을 공개하였다.

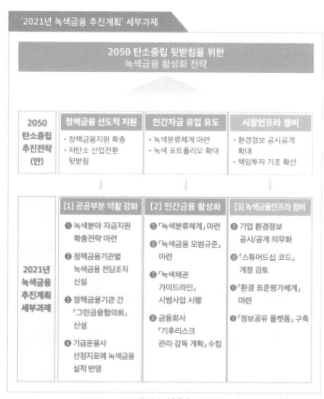

· [표 2]

국내는 기본적으로 '녹색금융 추진계획'에 담긴 내용을 위주로 녹색 금융이 추진되고 있다. 2021년 5월 금융당국, 정책금융기관 등 13개 사가 모여 TCFD* 및 TCFD가 발표한 권고안에 대해 지지를 선언

---

* TCFD는 지난 2015년 주요 20개국(G20) 재무장관회의 금융안정위원회(FSB)가 설립한 협의체로 기후변화를 초래할 수 있는 지배구조, 전략, 위험 관리, 목표 관리 등의 기업 정보 공개를 권고.

하였으며, 같은 날 금융위원회와 7개 정책금융기관 및 금융 유관기관이 녹색 분야에 대한 정책 금융 지원의 추동력을 부여하기 위해 '그린 금융 협의회'를 출범하기도 하였다.

글로벌 논의 동향과 비교해 볼 때, 국내 녹색 금융에 대한 논의의 진행이 빠른 편은 아니다. 그러나 금융 당국과 국내 금융회사는 국제적 동향에 뒤처지지 않도록 발 빠르게 대처하고 있다. 아울러, 최근 전 세계적으로 ESG(Environmental, Social, Governance)에 대한 논의가 활발해지고 있기 때문에 국제적으로 논의가 진행되는 상황에 맞추어 녹색 금융에서 ESG 분야로 확대해 나갈 필요성도 있을 것이다.

ⓒ SBTi와 온실가스 감축 목표 수립

글로벌 금융회사들은 금융 배출량 산정에 그치지 않고, 온실가스 감축 목표 수립 관련 글로벌 이니셔티브인 SBTi10*에 가입하고 감축 목표 승인을 받아, 글로벌 이해관계자의 요구에 대응하고 있다.

SBTi는 CDP(탄소정보공개프로젝트)11와 WRI(세계자원연구소), WWF(세계자연기금), UNGC(UN 글로벌 콤팩트) 등이 연합하여 만든 비정부기구이자 이니셔티브로서, 기업이 파리협정 목표에 부합하는 온실가스 감축 목표 설정 시 필요한 감축 방법론과 목표 수립 Tool 등을 제

---

* 과학 기반 목표 이니셔티브(SBTi)는 탄소 공개 프로젝트(CDP), UN 글로벌 콤팩트 (UNGC), 세계 자원 연구소, 세계자연기금(WWF)의 연합체.

공하고 온실가스 감축 목표를 승인하고 있다.

2022년 7월 말 기준 SBTi에 3,565개 기업이 가입하였으며, 이 중 1,660개 기업이 온실가스 감축 목표 승인을 획득하였다. 이 중 금융 회사는 139개 회사가 가입하였으며, 29개 회사가 온실가스 감축 목표 승인을 획득한 상태이다. 국내 금융회사는 KB금융그룹, 신한금융 그룹, 우리금융그룹, 하나금융그룹 등 11개 회사가 SBTi에 가입하였으며, 온실가스 감축 목표 수립 및 승인을 획득하기 위해 노력하고 있다. PCAF의 경우 금융 배출량의 공개 방식이 비교적 자유로운 반면, SBTi의 경우 감축 목표 승인을 완료하게 되면 감축 목표에 대한 세부 내용이 SBTi 웹 페이지상에 공개된다. 이때 공개되는 정보는 동일한 SBTi의 문서 양식에 따라 공개되며, 해당 금융회사의 온실가스 감축 목표와 함께 자산군별 감축 목표 및 목표 범위를 공개하게 된다.

상당수의 글로벌 금융회사는 공신력 있는 PCAF 및 SBTi 이니셔 티브에 가입하고, 해당 방법론을 활용하여 금융 배출량을 산정하고 온 실가스 감축 목표를 수립하고 있다. 금융회사의 금융 배출량 산정 및 온실가스 감축 목표 수립은 외부 투자자의 탄소 중립 요구에 대응할 수 있는 시작이며, 국내 금융회사도 PCAF, SBTi 등 글로벌 이니셔티 브 가입에서 나아가 실제 금융 배출량 산정 및 온실가스 감축 목표 수 립을 실행하고, 이에 대한 정보를 외부에 공시하는 등 적극적인 대응 을 해야 할 것이다.

• 글로벌 규제 강화와 책임투자의 확산

1) 글로벌 규제 강화

지속 가능한 발전이라는 관점에서 국가적 목표를 달성하기 위해서는 시장 메커니즘을 강화해야 한다는 인식이 확산되고 있다. 이에 따라 많은 국가에서 기업의 자율적인 ESG 활동을 권고하는 단계를 넘어, 최근에는 ESG 성과 관리를 위한 정부 차원의 다양한 규제들이 마련되고 있다. 2013년 현재 45개 국가에서 180개 이상의 지속 가능성에 관한 정보공개 규제가 도입되었으며, 2019년 현재 19개 국가에서 스튜어드십 코드를* 도입하고 수탁기관의 책임을 강화하고 있다. 특히, 2014년 유럽연합 집행위원회(European Commission)는 기업의 비재무 정보의 공개에 관한 지침(Directive 2014/95/EU)을 제정하고 2018년부터 근로자 수 500인 이상인 기업에 대해 환경, 사회, 노동, 인권, 반부패 등에 관한 정보의 공개를 의무화하였다. EU 내 약 6,000여 곳이 그 대상이다. 기업이 정보를 공개하는 경우 해당 문제와 관련한 정책, 결과 및 위험을 설명하고, 기업이 시행하는 준수 절차(due diligence processes)뿐만 아니라 공급업체 및 하청업체와 관련한 준수 절차에 관한 정보를 포함해야 한다.

---

* 스튜어드십 코드(stewardship code) 또는 **국민연금기금 의결권 행사 지침**(議決權行事指針)이란, 연기금이 기업의 의사 결정에 개입할 수 있도록 하는 제도. 주인의 재산을 관리하는 집사(스튜어드)처럼, 기관 투자자로서 국민연금이 가입자 재산을 제대로 관리하기 위해 투자 기업 의사 결정에 적극적으로 개입하라는 취지로 만들어짐. 대한민국은 2018년 7월 30일 이 제도가 마련되어, 국민연금이 투자한 기업의 경영에 개입.=

이 지침은 국내 기업에도 영향을 줄 수 있는데, EU 내 현지 법인이나 공장을 설립한 국내 기업의 경우에도 이 기준에 해당하면 그 대상이 된다. 그뿐만 아니라 EU 내의 기업과 거래 관계가 있는 국내 기업의 경우 해당 기업으로부터 ESG 관련 정보의 제공을 요청받을 수 있다. 한편, 증권거래소를 중심으로 한 ESG 정보 공개의 제도화도 진행되고 있는데, 2019년 현재 23개 증권거래소가 ESG 정보 공개를 제도화하였으며, 47개 증권거래소가 ESG 정보 공개에 관한 가이던스를 제공하고 있다.

각 기업은 ESG 요소를 파악하고 이를 공개할 수 있는 체계를 마련함으로써 이러한 규제 환경의 변화에 선제적으로 대응할 수 있도록 한 것이다.

· [그림 2]

최근 연기금, 자산운용회사 등 기관투자자의 투자 방식이 투자 대상 기업의 재무적 성과에 초점을 맞추던 방식에서 벗어나 비재무적 성과를 고려하여 투자 대상의 잠재적 위험을 관리하는 방식으로 바뀌고 있다. 이러한 책임투자는 종교적 신념에 기반을 두고 주류 또는 도박 등과 관련한 기업에 대한 투자를 배제하는 윤리적 투자에서 출발하였으며, 이후 사회ㆍ환경ㆍ인권 등과 관련한 문제까지 그 범위를 확대하고 있다. 투자 대상 기업의 ESG 요소를 검토ㆍ분석하는 것은 기관투자자의 투자 의사 결정 과정의 필수적인 절차로 자리 잡아 가고 있으며, 기관투자자들은 기업이 이러한 문제들을 어떻게 평가하고 이를 기업의 전략과 어떻게 연계하고 있는지를 중요한 요소로 평가하고 있다.

2006년 4월 'UN환경계획 금융이니셔티브(EP/FI)' 및 UN 글로벌 콤팩트(Global Compact)가 글로벌 기관투자자들과 함께 발표한 'UN 책임투자원칙(Principles for Responsible Investment)'은* 연기금 등이 수탁자로서 투자 의사를 결정함에 있어 투자 대상 기업의 재무적 요소뿐만 아니라 ESG 등 비재무적 요소를 함께 고려해야 한다는 원칙을 담고 있다. 이 원칙에 서명한 기관은 2020년 3월 기준 약 3,000여 곳에 달

---

* PRI는 전 세계적인 권위를 가지는 책임투자 지지 연합이며, UN 책임투자원칙(UN PRI)은 인정받은 국제협약에 기반을 두며 기업 투자자를 대상으로 한다. 책임투자의 6가지 원칙은 자발적이고 미래지향적인 일련의 투자 원칙으로, ESG 이슈를 투자 관행에 통합하기 위한 여러 가능한 활동들을 제안한다.

하며 최근 1년 동안 약 28% 증가하였다. 이들 서명 기관의 총 운용자
산은 약 89조 달러(USD)에 이른다.

지역별 UN PRI 서명기관 현황 ('20.3월 현재)

북미	남미	유럽	아프리카	중동	호주/뉴질랜드	아시아	합계
747	105	1,657	88	14	197	230	3,038

(출처 : UN Principles for Responsible Investment)

· [표 3]

한편, 글로벌지속가능투자연합(Global Sustainable Investment
Alliance)에 따르면 2018년 말 현재 전 세계 지속 가능 투자자산
(Sustainable Investing Assets)은 약 30.7조 달러(USD)로 2016년 말 대비
약 34% 성장하였다. 지속 가능 투자는 그 전략에 따라 7가지 유형으
로 분류된다. (지속 가능 투자 전략 유형 [표 6] 참고)

지역별 지속가능 투자 자산 현황 (단위: 십억달러)

구분	유럽	미국	일본	캐나다	호주/뉴질랜드	합계
2018년	14,075	11,995	2,180	1,699	734	30,683

(출처 : GSIA, 2018 Global Sustainable Investment Review)

· [표 4]

③ 금융기관의 ESG 실천 사례와 방향

• 국내 4대 금융지주사의 탄소중립을 위한 현황과 노력

금융은 기후 관련 대출과 투자, 금융상품 운용, 채권 발행 등을 통해 기업의 탈탄소 전환을 이끌 수 있다. 이 때문에 지구 온도 상승을 산업화 이전 대비 2℃ 이하로 억제하는 파리협정 목표 달성의 핵심 산업으로 주목받는다.

국내 금융권도 탄소중립 전략을 바탕으로 대출과 투자 자산에서 발생하는 온실가스 배출량을 측정하기 시작했다. 이를 기반으로 금융 상품을 설계하고 녹색 부문에 대한 금융 지원을 확대하는 등 탄소 감축 활동을 본격화하고 있다. 신한금융, KB금융, 하나금융, 우리금융 등 국내 4대 금융지주사는 은행 외에도 보험, 카드, 증권 등 다양한 금융 계열사를 거느리고 있다.

지속가능 투자 전략 유형	
전략	**내 용**
네거티브 스크리닝 (Negative/exclusionary screening)	특정 ESG 항목에 근거하여 부정적으로 인식·평가되는 산업 또는 기업을 포트폴리오나 펀드의 구성에서 배제하는 방법
포지티브 스크리닝 (Positive/best-in-class screening)	동종 업종의 비교 집단에 비해 상대적으로 우수한 ESG 성과를 보이는 산업, 기업 또는 프로젝트에 투자하는 방법
규범기반 스크리닝 (Norms-based screening)	OECD, ILO, UN 및 UNICEF 등 국제적 규범에 근거하여 비즈니스 관행에 대한 최소 기준을 설정하고 그 기준의 충족 여부를 반영한 투자를 수행하는 방법
ESG 통합 (ESG integration)	재무 분석 프로세스에 ESG 요소들을 체계적·명시적으로 융합시키는 방법
지속가능 테마 투자 (Sustainability themed investing)	지속가능성(청정 에너지, 녹색 기술 또는 지속가능 농업 등)과 관련된 테마 또는 자산에 투자하는 방법
임팩트/지역사회 투자 (Impact/community investing)	사회 또는 환경 문제를 해결하고 사회 또는 환경 목적을 가진 비즈니스에 자금을 공급하기 위한 투자
기업관여활동 및 주주행동 (Corporate engagement and shareholder action)	직접적인 기업관여활동(회사 경영진과의 소통 등), 주주 제안 및 포괄적인 ESG 가이드라인에 따른 의결권 행사 등을 통해 기업 활동에 영향을 주는 주주권을 행사하는 방법

(출처 : GSIA, 2018 Global Sustainable Investment Review)

· [표 5]

4대 금융지주의 탄소중립 전략과 목표, 금융 배출량, 녹색 금융, 리스크 관리 등을 최신의 지속 가능 경영 보고서와 기후변화 관련 재무정보 공개협의체(TCFD) 보고서 등을 정리해 보면 다음과 같다.

1) 2050년 금융 배출량 탄소중립 선언

금융사의 자산 포트폴리오 배출량(금융 배출량)은 산업별 위험 노출(익스포저)과 자산 배분, 신규 친환경 투자를 위한 기초 자료다. 일반 기업의 스코프3*(공급망을 포함한 총 외부 배출량)에 해당한다.

금융사들은 2021년 이후 금융 배출량 산출과 이를 기반으로 한 탄소중립 전략 추진을 최우선 과제로 삼고 있다.

4대 금융지주의 금융 배출량 탄소중립 목표 연도는 2050년이다. 신한금융은 2030년 33.7% 감축(2020년 대비), 2040년 59.5% 감축하는 중간 감축 목표를 설정하고 있다. 신한금융은 포트폴리오 배출량 관리 DB 구축을 통해 배출량 증가 억제를 위한 한도 관리를 강화하고 있다.

KB금융은 2030년 33%, 2040년 61%의 금융 배출량 중간 감축 목표를 세웠다. KB금융은 탄소 배출 관리 시스템을 구축하고 있으며, 금융 배출량 측정 방법론을 기반으로 측정 대상 자산군을 확대하고 있다.

하나금융은 2030년 42%, 2040년 64.6%의 금융 배출량 중간 감축 목표를 세웠다. 기후변화 고위험 산업과 유의 업종 관리를 위한 정책 마련에 나서고 있으며, 기후변화 관리 프로세스를 그룹 전체 리스크 관리 프로세스에 통합하는 작업을 추진 중이다.

우리금융은 2050년까지 금융 배출량 부문 탄소중립을 달성하기로 했으나 전체 대상을 측정하는 시점에 중간 감축 목표를 재설정해 공개하기로 했다. 집중 관리 대상 기업과 업종의 관리 지표를 설정하고, 시

---

* 가치사슬(value chain) 전체에서 기업의 활동과 관련된 모든 간접적인 배출량. 기업이 생산하는 제품이나 서비스의 전 과정에서 발생하는 온실가스 배출뿐 아니라 기업이 공급망에서 사용하는 제품이나 서비스의 생산 과정에서 발생하는 배출도 이 범위에 포함한다.

나리오 분석 고도화에 나선 이후 세부 목표를 공개할 예정이다.

　모건스탠리캐피털인터내셔널(MSCI)이 2023년 월말 기준으로 산출한 4대 금융지주의 내재 온도 상승(Implied Temperature Rise, ITR) 지표는 파리협약 목표에 대체로 부합하는 것으로 나타났다. 신한금융의 ITR은 1.7℃, KB금융은 1.3℃, 하나금융은 1.3℃, 우리금융은 1.9℃였다.

금융배출량 감축 목표

금융지주	2030	2040	2050
신한금융	33.7%	59.5%	100%
KB금융	33%	61%	100%
하나금융	32.4%	64.6%	100%
우리금융	미공개	미공개	100%

※신한금융 2020년·KB금융 2019년·하나금융 2020년 기준
우리금융은 기준연도 미설정 자료: 각 사 제공

· [표 6]

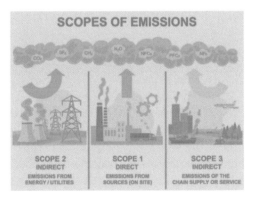

· [그림 3]

 4대 금융지주는 글로벌 환경 이니셔티브 활동을 적극적으로 확대하고 있다. 1세대 이니셔티브인(UNEP FI),* 탄소정보공개프로젝트(CDP) 등에 가입한 데 이어 최근에는 2세대 이니셔티브에도 적극 참여해 TCFD 가이드라인을 기반으로 기후 시나리오 분석을 하고, 자체 수립한 감축 목표에 대해 과학 기반 감축 목표 이니셔티브(SBTi) 승인을 추진하고 있다. 또 탄소회계금융협의체(PCAF) 지침서를 바탕으로 금융배출량을 산출하고, 넷제로은행연합(NZBA)에 참여해 글로벌 금융기관과 탄소중립 보폭을 맞추고 있다.

 신한금융은 2020년 하반기, KB금융은 2021년 4월, 하나금융은 2021년 9월부터 시작해 2세대 환경 이니셔티브인 PCAF, SBTi, NZBA** 가입을 완료했다. 우리금융은 NZBA를 제외한 PCAF와 SBTi에 참여하고 있다. 신한금융은 ESG(환경·사회·지배구조) 경영에 필요한 지배구조를 빠르게 안착시켰다. 2015년 ESG 전략위원회(구 사회책임경영위원회)를 신설하고 기후변화와 관련한 이니셔티브 가입과 목표 수립에 속도를 내고 있다.***

---

* Founded in 1992, UNEP FI was the first organisation to engage the finance sector on sustainability and incubated the Principles for Responsible Investment, now the world's leading proponent of responsible investment. https://www.unepfi.org/about/

** Net-Zero Banking Alliance (NZBA)

*** 한국경제 ESG Special Report "업종별 탄소전략비교" 참조. 2023.04

4대 금융지주 주요 이니셔티브 가입 연도			
	신한금융	*○금융	하나금융	우리금융
UNEP FI	2008년 1월	2008년 6월	2007년 9월	2019년 11월
CDP	2007년 3월	2009년 7월	2016년	2021년 2월
UNEP FI PRB	2019년	2019년 9월	2019년 6월	2020년 1월
TCFD	2018년	2018년 10월	2021년 3월	2021년 1월
PCAF	2020년 1월	2021년 4월	2021년 9월	2021년 8월
SBTi	2020년 1월	2021년 4월	2022년 5월	2021년 9월
NZBA	2021년 4월	2021년 4월	2022년 5월	

자료: 각 사 제공

· [표 7]

신한금융 : 기후 과제 CEO 평가에 반영

신한금융은 자산 분류와 업종별로 2018년부터 2021년까지 금융배출량 통계를 엑셀로 제공하는 등 정보 공시의 충실성을 높였다. 기후 리스트 대응 전략은 재생에너지 투자 규모에 따른 상쇄 시나리오 효과 분석을 기반으로 추진하고 있다.

친환경, 저탄소 산업으로의 전환 효과가 큰 태양광과 풍력 등 에너지 산업에 대한 집중 투자를 통해 탄소 배출권을 확보하고 온실가스를 감축하기로 했다. 2030년까지 조달하기로 한 친환경 금융 목표는 30조 원이다.

신한금융은 업종, 자산, 만기 등 다양한 시나리오에 대한 금융 배출량과 목표 분석 도구를 개발했다. 또 기후변화 관련 전략을 그룹 CEO 과제에 15% 반영하는 등 기후 경영 내재화에서 선도적인 모습을 보이고 있다.

KB금융: 중소기업 지원, 녹색 금융 확대

KB금융은 녹색 금융 투자 확대와 중소기업 친환경 전환 지원에 주력하고 있다. 태양광, 풍력 등 재생에너지 발전에 대한 투자와 저탄소 및 친환경 신기술과 친환경 건물에 대한 투자를 확대하고 있다. 환경 부문 상품, 투자, 대출 목표는 2030년까지 25조 원이다. 이를 위해 2022년 3월 그룹 ESG 금융상품 협의체를 신설하고 ESG 금융상품 분류 프로세스를 구축했다. 신재생에너지 생산, 에너지 효율 제고, 지속 가능한 수자원 관리, 천연자원과 토지 이용, 친환경 건축물 확대, 친환경 교통수단, 생물 다양성 보존 등이 주요 투자 분야다.

KB금융은 중소기업의 친환경 사업 포트폴리오 구축, 온실가스 배출량 감축 등 넷제로 달성을 위한 ESG 컨설팅 서비스도 추진하고 있다. 중소기업이 자사의 ESG 수준을 평가할 수 있는 ESG 자가 진단 서비스를 제공한다. 친환경 전환을 적극 추진하는 기업을 대상으로 금리, 한도 우대 혜택을 제공하는 ESG 우수기업 대출상품을 연계 운영하고 있다.

KB금융그룹은 자산 포트폴리오 배출량을 상시 모니터링 하고 있으며, 업체별 배출량과 탄소 집약도, 계열사별 배출량을 관리하고 있다. 자산 포트폴리오 배출량 데이터는 향후 여신 심사나 투자 시 참고 자료로 활용한다는 계획이다.

하나금융: 산업별 포트폴리오 조정

하나금융은 특정 산업이나 상품에 대한 투자를 배제하는 네거티브 전략을 중심으로 탄소중립 달성 목표를 수립하고 있다. 산업 내 대체 기술 등장 등으로 인한 수익성 악화에 대비해 석탄 발전 등 탄소중립에 정면으로 배치되는 산업에 대한 투자를 중단하기로 했다.

저탄소 사회로의 전환에 따라 제품 경쟁력 약화가 예상되는 산업에 대한 여신, 투자, 채권 비중도 축소한다. 친환경 저탄소 선호 등 소비자 인식의 급격한 변화에 따른 평판 악화가 예상되는 기업을 유의 업종으로 지정한다. 환경, 사회적으로 영향이 큰 업종 중 자산총액 2조 원 이상 기업, 1,000만 달러 이상 프로젝트 등이 투자 유의 업종에 포함된다.

2030년까지 ESG 금융 부문에 친환경을 포함해 채권 25조 원, 여신 25조 원, 투자 10조 등 60조 원의 자금을 조달하기로 했다. 하나금융은 현재 여신심사에 환경, 경영 시스템 도입 여부, 온실가스 배출 영향을 반영하고 있다.

우리금융: 집약도 높은 기업 특별 관리

우리금융은 거래 기업의 탄소 배출 경로별 감축 수단을 제공해 금융 배출량을 줄이는 것을 탄소중립 핵심 전략으로 추진한다. 고탄소 집약도 업종을 관리하고, ESG 투자 관점에서 비공개 관여 전략을 병행 추진한다.

스코프1(직접 배출) 부문 집약도가 높은 산업에는 탄소 포집 및 활용/저장(CCU) 기술에 필요한 시설과 제조 방식을 변경할 수 있는 시설 자금을 공급한다. 스코프2(전력 사용 등 간접 배출) 비중이 높은 산업에는 에너지 효율 개선 자금을 공급한다. 스코프3(공급망을 포함한 총 외부 배출량)과 관련해서는 완제품 생산을 위한 기초 재료 변경에 필요한 자금과 완제품 생산 방식 변경, 신제품, 신소재 개발에 필요한 자금을 공급한다. 재생에너지 프로젝트 파이낸싱(PF), 재생에너지를 이용해 생산된 전기를 전기 사용자가 직접 구매할 수 있는 전력구매계약(PPA) 제도와 전력 거래소를 통한 제삼자 PPA 연계 사업도 강화하고, 녹색 채권 투자를 확대해 금융 배출량을 지속적으로 축소하기로 했다.

3) 금융 배출량 측정 속도 차이

4대 금융지주의 1억 원당 금융 배출량은 29.9톤(tCO2eq)*으로 2022년 31.2톤 대비 1.28톤 감소했다. 위험 가중 자산 대비 금융 배출량 측정 비율은 신한금융이 84%로 가장 많았으며, KB금융(30.8%)과 우리금융(29.9%)이 뒤를 이었다. 하나금융은 전체 금융 배출량 정보를 제공하지 않고 있다.

신한금융의 2021년 금융 배출량은 4,668만 톤으로, 측정 대상 자

---

* 이산화탄소 배출량(tCO2eq)을 의미. 이산화탄소 배출량(tCO2eq)은 온실가스 배출량을 이산화탄소로 환산한 양이다.

산 규모는 227조 원이다. 위험 증가 자산 270조 원 대비 84% 자산의 배출량을 추적하고 있다. 상장주식 및 회사채, 기업 대출 및 비상장주식 PF, 상업용 부동산, 모기지 등 6개 자산 유형 8개 산업에 대해서 금융 배출량을 공시하고 있다. 신한금융의 금융 포트폴리오 1억 원당 배출량은 2021년 20.6톤으로, 전년 대비 0.1톤 감소했다. 자산군별 금융 배출량 측정 방법에 대해 PCAF* 기준 데이터 점수(5점 만점)도 제공하고 있다.

KB금융의 금융 배출량은 2,806만 톤(2020년) 기준으로, 측정 대상 자산 규모는 81조 원이다. 위험 가중 자산 262조 원 대비 30.8%의 배출량을 추적하고 있다. 1억 원당 배출량은 34.7톤으로 전년의 483.8톤 대비 14.11톤 감소했다. 감소 폭이 크지만 구체적인 이유는 아직 밝히지 않았다. 기업 금융, 발전 PF, 상업용 부동산 3개 자산 유형 7개 산업에 대해 금융 배출량을 제공하고 있다.

하나금융은 금융 배출량을 제외하고 자사의 억 단위 배출량 정보만 제공하고 있다. 1억 원 단위 배출량은 2021년 40톤으로, 전년의 38톤 대비 2톤 증가했다. 하나금융은 통신 서비스, 임의 소비재, 필수 소비재, 에너지, 금융 등 11개 대출 포트폴리오에 대해 집약도 정보와 산

---

* 탄소회계금융협의체(PCAF, Partnership for Carbon Accounting Financials): 2019년 9월, 온실가스 회계 방식을 표준화하고 금융기관의 대출과 투자로 인한 온실가스 배출량을 일관되게 측정하고 공개할 수 있도록 하기 위해 전 세계적으로 출범된 단체.

업별 위험 노출 정보를 제공한다.

우리금융은 상장주식 및 회사채 기업 대출 및 비상장주식, PF 등 신한금융과 동일한 자산군에 대해 금융 배출량을 제공하고 있다. 산업별로는 기타 산업, 철강, 발전, 시멘트 등 11개 산업 정보를 제공하고 있다. 단위 배출량 정보는 상세 숫자가 아닌 그래프로 제공한다.

4) 산업별 금융 배출량 요약 결과

4대 금융지주의 금융 배출량 통계로 본 고(高)배출 산업은 철강, 발전, 시멘트다. 신한금융에 따르면 2021년 기준 가장 높은 탄소 집약도를 기록한 산업은 발전(1억 원당 배출량 181톤), 철강(131톤), 시멘트(122톤) 순으로 조사됐다. 신한금융은 자산 포트폴리오 산업별 집약도 감축 목표를 설정하고 있다.

KB금융은 산업별 배출량 정보를 제공하고 있다. 철강, 발전, 발전 PF, 시멘트 등을 고배출 산업으로 분류한다. 대출, 주식, 채권 포트폴리오의 장기 감축 목표를 별도로 제공하고 있다.

하나금융은 유틸리티, 필수 소비재, 소재, 임의 소비재 순으로 탄소 집약도가 높은 산업을 선발했다. 우리금융은 철강, 시멘트, 발전, 화물 운송, 항공 운송 순으로 탄소 집약도가 높은 사업을 선별했다.*

---

* 『한국경제』, "ESG 업종별탄소중립 전략비교 Special report", 2023.04 (금융지주편)

· 해외 기관들의 탄소중립을 위한 현황과 노력

1) 일본 은행들의 투융자 배출량 산출

미쓰비시 URJ 파이낸셜 그룹은 2022년 2050년 넷제로에 대한 진행 상황을 발표하며 투융자 포트폴리오를 통해 온실가스 배출량을 삭감한다는 2030년 목표를 밝혔다.

금융기관은 스코프 1~3의 공급망 전체 배출량 가운데 스코프3 중 투자 카테고리의 배출량이 크다. 탄소정보공개프로젝트(CDP)에 따르면 은행 운영 등에 수반되는 배출량의 700배 이상이라고 한다.

금융기관이 넷제로를 달성하기 위해서는 투융자하는 기업과 프로젝트에서 배출량을 줄일 필요가 있다.

미쓰비시 UFJ 파이낸셜 그룹의 새로운 목표는 기업 금융을 진행하는 전력회사와 프로젝트 금융을 진행 중인 발전 사업에서 이산화탄소 배출량을 203년까지 2019년 대비 45~55% 저감하는 것이다. 55%를 저감하면 전 세계 기온 상승을 1.5°C로 억제하는 "1.5 목표"에 공헌할 수 있을 것이다.

인게이지먼트(자문, 컨설팅 등을 통한 기업 관여)를 통해 융자 대상 기업이 탈탄소화형으로 사업을 변화시키는 것을 지원한다. 예컨대 기술 혁신이나 이를 실용화하는 자금 수요에 맞춰 환경 금융 잔고를 2030년까지 18조 엔으로 끌어올린다. 에너지 관련 기업 및 프로젝트 투융자

에서 세계 톱 수준이던 이 은행이 2030년까지 1.5℃를 목표로 전력업
계를 이끌어가겠다는 방침이다.

2019~2021년 넷제로를 목표로 하는 금융기관의 국제조직이 4개
설립됐다. 그중 하나인 넷제로은행연합(NZE)은 참가하는 세계 108개
은행에 전력 및 석유, 가스, 석탄, 철강 등에 대한 투융자에서 나오는
배출량을 억제하는 2030년 목표 설정을 요구하고 있다.

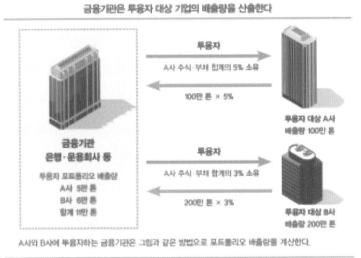

· [그림 4]

일본의 은행으로는 미쓰비시 UFJ 파이낸셜 그 외에도 미즈호 파이

낸셜 그룹, 미쓰이스미토모 파이낸셜 그룹, 미쓰이스미토모트러스트 홀딩스, 노무라 파이낸셜 그룹이 참가하고 있다. 자산에서 나오는 배출량에 대해 목표 설정과 배출 저감을 제대로 관리하기 위해 미쓰비시 UFJ 파이낸셜 그룹을 비롯한 금융기관이 배출량 산출에 착수했다.

배출 데이터 산출과 관련해 주요 은행은 모두 기업과 프로젝트 사업자가 공개하는 온실가스 배출량 정보와 원 단위를 이용한 추계치를 병용해 산출하고 있다. 투융자 대상의 주식과 이자부 부채의 합계에 자사의 보유 비율을 곱셈해 배출량을 산출한다. 투융자 자산이 배출에서 차지하는 비율이 높은 전력과 석유·가스는 기업에 의한 배출량 산출과 공개가 진행돼 정밀도 높은 데이터를 입수할 수 있다. 한편 투융자액과 배출량 비율이 낮은 수많은 중소기업은 원 단위를 이용한 추계치로 합리적으로 산출하고 있다.

지금은 추계치를 이용할 수밖에 없는 투융자처에 대해 은행들은 법인 영업 등을 통해 이산화탄소 배출량의 산출 및 공개 청문을 진행하고 있다. 또 배출량 산출 서비스를 활용하기 시작했다. 미쓰비시 UFJ 은행은 모든 지점에서 법인 영업을 통해 제로보드에 의한 산출 서비스를 제공하고 있다.*

투자 포트폴리오의 넷제로를 진행하는 것은 자산운용 회사도 마찬

---

* 『한국경제신문』 ESG 2023.7월 "투융자 배출량 산출에 나선 거대 은행들" 참고

가지다. 노무라 자산관리가 투자처의 배출량을 산출한 결과 이 회사가 주식을 보유한 일본 기업의 스코프1과 2 배출량은 약 162만 톤인 데 비해 스코프3는 2억 2,800만 톤에 달했다. 산출을 위해 주식 등 발생자가 공개하는 정보 공급 업체의 배출 데이터를 활용했다.

노무라 자산은 자산운용 236개 기관이 참가하는 넷자산운용사연합(NZAM)에 참가한다. 이 회사의 투자 포트폴리오에서 차지하는 "2050년까지 넷제로가 되는 자산" 비율을 55%로 늘린다는 목표를 정했다.

일본 기업 또한 전 세계 자본시장에서 자금을 공급받기 위해서는 온실가스 배출량 산출과 그 효과적 저감이 회피할 수 없는 조건이 된 것이다.

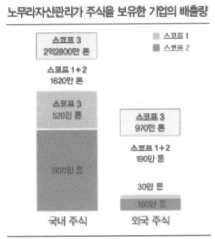

· [그림 5]

2022년 새로 출범한 독일 정부는 총 178페이지의 합의서 중 반 페이지 분량의 지속 가능 금융 분야에 대해 다루었으며, 신용평가 기관이 평가 시 지속 가능성 리스크를 고려하고 ESG 등급 평가기관에 최소 요구사항을 도입하도록 EU에 압력을 가할 것이라고 하였다. 더불어 2030년까지 화석연료를 단계적으로 퇴출하고 재생에너지에서 전력의 80%를 생산하겠다는 약속을 담았다.

해당 합의서에는 새로운 정부가 지지하는 기업지속가능성보고지침(CSRD) 정도만 언급되었고, 많은 투자자들과 산업단체로부터 택소노미*의 부재와 다른 분야에 대한 세부적 내용이 없다는 우려와 비판도 받았다. 하지만 이 과정 자체가 독일을 지속 가능한 금융의 선도적 중심지로 만드는 데 중요한 단계가 되었고, 앞으로 ESG 등급 평가에 표준화된 방식 도입과 첫걸음을 공식화했다는 데 큰 의미가 있다.

3) 글로벌 금융기관들의 현황과 노력

COP26** 이후에도 글로벌 은행의 화석연료 프로젝트 자금 공급이 지속되면서 그린워싱 비판과 화석연료 관련 금융 제공 중단을 요구

---

* taxonomy, 분류체계를 뜻한다. EU(유럽 연합)에서 2050년까지 탄소 중립 달성을 목표로 환경적으로 지속 가능한 경제 활동의 기준 정립을 위해 제정한 녹색 분류 체계.
** Cop26(Conference of the Parties 26): 2021년 10월 英 글래스고에서 열린 제26차 유엔기후변화협약 당사국총회

하는 주주들의 목소리가 높아지고 있다. 2022년 글로벌 은행들의 화석연료 관련 투자액이 감소세를 보이고 있으나, 여전히 높은 수준을 기록하고 있어 더 빠른 속도의 감축을 요구받고 있다. 유럽 은행의 화석연료 투자 중단 선언이 이어지고 있는 것이다.

유럽 대형 은행은 화석연료 투자 중단 선언에서 나아가 친환경 투자 확대 계획도 발표하였다. COP26을 전후로 유럽 지역 대형 금융사의 신규 화석연료 프로젝트 금융 제공이 중단되었고 신재생에너지 관련 투자 확대 계획 발표가 이어지는 상황이다.

- 英 Lloyds Bank는 신규 유전 및 가스전 관련 금융 제공을 중단하겠다고 발표(2022.10)
- 英 HSBC는 신규 유전, 가스전 및 관련 인프라와 프로젝트에 신규 금융 제공 중단을 선언, 2030년까지 최대 1조 달러의 지속 가능 금융을 제공하기로 발표(2022.12)
- 佛 BNP Paribas는 2030년까지 석유 대출 80% 감축, 재생에너지 지원 확대 계획안을 발표. 유럽 대형 은행의 화석연료 대출 잔액은 미국 대형 은행에 비해 규모가 적어 탈탄소 정책 확대가 상대적으로 용이할 것임.*

---

* 한국금융연구원 「금융경영브리핑」 인용 (2028.04.02.~15.)

- 2016~2021년 글로벌 화석연료 관련 금융 잔액 상위 4개 은행은 JP모건, Citi, Wells Fargo, BofA 등 미국 대형 은행으로, 유럽 지역 은행은 상대적으로 적은 잔액을 기록.

이처럼 美 대형 은행 주주들은 신규 화석연료 프로젝트 관련 자금 공급을 중단하도록 압박*을 받고 있다. JP모건 체이스, Citi 그룹, BofA 등 미국 대형 은행 주주들은 석유와 가스 탐사 및 개발에 대한 자금 지원을 단계적으로 중단할 것을 요구하는 결의안을 제출하였고 또한, 美 대형 은행이 2020년 이후 화석연료 프로젝트 감축에 진전을 이뤘지만 기후 위기 대응 정책 및 기후 목표 달성 방법에 대한 투명한 평가가 더욱 필요하게 되었다.

---

* "Big Banks Told to Phase Out Financing of New Fossil-Fuel Projects", Bloomberg, 2023.01.25

- 美 6대 은행 화석연료 투자액(억, 달러):

2,511(‘18) → 2,564(‘19) → 2,106(‘20) → 2,205(‘21)

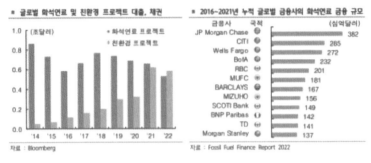

· [표 8, 9]

④ 금융기관의 ESG 실천을 위한 방향과 역할

· 넷제로 공약에 대한 금융기관의 정확하고 투명한 노력

2022년 3월 말에 발표한 제13차 뱅킹 온 클라이밋 카오스(Banking on Climate Chaos)* 보고서에 따르면 은행은 화석연료업계에 대출을 계속하고 있다. 뱅킹 온 클라이밋 카오스는 영향력이 큰 연례 보고서로 전 세계에서 가장 규모가 큰 은행 60곳이 화석연료업계 기업에 제공

---

* bankingonclimatechaos.org This report, Banking on Climate Chaos 2023, analyzes fossil fuel financing and policies from the world's 60 largest commercial and investment banks.

한 자본 수준을 계산한다.

이 연례 보고서에 따르면 "전체적으로 볼 때 화석연료업계를 대상으로 하는 은행의 자금 지원은 2020년부터 2021년까지 변동이 없었다."고 언급한다. 보고서를 공동 집필한 여러 NGO들은 그 수치가 코로나19 팬데믹이 끝난 뒤 경제가 다시 활성화됨에 따라 "은행권의 화석연료업계에 대한 자금 공여가 그대로 유지되거나 심지어 증가할 수 있는 실질적 위험"이 있음을 시사한다고 말했다.

해당 조사 결과는 2050년까지 전 세계 은행 자산의 38%가 넷제로 공약에 따른 탄소 배출량 감소에 전념하고 있음에도 불구하고 나온 것이라는 점에서 의미가 있다. 지금까지 68조 달러에 달하는 자산을 운용하는 100개 이상 은행이 '넷제로뱅킹얼라이언스'에 가입했다. 여기에는 전 세계적으로 잘 알려진 씨티은행, JP모건, 웰스파고, 뱅크오브아메리카 등이 포함돼 있다.

아울러 보고서는 '은행이 고객사, 즉 화석연료업계의 변화를 돕기 위한 약속을 선전'하면서도 "화석연료업계의 활성화와 확장을 위해 가장 많이 노력하는 100개 회사에 자본을 투자하고 있다."고 지적했다.

1) 녹색 금융의 정확하고 투명한 실천

최근까지 은행들이 기후 자격을 스스로 홍보하는 데 사용한 주요 방법은 녹색 금융 서약을 채택하는 것이었다. 2022년 뱅크오브아메리카는 '저탄소, 지속 가능한 경제로의 전환을 가속화하기 위해' 자산의 배치 및 동원에 대한 약속을 8배로 늘리며 2010년 말까지 이니셔티브에 1조 달러를 약속했다. 씨티은행은 녹색 목표를 2050년까지 2,500억 달러에서 2030년까지 5,000억 달러로 늘렸다.

JP모건은 재생 가능한 에너지, 에너지 효율성, 그리고 저탄소 운송 같은 활동을 위해 1,000억 달러 이상을 조성했다고 강조했다. JP모건은 또한 2021년 세계 최대 녹색 채권 인수 업체였다고 말한다.

하지만 보고서는 녹색 금융에 대한 이러한 낙관론과 화석연료 사용에 대한 은행의 지속적 지원 사이의 괴리가 점점 깊어지고 있다고 지적한다. 이러한 우려와 해결을 위해 143개 상업은행과 10개 투자은행을 포함해 239개 금융기관으로 구성된 그룹인 탄소회계금융협의체(PCAF)는 녹색 채권의 배출량 프로필을 계산하는 표준을 개발하고 있고, PCAF의 자산관리 회원은 국채 표준 개발을 주로 담당하고 있다. 새로운 표준의 대상은 상장 및 비상장주식, 회사채, 기업 대출, 프로젝트 금융, 상업용 부동산, 모기지 및 차량 대출을 포함한다.

이를 실천하기 위해 금융기관들은 그동안 유지해 온 관계를 정리하고, 창의적이고 새로운 전략에 초점을 맞추어야 할 것이다. 일부 은행은 거래 중단을 선언했다. 프랑스의 우체국 은행은 2021년 이후로 더 이상 석유 및 가스 생산을 확장하는 기업에 자금을 지원하지 않고 있으며, 10년 안에 석유 및 가스 생산 분야에서 완전히 철수할 것이라고 발표했다. 최근에 ING는 새로운 유전 및 가스전을 위한 대출 또는 자본시장 지원을 배제했으며, HSBC는 화석연료에 대한 자금 공여를 지구 온도 상승을 1.5℃로 제한하는 데 필요한 수준으로 단계적 축소를 발표했다.

넷제로뱅킹얼라이언스 회원 은행들은 회원 가입 시점을 기준으로 18개월 이내에 목표를 제시해야 하기 때문에 우리는 전체 은행 회원들의 순위를 확인할 수 있고, 투자 결정에도 도움을 받을 수 있게 될 것이다.

2) 그린워싱에 대한 비판과 경계

투자자들은 금융기관들의 말과 행동의 불일치를 종종 지적한다. 아비바와 PGGM, 그리고 영국의 최대 개인연금제도인 USS가 회원인 아시아 전환 플랫폼은 이와 관련한 연구를 진행한 바 있다. 연구 결과에 따르면 아시아 최대 은행들은 기존 상품을 재정비하거나 거버넌스, 리스크 관리, 정책을 통해 기후변화를 해결하는 것보다 친환경적이거나 지속 가능한 상품을 새로 출시하기 위한 노력을 더 많이 했다.

'아시아연구와 참여(Asia Research and Engagement)'가 2022년 2월에 작성한 보고서의 연구 결과는 "그린워싱에 대한 우려를 불러일으킨다."고 결론을 내리기도 하였다.

이는 금융기관들의 관행이 그들이 약속한 바를 급하게 따라잡아야 했기 때문에 나온 결과이기도 하다. 은행이 녹색 전환을 주도하는 중요한 역할을 해야 할 것이며, 대형 은행들이 참여하는 것 또한 매우 중요한 과제가 되고 있다. 특히 뱅크오브아메리카와 씨티은행이 녹색 목표를 확장했다는 것에 미루어 보면 은행들이 기후변화 차원의 리더십을 보여주고 있다고 할 수 있다.

하지만 일부 녹색 공약은 언론 플레이 또는 자사 평판을 좋게 하는 데 이용된 사실도 많았다. 대부분의 친환경 목표는 은행이 새롭게 이름 붙인 금융상품을 통해 얼마나 더 많은 자본을 조달했는지, 또는 이 같은 행위에 얼마나 도움을 주었는지 계산하는 것이므로 해당 자금의 규모만으로는 그 영향을 측정할 수 없다는 게 현실이다.

은행권이 녹색 금융에 대한 기여도를 정확하고 투명하게 계산하는 방법에 대하여 끊임없이 개발하고 연구하여 투자자들의 신뢰도를 얻는 것도 매우 중요한 과제이다.

기후변화에 초점을 맞추는 자산관리자에게 더욱 관심을 갖게 되는 시대가 되었다. 금융기관들은 이러한 변화에 적응하기 위해서 기관 스스로도 더 정확하고 정교한 목표와 그에 따른 실천을 위해 노력해야 한다.

3) Cost Zero가 되는 ESG 내부 방향 설정과 투자

넷제로에 대한 궁극적 의미는 단기간에는 여러 분야의 소요 비용이 발생하지만, 결국 제품의 불량과 생산 시간이 줄어들고, 브랜드가 강화되고 불필요한 분쟁과 소모적인 기회비용을 제하면 결국 이득이 되므로, 총비용은 '제로(0)'가 된다는 것이다.

물론 단기적인 투자는 비용으로 보일 수도 있겠지만, 고작 한두 해 사업하기 위해 비전과 미션 및 전략을 수립하는 건 아닐 것이다. 장기적인 방향성을 설정해야 하며, 그를 위해 지금의 품질(환경·사회적인 책임을 포함)을 향상시키는 것은 결국 미래의 핵심 가치 충족을 위해 오늘 지불하는 투자이고, 향후 벌어들이는 수익을 비교하면 그 차이는 '제로(0)'로 수렴이 될 것이다. 따라서 실무자 그룹에서는 큰 그림과 가격 구조(cost structure)를 제대로 그려내는 것이 실제로 그린워싱과 진정성의 차이를 극복하는 길이며, 또 경영진에게 방향성을 지속적으로 제안하는 과정이 ESG의 해답이 아닐까 한다.

4) 리스크의 평가와 관리

국제 기준은 기후 리스크를 적절히 평가하고 관리할 것을 요구한다. 리스크의 평가와 관리는 물리적 리스크*와 이행 리스크**에 관해 개별적으로 수행하여야 한다.

예를 들어, 물리적 리스크의 경우 투자 분야별, 투자 지역별 기후 민감도에 따라 위험 가중치를 달리 적용할 수 있으며, 이행 리스크의 경우 탄소중립을 위한 정책 방향이나 규제 체계의 변화에 따른 관련 금융자산의 익스포저의 민감도나 반응 정도를 고려할 수 있다. 즉, 관련 규제가 특정 산업에 대한 지원을 제한하고 있는 경우 해당 산업에 대한 익스포저는 민감도가 상당히 높다고 할 수 있으며, 해당 익스포

---

* 기상 이변에 따른 물리적 피해

** 저탄소 경제로의 전환 과정에서 발생하는 경영 악화 등 금융 부문으로 파급될 위험

저에 대해서는 상대적으로 높은 위험 가중치를 적용하게 될 것이다.

국제 기준은 일부 금융감독기구가 리스크의 평가 관리 과정에서 기후 리스크를 향후 은행이나 보험업계의 내부 자본 적정성 규제인 ICAAP(Internal Capital Adequacy Assessment Process, 내부 자본 적정성 평가 절차), ORSA(Own Risk and Solvency Assesment, 자체 위험 및 지급 여력 평가 제도) 규제 체계에 반영하는 방안도 고려할 수 있다고 설명한다.[*]

국내에서도 금융위원회와 금융감독원은 기후변화 및 저탄소 사회로의 이행이 경제 금융 부문에 미치는 리스크에 대한 관리 감독 계획을 수립할 계획이며, 사전에 기후변화 및 탄소 배출 산업의 자산 가치 하락이 금융회사의 건전성에 미치는 영향을 분석하기 위해 스트레스 테스트를 지속적으로 수행해 오고 있다. 이에 따라 향후 금융당국의 기후 리스크에 관한 관리 감독 계획이 확정되어 시행되는 경우 금융회사의 기후 환경 리스크의 관리는 해당 계획이 정하는 지침에 따르고 실천되어야 한다.

---

[*] 금융권 녹색 금융(2022.3월), esgfinancehub.or.kr에서 참조

• 달라진 지속 가능 경영 책임자
(CSO, Chief Sustainability Officer)의 역할

ESG 리스크가 커짐에 따라 최고 지속 가능 경영 책임자(CSO, Chief Sustainability Officer)의 역할도 성장하고 있는 추세다.

2011년 파이낸셜타임스의 기사에 따르면 "최고 전략 책임자, 최고 정보 책임자, 최고 리스크 책임자 등 대략 10년마다 기업 내부에서 기존의 CEO와 동등한 역할을 주장하는 새로운 역할이 창출되는데, 향후 10년 동안 경쟁할 새로운 직위는 최고 지속 가능 경영 책임자"라며 "이것이 유행일지 아니면 오래갈 역할일지 불확실하다."고 밝혔다. 이 기사에서도 볼 수 있듯이 과거 CSO의 역할에 대해서는 지속성의 여부가 불투명했다. 이러한 불확실한 상황에서 최고 지속 가능 경영 책임자(CSO, Chief Sustainability Office)의 역할과 영향력이 점점 확대되고 있다. 규정 준수뿐 아니라 전략, 재무, 인사 측면에서도 CSO가 핵심 역할로 자리하는 등 변화가 관찰된다.

2021년 상장기업 31개 사가 사상 처음으로 최고 지속 가능 경영 책임자, 일명 CSO(Chief Sustainability Officer)를 임명한 통계로 보면, 2019년보다 두 배 이상 늘어난 수치가 되었다.*

글로벌 회계법인 PwC가 2022년 조사한 자료에 따르면, 전 세계

---

* 2022.07.18. 『파이낸셜타임스』 보도자료 참고

62개국 1,640개 상장기업의 30%가 공식 CSO를 선임하고 있다. 2016년 이 비율은 9%에 불과했다. 기업의 약 50%는 제한적 권한을 가진 CSO를 두고 있다. 또 최근 2년간 선임된 CSO 수는 그전 8년간 선임된 CSO 수와 같을 정도로 급속히 증가하는 추세다.

직급은 다양하지만 CSO에 고위 임원을 임명한 기업은 코카콜라, 글라소스미스클라인, IBM, 네슬레, 월마트, 유니레버 등이었으며, 이들은 이른바 '지속 가능성 선두 기업'으로 포지셔닝되고 있다. CSO는 엔지니어링, 혁신 및 커뮤니케이션 등 다양한 배경 출신들이 차지했다.

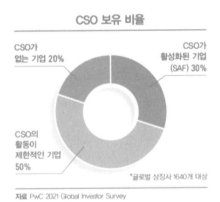

· [표 10]

최고 지속 가능성 경영 책임자는 10년 전만 해도 기업의 CSO가 투자자 관계부서나 HR부서에서 담당했으며, 대부분은 지속 가능성에 관심이 있어 자발적으로 할 수 있는 사람들이 많았다. 하지만 최근에는 CSO 업무의 대부분이 비즈니스에서 가장 중요한 것, 전략과 관련되어 있다. 지금은 CSO 역할이 경영진의 중요한 멤버가 되었고, 이는 기업 어젠다에서 지속 가능성의 중요성이 높아지고 있음을 반영하고 있는 것이다.

물론 CSO에게 요구되는 직무 능력의 조합도 바뀌었다. 기후 리스크를 관리하고, 한층 엄격한 규제 환경을 정비하는 능력도 중요하지만, 기업 이슈를 최고 레벨에서 다룰 수 있는 전문 능력도 중요해졌기 때문이다. ESG가 비즈니스 전략의 핵심에 포함됨에 따라 CSO는 이러한 전환을 리드할 수 있는 확장된 능력이 요구되는 인재가 된 것이다.

앞으로 CSO는 법적 문제, 공급망 이슈에 대해 말할 수 있어야 하며, 그뿐만 아니라 이사회에 회사의 비전을 명확하게 설명할 수 있어야 한다는 말이 점차 강조되고 있다.

FT*는 "CSO의 영향력 확대는 환경 리스크에 대한 기업 불안이 심화되고 있으며, 행동주의 투자자들이 지속 가능성이 지연되는 사업 부

---

* 12) Financual Times

문을 타깃으로 삼고, 또 규제 당국은 그린워싱을 단속하고 있는 일련의 현상과 맞물려 있다.”고 분석하기도 했다.

점점 커지는 CSO의 역할과 권한을 위해서 첫째, CSO의 역할을 비즈니스 전략의 중심에 두고 각 비즈니스 간의 전반적 이해와 연계도를 파악해야 한다. 둘째, ESG 혁신을 위해서 CEO를 비롯한 최고 경영진의 의지가 가장 중요하며, 전략과 운영에 영향을 미칠 수 있는 권한을 얻을 필요가 있다. 셋째, 기업의 지속 가능성 전략과 운영을 내재화하기 위해 CSO와 해당 부서는 ESG 지식과 실천이 조직 전체에 확산되도록 지원해야 한다. 넷째, 최근 미국, 유럽을 포함해 전 세계적으로 ESG 공시 기준 초안이 발표되고 관련 규제가 강화되는 가운데 ESG와 관련한 각종 공시를 주도하며 기업의 경영에 필요한 규제를 실시간으로 확인하고 반영해야 할 것이다.

또한 CSO는 ESG 관련 수익 기회 창출에 직접 연결되기도 하는 중요한 역할을 하고 있다. 최근 금융 부문에서는 규제의 중요한 이슈로 부각되고 있는 ‘스트레스 테스트’* 및 기후변화 리스크 노출 등이 커다란 관심 사안이다. 이에 2021년 씨티그룹은 CSO가 이끄는 탄소 배출 제로 태스크포스(TF)를 구성했다. 씨티그룹은 화석연료 사업의 가장

---

* 스트레스에 대한 반응을 실험, 측정하는 방법으로서 금융, 정보기술(IT), 공학 등 다양한 분야에서 사용한다. 금융 분야에서는 ‘금융 시스템 스트레스 테스트’의 줄임말. 예외적이지만 일어날 가능성이 있는 시나리오를 가정하여 금융 시스템이 받게 되는 잠재적 손실을 측정하고 재무 건전성을 평가한다.

큰 투자자 중 한 곳이다. CSO와 그룹 TF는 씨티그룹의 넷제로 계획을 세우고 이를 시작하는 것을 돕는 역할을 맡았다.

소프트웨어그룹 오라클에서는 CSO를 포함한 환경 운영 위원회가 있다. 기후 및 환경 위험을 식별하지 못하는 기업 위원회는 기업의 평판과 재무 실적을 해칠 수 있다는 점에 주목한 것이다.

지속 가능성이 점점 기업 내에서 차지하는 비중이 커짐에 따라, ESG 정보 공시와 보고서 작업이 분리되기 시작했고 CSO의 역할에 관해서도 재고하기 시작했으며, 앞으로도 CSO의 역할 분리가 더욱 증가할 것이다. 수년 전까지만 해도 기업의 CSO는 참신한 역할로 여겨졌으나, 이제 최고 경영진에서 점점 더 '필수 불가결'한 역할로 자리매김하고 있는 것이다.

· 금융기관들의 TCFD 준수에 대한 노력

1) 녹색 채권, 기후 채권, 지속 가능 연계 채권도 관심

기후 채권(Climate bonds)은 녹색 채권과 유사하지만 국제기후채권기구(CB1)의 인증을 받아야 하는 등 발행 기준이 훨씬 엄격하다. 기준 위반 시 기후채권 인증을 철회하기도 한다. 탄소를 많이 배출하는 탄소 집약 산업에 속한 기업이 파리협약을 이행하고 탈탄소와 기후변화 대응에 자금을 쓴다는 약속하에 시중보다 낮은 이자율로 발행한다. 해외에서는 기후 채권에 대한 관심이 더 높은 편이다.

신용평가사들은 지속 가능 연계 금융상품과 기후 전환 금융 도입을 기대하며 인증 평가 방법론을 마련하고 있다. 한국기업평가와 한국신용평가, 나이스신용평가 등 신용평가 3사가 지속 가능 연계 금융상품 평가 방법론 검토를 마쳤다. 지속 가능 연계 금융상품에는 지속가능연계채권(Sustainability-Linked-Bonds)*과 지속가능연계대출(SLL)** 등이 있다.

지속가능연계채권은 발행사가 ESG(환경, 사회, 지배구조)와 관련해 미리 특정 목표를 제시하고 이를 달성하면 금리 인센티브 등을 받는 채권이다. 즉, 발행 기업의 ESG 목표치에 따라 이자율 구조가 달라진다. 한국기업평가는 이후 채권 발행에 필요한 평가 방법론도 개발했다. 특정 프로젝트에 조달 자금을 투입하면 ESG 인증 평가 방법론을, 온실가스 감축 등 일반적 용도일 때는 지속 가능 연계 금융상품 평가 방법론을 각각 추가 적용하는 식이다.

기후 채권의 이자율은 지속 가능 연계 채권처럼 회사의 지속 가능 경영 목표와 연동되기도 한다. 예를 들면 유럽 최대 발전사인 이탈리아 에넬이 2019년에 발행한 15억 달러 규모의 5년 만기 채권은 2021년까지 태양광, 풍력 등 친환경 발전이 자사 총발전량의 55%를 못 넘

---

* 기업의 지속 가능성 전략에 맞는 지속 가능성과 목표(SPT)를 제시하고 이를 달성하면 금리 인센티브를 부여하는 채권.
** 은행이 돈을 빌리는 기업의 대출금리를 환경·사회·지배구조(ESG) 경영 목표 이행 정도에 연계해 결정하는 대출상품. ESG 자본조달 방법 중 하나로 유럽 등 선진국의 기업과 은행을 중심으로 이뤄짐.

기면 채권 이자율이 0.25%p 올라가도록 설계되었다.

이처럼 기후 채권이나 지속 가능 연계 채권은 금리 조건상 온실가스 배출 감축 목표를 이행했는지를 명확하게 살피고 그린워싱을 막을 수 있기 때문에 금융회사들은 적극적인 연구와 개발을 할 필요가 있는 것이다.

2) 탄소중립 이행을 위한 노력

국제탄소기구(GCP)에서 발간한 글로벌 탄소 예산(Global Carbon Budget, 2020) 보고서에 따르면 인간의 급격한 경제활동에 따른 온실가스 배출이 자연의 자정 능력을 초과하면서 지금의 지구온난화 문제가 초래되었다고 설명하고 있다.

탄소중립, 넷제로, 탄소중립화, 탄소제로, 순 배출 넷제로는 모두 같은 의미인데 대기로 배출 또는 누출되는 온실가스에서 제거 또는 흡수되는 온실가스를 제외한 양, 즉 순 배출량이 '0'이 되는 상태를 의미한다. 즉, 지구가 본래 갖고 있던 자정 능력을 인위적으로 내포하며 탄소중립은 지금까지 기후변화 대응 노력과는 다른 차원의 혁신이 필요하며, 새로운 패러다임이자 경제 시스템이다.

2020년 12월 기후 목표 정상회의, 2021년 1월 기후적응 정상회의, 4월 기후 정상회의에서 발표된 기후변화 대응 공약을 통해 5월 말 현재 모두 59개국(58개국+EU27)이 2050년 탄소중립(Carbon Neutral, NetZero)을 위한 국가 온실가스 감축 목표(Nationally Determined

Contribution, 이하 NDC)를 제출했다.

영국 비영리 기후 행동* 및 자문 조직인 '에너지 기후 정보원(Energy & Climat Intelligence Unit, ECIU)'의 조사에 의하면, 앞서 파리협정 이후 현재까지 모두 137개국이 탄소중립을 약속했다. 우리나라는 문재인 대통령이 2021년 10월 28일 국회 시정 연설을 통해 처음 2050년 탄소 중립을 선언하고 같은 해 11월 22일 G20 정상회의에서 전 세계에 이러한 의지를 천명했다. 이어 그해 12월 15일 국무회의에서 '2050 장기 저탄소 발전 전략(LEDS)'과 '2030 국가 온실가스 감축 목표(NDC)' 정부 안을 확정했다.** 정부는 보다 강화된 목표와 이를 위한 구체적인 방안 마련을 위해 탄소중립녹색성장위원회를 중심으로 2050 탄소중립 시나리오와 2030년 국가 온실가스 감축 목표(NDC)를 새롭게 마련하고 있다.***

2022년 11월 UN 기후변화협약 당사국총회(UNFCCC COP26, 이하 COP26)에 앞서 정부가 발표할 시나리오 작업에 관심이 집중되는 가운데, 탄소중립을 적극적으로 추진하고 있는 유럽연합(EU)은 2018년 11

---

* 2021.06.10. Climate Action Tracker, https://climateactiontracker.org/climate-target-update-tracker/
** JTBC, "P4G 정상회의 폐막, '탄소중립 논의, 한국이 적극 선도'", 2021.06.01.
*** 한국경제, "온실가스 감축목표 상향 결정에 국민대표 500명 참여", 2021.06.03.

월에 시나리오 분석을 마친 상황이다.* 또한 2022년 5월 국제에너지기구(IEA)가 탄소중립(net-zero) 달성을 위한 경로를 담은 보고서 발표**로 탄소중립을 달성하는 로드맵에 착수하였다. 앞서 우리나라 로드맵 구축을 위한 시나리오 작업에는 EU 시나리오가 주로 참조된 것으로 알려져 있다.

EU의 2050 탄소 중립 시나리오는 2050년까지의 탄소 중립 경로를 위해 파리협정에 부합하는 총 8가지 시나리오를 설정하여 분석했고, 이들 시나리오는 장기적으로 EU 온실가스 배출량의 75%를 차지하는 에너지 부문의 배출을 완전히 없애는 방향으로 나아가고자 에너지를 지속 가능하고 안전한 공급원으로의 전환함을 목표로 설정했다. 이 전환에는 에너지와 건물, 운송, 산업, 농업 분야의 기술혁신 확대를 포함한다.

---

* European Commission, "In-Depth Analysis in Support of the Commission Communication COM(2018) 773: A Europeanlong-term strategic vision for a prosperous, modern, competitive and climate neutral economy", 2018.11.28
** IEA, "Net Zero by 2050: A Roadmap for the Global Energy Sector", 2021.05.18.

금융회사가 온실가스 다배출 업종에 대한 금융 흐름을 줄이고 기후변화 정보를 토대로 금융 서비스를 제공하려면, 최우선적으로 투자 대상 기업의 정보를 알아야 한다. 이때 투자 대상 기업의 주요 업태, 온실가스 배출량 및 추이 등의 정보도 중요하지만, 투자자의 의사 결정 측면에서 가장 중요한 정보는 기후변화로 인해 투자 대상의 비즈니스가 받게 되는 위험, 기회, 그리고 재무적 영향이다. 이전까지는 기업에서 기후변화와 관련된 정보 공개 시 지속 가능 경영 보고서 또는 홈페이지 등을 통해 공개하였는데, 이는 정량적인 지표는 알 수 있지만, 재무적 영향에 대한 정보를 얻을 수 없는 한계점이 있었다. 이에 2015년 G20 재무장관 · 중앙은행장 회의에서 FSB(금융안정위원회)*에 '금융회사가 기후변화 관련 이슈를 반영할 수 있는 방법'에 대한 검토를 요청하였고, FSB는 '기후변화 관련 재무 정보 공개 협의체'이자 이니셔티브인 TCFD7를 발족하였다. 이후 2017년에는 FSB에서 기업의 기후변화 관련 재무 정보 공개의 지침이 되는 'TCFD 권고안'을 발표하였다. (그림 6)

---

* 금융 위기 예방 및 대처, 국제 금융 시스템 안정성 강화 등을 위해 2009년 발족한 G20 산하 국제기구

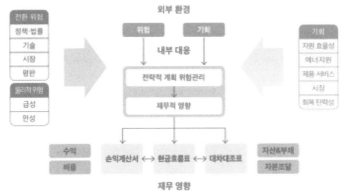

· [그림 6] 기후변화 관련 위험·기회와 재무적 영향

TCFD 권고안의 핵심은 기후변화로 인한 기회와 위기를 규명하고, 기회와 위기로 인한 재무적 영향을 공개하는 것이다.

이러한 정책 기조에 따라 블랙록, 뱅가드, 슈로더 등 글로벌 투자자들은 TCFD 지지 선언을 하며, 피투자 기업에 기후변화와 관련된 위험 · 기회 및 재무적 영향 공개를 촉구하고 있다. 예를 들어 세계 최대 자산운용사인 블랙록은 2020년 피투자 기업에 CEO 서한을 발송하며, TCFD 기준에 맞추어 기후 관련 정보를 공개하도록 촉구하였다. 또한 블랙록은 자사 포트폴리오의 약 60%에 해당하는 440개 탄소 집약적 기업을 관리 대상으로 선정하고, 기후 리스크 관련 사유로 64명의 경영진 선임에 대해 반대 의결권을 행사한 바 있다.

글로벌 투자자들의 피투자 기업에는 금융회사도 포함되어 있기 때문에, 은행 등 금융회사 역시 기후변화와 관련된 정보 공개 요구 및 기후 위기를 고려한 포트폴리오 조정을 요구받고 있다. Amundi, LGIM, NAM 등 35개 대형 투자사는 글로벌 24개 금융회사(골드만삭스, HSBC, BNP파리바 등)에게 탄소 다배출 사업에 자금 조달 중단을 촉구한 바 있다. 또한 국내 주요 금융회사의 대주주인 블랙록의 경우, 전체 매출 대비 화석연료 부문에 의한 매출이 25%를 상회하는 기업에 대해 투자 제외를 촉구하는 서한을 국내 금융 그룹에 발송한 바 있다.

금융회사는 투자 대상 기업의 기후변화 관련 정보를 확인하고 이를 포트폴리오에 반영해야 함과 동시에, 금융회사 자체가 기후변화에 미치는 영향을 파악하고 관련 정보를 외부에 공시해야 하는 상황에 직면하게 되었다. 금융회사가 이와 같은 글로벌 투자자들의 요구에 대응하기 위해서는, 가장 먼저 금융회사로 인해 발생하는 온실가스 배출량을 정확히 산출해야 한다. 이때 단순히 금융회사가 사용하는 연료나 전기로 인해 발생하는 온실가스 배출량뿐만 아니라, 금융 행위로 인해 간접적으로 발생하는 온실가스 배출량도 산출하고 자산 포트폴리오를 점검해야 한다. 또한 배출량 산정에서 멈추지 않고, 글로벌 투자자들의 요구 및 글로벌 탄소중립 흐름에 부응하기 위해 금융회사도 탄소중립 목표를 수립하여 금융회사가 직면한 기후변화 위험을 최소화할 수 있도록 대응해야 한다.

지배구조	기후변화 위험·기회에 대한 조직의 지배구조
	a) 기후 변화 관련 위험 기회에 대한 이사회의 감독
	b) 기후 변화 관련 위험·기회에 대한 경영진의 역할
위험관리	기후변화 관련 위험을 식별·평가하는 방법
	a) 기후 변화 관련 위험을 식별 평가하기 위한 조직의 프로세스
	b) 기후 변화 관련 위험을 관리하기 위한 조직의 프로세스
	c) 위 프로세스가 조직의 전반적인 위험 관리와 통합되는 방식
전략	기후변화 위험·기회가 사업·재무계획에 미치는 영향
	a) 단기·중기·장기 관점의 기후 변화 관련 위험과 기회
	b) 기후 변화 관련 위험·기회가 사업 전략 재무 계획에 미치는 영향
	c) 다양한 기후 변화 시나리오를 고려한 조직 전략의 회복탄력성
지표	기후변화 위험·기회를 평가 관리하기 위한 지표·목표
	a) 기후 변화 관련 위험 기회를 평가하기 위해 사용된 지표
	b) Scope 1 2 3 온실가스 배출량 및 관련 위험
	c) 기후 변화 관련 위험 기회 및 목표 대비 성과 관리를 위한 지표

* 출처 : 기후 변화와 관련된 재무정보 공개를 위한 태스크포스(TCFD)의 권고안 재구성

· [표 11] TCFD 정보 공개 프레임 워크 및 권고 정보 공개 요소

ⓐ BNP Paribas 2019 TCFD Report

- (지배구조) BNP그룹 이사회는 기후변화 관련 그룹의 전략을 결정하며, 집행위원회와 전담 부서가 전략 수행 지원 역할을 담당하고 있다.

- 이사회는 장기적 가치 창출을 위해 환경 요인을 고려하여 그룹의 전략 목표를 설정하고 그룹의 환경성과와 관련된 경영진 보상 체계를 승인한다.

- 경영진 보상은 그룹의 수익성 등 재무성과(75%), 이사회 정기 평가(15%), CSR 기준(10%)의 3가지 영역을 기준으로 결정되며, 환

경성과는 CSR 기준 평가 요소 중 하나이다.

- 이사회를 지원하기 위한 전문위원회(CGEN*, CORC◆)를 설치하였으며 CGEN은 그룹의 환경 이슈 감독(석탄산업 지원 축소 등) 등을, CCIRC**는 그룹 전략의 환경 적합성과 위험 성향에 대한 이사회 앞 조언 등 수행한다.

- (경영전략) 그룹 내·외부에서 기후변화 관련 위험과 기회 요인을 식별하고 그룹의 경영 활동 전반에 적용한다.

  ◆ 그룹이 노출된 기후 위험을 파악하고 녹색 금융 기회 요인을 발굴.

  ◆ 피투자 기업에 대해 '탄소 등급제'를 시행, 해당 기업들의 에너지 전환을 장려.

  ◆ 탄소 배출량을 기준으로 A~D 사이의 등급을 부여하며 C, D등급 기업을 대상으로 추가 평가를 진행하여 투자 대상 여부 결정.

  ◆ 그린 본드, 소셜 본드, 그린 대출, 지속 가능 연계 대출, 그린 펀드 등 조달 및 운용 측면을 아우르는 금융 지원 실시.

- 2019년에는 62억 유로 규모의 지속가능연계대출(Sustainabifity, Linked Loans***) 3개의 투자 펀드 결성, 10개의 생태 및 에너지

---

* CGEN(The Corporate Governance, Ethics, Nominations and CSR Committee)
** CCIRC(The Internal Control, Risk and Compliance Committee)
*** 차입 기업과 대출 은행의 협의에 따라 선정된 ESG 평가 기준(환경 등)을 충족하는 기간 동안은 낮은 금리로, 충족하지 못할 경우는 높은 금리를 적용하는 방식

전환 스타트 업 투자 등 실시.

- (리스크 관리) 기후변화 관련 위험을 식별하고 평가하기 위해 다중 이해관계자로서 프로세스를 수립하였으며, 환경 문제에 대응하기 위한 내부 정책을 제정한다.

- 기후변화 관련 위험과 기회를 관리하기 위해 신재생에너지 파이낸싱, 탄소 집약도 등에 대해 양적 목표를 확대한다.

  ◆ 15년에는 2020년까지 신재생에너지 파이낸싱에 할당된 금액을 15년의 두 배 수준인 150억 유로까지 확대하겠다는 목표를 수립 및 조기 달성.* (18년)

  ◆ 파리협정에 따라 탄소 집약도를 낮추기 위해 노력하고 있으며, 18년 그룹이 대출 및 투자 등을 통해 자금을 지원한 프로젝트의 탄소 함량은 글로벌 평균 476 8C0.eXw7(1kwh당 이산화탄소 환산량)보다 낮은 299 gC05kWm.

---

* 19년 말 기준 159억 유로 2021년 말까지 180억 유로로 목표 상향 조정.

<용어 정리>

CO2eq(**Carbon dioxide equivalent, 이산화탄소 환산량**): 온실가스 종류별 지구 온난화 기여도를 수치로 표현한 지구온난화지수(GWP, Global Warming Potential)에 따라 이산화탄소 등가량으로 환산한 단위

Scope1: 사업자가 직접 소유하고 통제하는 배출원에서 발생하는 직접적인 온실가스 배출

Scope2: 사업자가 구입 및 사용한 전력, 열(온수, 스팀 등)의 생산 과정에서 발생하는 간접 온실가스 배출

ⓑ Barclays PLC 2020 TCFD Report

- (지배구조) Barclays PLC 이사회는 기후변화 관련 그룹의 전략 등을 결정하였다.

- 이사회는 기후 위원회(Board Climate Committee)를 설치(20년)하고 기후 위원회를 통해 그룹의 활동을 감독, 조언 그리고 관련 이슈에 대한 최신 정보를 보고받고 있다.

- 이사회 내 리스크 위원회(BRC*)는 22년부터 기후 위험을 ERMF(Enterprise Risk managenert Framework)상 주요 위험으로 지정하였다.

- 기후 위험을 체계적으로 관리하기 위해 기후 위험 책임자(Head cf Cmate Risk)를 임명했다. (20.7월)

  ◆ 기후 위험 책임자는 기후 위험 관련 지배구조 구축, 스트레스 테스트 방법론 및 탄소 모델링 개발 등 수행.

- (경영전략) 기후변화 관련 위험과 기회 요인을 식별, 이해, 관리하는 능력을 재고하여 250년까지 탄소중립(Net-2ero) 달성을 추진할 계획이다.

- 기후변화 문제에 적극적으로 대응하기 위해 50년까지 탄소중립 달성 선언. (20.3월)

  ◆ 자체 운영 배출량(Scope1 및 2)은 이미 넷제로를 달성하였으며, 고객의 배출량(financed emission) 감축에 집중할 예정.

---

* 전사적 리스크 관리 체계

◆ 기후변화 문제에 대한 전략적 대응을 위한 별도 조직을 신설.

- 지속 가능한 금융상품과 솔루션 개발, 타 조직과 유기적인 협력을 이끌어 내기 위해 Sustainable Product Group을 신설(고객의 저탄소 경제로의 전환을 지원하기 위해 에너지 뱅킹 팀을 신설).

- 2030년까지 1,000억 파운드의 목표로 녹색 금융을 추진하여 저탄소 경제 전환에 기여할 계획이다.

◆ 2019년 말 기준 150억 파운드, 2020년 말 180억 파운드로 약 330억 파운드 녹색 금융을 추진.

- 지속 가능한 임팩트 자본 이니셔티브(Sustainable Impact Capital Initlative)를 통해 혁신적이고 지속 가능성에 초점을 맞춘 신생 기업에 약 1억 7,500만 파운드를 투자할 예정이다(2020년 말 기준 2,400만 파운드를 투자).

- (리스크 관리) ERMF(Enterprise Risk Management Framework)를 통해 기후변화에 따른 리스크를 체계적으로 관리하고 있다.

- ERMF은 그룹의 모든 영역에 대한 기준, 목표 및 책임을 정의하고 위험관리에 대한 전략적 접근 방법을 설정한다.

◆ 2019년에 발표한 'Cimate Change Financial Risk and Operational Risk Polsy'에 따라 기후변화에 따른 평판 신용·시장·재무 및 자본(Treasury and captal) 운영 리스크를 관리.

◆ 기후변화에서 발생하는 요인을 단기(~1년), 중기(1~5년), 장기(5~30년)로 구분하여 파악.

ESG 용어는 2004년 UN 글로벌 콤팩트(UNGC)가 발표한 'Who Cares Win'이라는 보고서에서 공식적으로 처음 사용되었다. 이후, 코로나19 사태를 겪으면서 기후변화, 공중보건, 환경보호 등 ESG 이슈에 대한 관심이 증가한 것도 사실이다. 이러한 흐름에 따라 장기 투자 측면에서 ESG 정보를 적극적으로 활용하는 ESG 투자가 주류로 편입되었다. 실제 2019년 이후 인터넷에서 'ESG'를 검색한 경우는 5배 이상 증가했다. CSR(기업의 사회적 책임)이란 용어의 검색 비율이 줄어들었음에도, ESG에 대한 관심은 오히려 증가했음을 보여준다.

업종과 지역, 규모를 불문하고 모든 기업이 ESG를 발전시키기 위해 점점 더 많은 자산을 쏟아붓고 있다. S&P 500 기업의 90% 이상이 ESG 보고서를 발간하고 있고, 러셀 1000 기업의 70% 또한 마찬가지다. 많은 지역에서 ESG 공시는 의무 사항이거나 적극적 권고사항이 되었다.

지금까지 ESG 성장 동력은 기후변화에 대응하기 위한 환경 요소(E)였다. 하지만 최근 들어 ESG의 다른 요소, 특히 사회(S) 요소와 관련한 주주제안은 전년 대비 37% 정도 늘었다.*

---

* 맥킨지앤드컴퍼니 발간 맥킨지 보고서 "Dese ESG really matter- and why?" 자료 참고. 2022.08

한편으로는 러·우전쟁 과열로 점점 더 커지는 지정 학적, 경제적, 사회적 영향력 속에서 ESG에 대해 비판하는 이들은 "ESG의 중요성이 정점에 다다랐다."고 말한다. 이들은 오늘날 ESG 열풍이 한때 유행처럼 여겨지거나 비슷한 용어처럼 사라질 것이라고 우려한다. 사회의 기본 규칙을 준수하는 한 '최대의 이익 창출'이라는 목표는 이루기 힘들어진다고 말한다. 이러한 비판에도 불구하고 오늘날 상당수 기업들이 사회적 우려 등을 고려하여 중대한 결정을 내리고 있다. 이는 ESG가 점점 더 중요한 고려 사항이 되었다는 것을 의미한다.

한 기업의 경영 활동은 그 회사와 직접적으로 연관이 없는 사람들에게도 심각한 결과를 초래할 수 있다. 5,000개 이상의 기업이 UN의 '레이스 투 넷제로(Race to Net zero)' 캠페인의 일환으로 넷제로를 선언했다. 이제 사회의 거의 모두가 강력한 압박을 느끼는 중인 것이다. 상품을 만들어 내는 데 필요한 자금 조달 방식의 전통적 자본과 달리, 사회적 자본의 중요한 요소인 기후변화 상황에서 비즈니스 관점의 해결책을 찾지 못하거나 혹은 사회적인 기준을 충족하지 못하는 기업은 궁극적으로 살아남을 수가 없는 구조로 변하고 있다.

ESG 경영은 이해관계자의 니즈를 경영의 중심에 둔다. 기업을 둘러싼 이해관계자들은 임직원, 협력사, 고객, 지역사회, 평가기관, 투자자 등 다양하다. 이해관계자에게 조직의 ESG 경영을 설명하기 위해서는 단편적 사실이나 성과를 보여주는 것으로는 부족하다. ESG 경영에 대한 노력과 활동, 성과에 대한 일정한 줄거리, 즉 스토리를 보여줄 필요가 있는 것이다. ESG 스토리를 구성할 때도 보고서를 통해 경영 활동을 설명하고 ESG 성과를 함께 설명하는 기업 활동을 보여주면서 기업의 활동이 지구와 인류에 어떤 영향을 미치는지를 사회적 가치에 맞게 보여주어야 하는 세상이 되었다.

다시 말해, 자연 순환 비즈니스의 공유 가치를 창출하면서 비즈니스의 사회적 배경, 비즈니스와 연결된 이해관계자와 가치사슬, 비즈니스 기여도로서 매출 성과와 사회적 가치를 자연스럽게 연결하여 설명하는 시대가 온 것이다.

ESG 스토리는 강력한 무기가 될 것임에 틀림없다. 기업의 존재 이유와 정체성을 ESG 스토리로 만들어 내고 있다. 이를 위해서는 비재무 성과인 ESG 빅데이터를 구축하고 축적하는 일이 선행되어야 한다. ESG 빅데이터로 설명할 수 없는 ESG 스토리는 'ESG 워싱'으로 끝날 확률이 높다. 이해관계자에게 인정받고 사랑받는 ESG 스토리가 있는 조직일수록 잊히지 않는 지속 가능한 기업이 될 가능성이 높아졌다.

나아가 협력사, 직원, 주주 및 그 가족, 더 나아가 지역사회 및 국가를 생각해야 한다. 이러한 과정을 개선(Improvement)하는 것이 결국엔 사랑받는 진정한 ESG 경영 스토리가 될 것이다.

ESG를 위한 변화의 노력은 어려움도 따를 것이고 생각보다 더 긴 시간이 걸릴 수도 있고, 시행착오도 있을 것이다. 우리의 고향인 지구를 구하기 위한 비즈니스를 해야 하는 시대가 도래한 것이다. 조금씩 더 성숙해지는 ESG로의 여정을 기대해 본다.

적도원칙(EP)은 대규모 개발 프로젝트 진행 시 환경파괴 및 인권침해 등의 문제를 유발할 경우, 자금 지원을 하지 않겠다는 금융기관들의 자발적인 협약으로서, 2003년 국제금융공사(IFC)와 세계 10대 금융기관에 의해 공동으로 발표되었다. 사람과 환경에 영향을 미치는 대규모 인프라 및 산업 프로젝트의 악영향에 대비하는 것을 목표로 하며, 금융기관에게 환경 및 사회적 리스크를 체계적으로 관리하는 방안을 제공한다.

현재 38개국 128개의 금융기관이 이 원칙을 공식적으로 채택하고 있으며, 국내에서는 신한은행, NH농협은행, KB국민은행, 우리은행, 하나은행 등 5대 시중은행이 모두 적도원칙에 가입하였다.

UNEP FI(United Nations Environment Programme Finance Initiative)는 1991년에 은행 업계에서 환경 이슈에 대한 인식을 제고 하기 위해 Deutsche Bank, HSBC 등 시중은행의 모임으로 시작되었으며, 1992년에 리우 정상회담에서 UNEP FI의 전신인 UNEP Statement by Banks on the Environment and Sustainable Development가 뉴욕에서 출범하였다.

UNEP FI는 UNEP(유엔환경계획)와 금융 업계의 파트너십으로서, 민간 부문 금융을 지속 가능 금융으로 재편하기 위해 설립되었다.

UNEP FI는 현재 450여 개 이상의 은행, 보험회사, 투자자들과 100개 이상의 기관이 금융을 통해 지구와 인류에 긍정적인 영향을 미치기 위해 협업하고 있다.

UNEP FI는 글로벌 금융의 원칙 제시를 통해 금융시장의 지속 가능성을 촉진하고, 그 기준을 제시하기 위해 노력하고 있다. UNEP FI는 2006년 '책임투자원칙', 2012년 '지속가능 보험원칙', 2019년 '책임은행원칙'을 제시하였다.

국내에서는 현재 19개 기관이 UNEP FI에 가입하였으며, 신한금융그룹은 2021년 말에 열렸던 UNEP FI의 공식 파트너십 기구인 '리더십 위원회' 초대 회의에 참석하였다. 이는 UNEP FI의 최고 권위 위원회로 신한금융은 아시아에서 유일하게 멤버로 선정되었다.

[이니셔티브]

UNEP FI에서 제시한 PRB(책임은행원칙)에 따라 PRB 회원 은행들은 지속 가능 금융으로의 전환을 위해 NZBA(탄소중립은행연합)에 가입하고 있다. NZBA(탄소중립은행연합)는 2021년에 설립되어 100여 개 이상의 RRB 회원 은행들이 기후변화에 대응하기 위해 활동하고 있다. 현재 NZBA(탄소중립은행연합)는 전 세계 은행 자산의 40%를 차지할 정도로 성장했다. 주요 활동은 1.5℃ 목표와 2050년 탄소중립 달성을 위해 은행의 대출과 금융 포트폴리오를 조정하는 일이다.

NZBA(탄소중립은행연합)는 탄소중립 달성을 위한 은행 역할의 중요성을 인지하면서, 탈탄소 전략의 이행을 지원하고 강화하는 것에 집중하고 있다. 이를 위해 회원 은행에게 2050년 탄소중립 달성을 위한 가이드라인을 제시하고 있다.

2021년 출범 당시, KB금융그룹이 NZBA(탄소중립은행연합) 창립 멤버로 가입하였으며, 동시에 NZBA(탄소중립은행연합) 최고 의사 결정 기구인 운영위원회의 아시아-태평양 지역의 대표 은행으로 선출되었다.

[이니셔티브]

PBAF(생물다양성 회계금융 파트너십)은 2019년에 설립되어, 금융회사의 여신 및 투자 활동이 자연과 생물다양성에 미치는 영향을 측정하고, 공개할 수 있도록 지원하기 위해 표준을 제공하는 글로벌 파트너십이다. PBAF는 주요 표준을 개발하여 실질적인 지침을 금융기관에 제공하여 금융사가 생물다양성 관련 위험과 기회를 효과적으로 관리하여, 생물다양성의 보전과 지속 가능한 사용에 기여할 수 있도록 지원하는 것을 목표로 하고 있다.

PBAF에는 2022년 2월 기준, 전 세계 10개국, 37개의 금융사가 참여하고 있다. 대표적 참여사로는 BNP Paribas(프랑스), APG(네덜란드) 등이 있으며, 국내의 경우 우리금융그룹이 아시아 기업 최초(2022년 8월 기준)로 PBAF에 참여하고 있다.

2008년에 설립된 CIF(기후투자펀드)는 14개국이 기탁한 85억 달러를 운영하는 기후 투자 펀드다. CIF는 72개의 개발도상국과 중소득국에서 클린 기술, 에너지 접근, 기후 복원력(회복력), 지속 가능 산림이라는 4가지 주제로 325개의 프로그램을 운영하면서 기후 활동을 관리하고 촉진하고 있다.

CIF(기후투자펀드)는 추가로 정부, 민간 부문과 MDB(다자개발은행)으로부터 610억 달러의 자금을 끌어와 개발도상국의 기후변화 완화 활동에 투자하고 있다. 2021년에 G7에서 추가로 2억 달러를 CIF(기후투자펀드)에 기탁하였다. 한국 정부 또한 2008년 CIF(기후투자펀드) 설립 당시에 500만 달러를 기탁하였다.

TCFD(기후변화 관련 재무정보 공개 협의체)는 G20 국가들의 재무장관 및 중앙은행 총재들의 협의체인 금융안정위원회(FSB)가 기업들의 기후 관련 전략의 정보 공개를 목적으로 2015년 발족한 협의체이다.

금융안정위원회(FSB)의 공신력 있는 정보를 바탕으로 투자, 신용, 보험 인수의 결정을 촉진하고, 나아가 이해관계자들이 금융 분야에서 탄소 관련 자산을 보다 잘 이해할 수 있도록 효과적인 기후 관련 정보 공개를 위한 권고를 제공한다.

TCFD는 시장의 투명성과 안정성을 바탕으로 보다 나은 정보를 기업에게 공개해 기후변화와 관련된 재무적 영향에 대한 기업의 이해를 높이고 시장에 지속 가능하고 회복력 있는 솔루션, 기회, 비즈니스 모델에 대한 투자를 확대해 나갈 수 있도록 노력한다.

TCFD는 전 세계 92개국 3,000여 개 이상의 기업 및 기관이 지지하고 있다. 한국의 경우 환경부 및 26개 금융기관을 비롯하여 환경부, 한국거래소, 포스코, SK이노베이션 등 민간 기업을 포함하여 총 44개 기관이 참여하고 있다. 최근에는 금융산업 외에 비금융산업의 가입도 증가하고 있는 추세이며, 점차 더 많은 주요 기업에서 지속 가능 경영 보고서에 TCFD 기준을 적용하고 있다.

[가이드라인]

ⓐ TCFD 권고안

TCFD(기후변화 관련 재무정보 공개 협의체)는 2015년에 금융시장 참여자가 기후변화 관련 위험을 이해하고 일관성 있는 정보 공개를 돕기 위하여 'TCFD 권고안'을 입안했다. 해당 권고안은 모든 산업 분야에 적용되는 일반 정보 공개 항목과 특정 산업 분야에 적용되는 항목을 모두 제공하여, 기업 내외 이해관계자들이 기후변화가 불러올 잠재적 기회 및 리스크를 효과적으로 파악하고 이에 적절한 대응을 할 수 있도록 장려하는 역할을 하고 있다.

해당 권고안은 기후 관련 리스크 및 기회, 권고안 및 지침, 시나리오 분석의 3가지 부분으로 구성되어 있으며, 특히 기후변화의 재무적 영향에 초점을 맞추어 기업들이 성과 지표 개발, 리스크 관리 모델의 수립, 나아가 장/중/단기 전략을 수립할 수 있도록 도움을 준다. 기후 관련 리스크 및 기회 부문은 정책 및 규제, 시장, 자원 효율성, 에너지원 등의 부문을 포함하여 리스크와 기회를 잠재적 재무 영향을 포함하여 설명하며, 권고안 및 지침 부분은 지배구조, 전략, 리스크 관리, 측정 지표 및 목표의 4가지 분야로 나누어 각 항목별 세부 지침을 제공한다. 시나리오 분석 부문은 다양한 기후변화 시나리오를 고려하여 전략과 리스크를 관리할 것을 권고하는 내용으로 구성되어 있다.

[발행기관]

IFRS(International Financial Reporting Standards, 국제회계기준) 재단은 국제적으로 통용될 수 있는 단일한 회계 기준을 마련하기 위해 설립된 비영리 재단이다. IASB(International Accounting Standards Board)에서는 국제 회계 기준을 제정하고, 2021년 COP26을 계기로 설립된 ISSB(International Sustainability Standards Board)는 국제 지속 가능성 공시 기준을 제정한다. IASB에서 마련된 IFRS 회계 기준은 현재 국제적인 회계 기준으로 사용되고 있으며, 통일된 기준으로 작성된 회계 정보를 제공함으로써 전 세계 투자자 및 이해관계자들에게 기업에 대한 투명한 정보를 효율적으로 제공하고 있다.

ⓐ ISSB 지속 가능성 공시 기준 공개 초안

ISSB(국제지속가능성기준위원회)는 2022년 3월, 지속 가능성 공시 기준에 대한 공개 초안을 발표하였다. 공시 기준은 S1 일반 공시 원칙 및 S2 기후 관련 공시의 두 가지로 제시되었으며, TCFD(Task Force on Climate-related Financial Disclosures) 권고안을 기반으로 SASB(Sustainability Accounting Standards Board)의 산업분류 기준을 적용하여 발표되었다.

ISSB(국제지속가능성기준위원회) 공시 기준의 목표는 지속 가능성 공시에 대한 글로벌 기준선(global baseline)을 마련하여 자본시장 참여자들에게 기업의 지속 가능성과 관련된 리스크 및 기회를 객관적으로 판단할 수 있는 근거를 마련하는 것이다. 또한, 각 국가별 현존하는 요구사항과 양립할 수 있는 기준을 마련하는 것을 목적으로 하고 있다.

S1 일반 공시 원칙은 TCFD(Task Force on Climate-related Financial Disclosures) 권고안의 네 가지 공시 영역인 지배구조, 전략, 리스크 관리, 지표 및 목표에 대해 기업의 지속 가능성과 관련된 유의미한 리스크 및 기회와 관련된 정보를 제공할 것을 명시하고 있다. S2 기후 관련 공시 역시 해당 네 가지 영역에 대해 기후 관련 리스크 및 기회에 대한 정보를 제공하게끔 하며, 기업이 S2 기준을 충족하여 공시하는 경우에는 TCFD 권고안을 자동으로 만족하게 된다.

ⓑ ISSB 지속 가능성 공시 기준 발표

ISSB(국제지속가능성기준위원회)는 2023. 6. 26. IFRS 지속 가능성 공시 기준(IFRS S1 및 S2)을 발표하였다.

공시 기준 명칭:

- IFRS S1 일반 요구사항(General Sustainability-related Disclosures)
- IFRS S2 기후 관련 공시(Climate-related Disclosures)

IFRS S1 일반 요구사항:

- 일반 목적 재무보고 이용자의 의사 결정에 유용한 모든 지속 가능성 관련 위험 및 기회 정보 공시에 필요한 일반 요구사항 규정

IFRS S2 기후 관련 공시:

- 기후 관련 위험 및 기회에 대한 공시를 요구하며 산업 전반 및 산업 기반 공시 요구사항 규정(TCFD 권고안 통합)

시행일 : 2024. 1. 1. 이후 최초로 시작하는 회계연도부터 유효

• ESG 평가 및 공시지표 안내 글로벌 ESG 평가

- 다우존스 지속 가능 경영 지수(DJSI): 글로벌 금융정보사 S&P Dow Jones(미국)와 지속 가능 경영 평가 기관 RobecoSAM(스위스)이 개발한 평가지표로 1999년부터 전 세계 2,500개 시가총액

상위 기업을 대상으로 지속 가능성 평가를 시행.

국내는 2009년부터 한국생산성본부(KPC)와 S&P가 함께 국내 시

가총액 상위 200대 기업을 대상으로 DJSI Korea를 개발함.

https://www.spglobal.com/esg/csa/

- MSCI ESG Ratings: 주식 포트폴리오 분석 도구를 제공하는 글

  로벌 주가지수 산출기관 MSCI에서 투자자 활용을 위해 제공하

  는 ESG 평가방법론으로, ESG 공시 자료 및 관련 리스크를 바탕

  으로 우수(Leader), 평균(Average), 미흡(Laggard) 수준 모델을 적용

  하여 평가함.

  https://www.msci.com/our-solutions/esg-investing/esg-

  ratings

- 탄소정보공개프로젝트(CDP) Reporting: 기업 환경 영향 공개를

  지원하는 글로벌 비영리기관 CDP(Carbon Disclosure Project)에서

  투자자, 기업, 도시 및 지역의 온실가스 배출 등 환경 데이터 보고

  및 리스크 관리를 표준으로 만들어 관리하고 개선 의견을 제공함.

  https://www.cdp.net/en/info/about-us/what-we-do

- 에코바디스(EcoVadis) 평가: EcoVadis는 글로벌 클라우드 기반

  SaaS 플랫폼을 통해 ESG 평가 서비스를 제공하는 기관으로 주로

다국적 기업들이 거래 업체의 평가를 의뢰하고, 거래 업체의 퍼포먼스를 관리하며, 지속적인 개선을 추진하는 목적으로 활용하고 있음.

2007년 서비스 시작 이후로 전 세계적으로 150개국, 75,000개 이상의 협력사 평가를 수행하는 수준으로 성장함.

https://support.ecovadis.com/hc/ko

- 톰슨 로이터(Thomson Reuters) ESG 스코어: 글로벌 투자 정보기관인 톰슨 로이터에서는 기존 금융 정보 외에 ESG 정보를 제공하며 투자자의 ESG 결정을 더욱 원활히 하기 위해 ESG 데이터 프로세스를 갖추고 자체 스코어(ESG Scores) 시스템을 운영하고 있음.

톰슨 로이터 금융 리스크 관리 파트가 분사해 만들어진 플랫폼 회사 레피니티브(Refinitiv)는 전 세계 150여 개 국가, 4만여 개 기관에 시장 정보를 공급하며 ESG 데이터 서비스 및 컨설팅을 제공.

https://solutions.refinitiv.com/esg-data/175

- FTSE4Good Inde: 영국의 주가지수 및 데이터 서비스 제공업체인 FTSE그룹이 개발한 윤리적 투자 주식 시장 지수로 환경보호, 인권 보장, 협력업체 노동 규범 준수, 반부패 수준, 기후변화 대응 등 5가지 항목을 평가함.

https://www.ftserussell.com/products/indices/ftse4good

• 국내 ESG 평가

- 한국기업지배구조원(KCGS) ESG 평가: 한국기업지배구조원이 국내 상장기업의 지속 가능 경영 수준을 점검하고, 지속 가능 경영 개선에 기업이 평가 정보를 활용할 수 있도록 지원하기 위해 고안한 평가.

  2003년 지배구조 평가로 시작되어 2011년 ESG 전 영역으로 확대되어 한국거래소 ESG 지수에 활용되고 있음.

  http://www.cgs.or.kr/business/esg_tab01.jsp

- 서스틴베스트(Sustinvest) ESG 평가: ESG 경영전략 통합, 펀드, 운용, 전략, 수탁자 책임 활동 등을 위한 종합 리서치 및 자문 서비스 제공업체 서스틴베스트에서는 국내 기업의 ESG 리스크 관리 수준을 등급으로 평가하며 공개함.

  https://sustinvest.com/

• 글로벌 ESG 이니셔티브

- GRI 가이드라인: 지속 가능 보고서에 대한 가이드라인을 제정하는 국제기구 Global Reporting Initiative(GRI)에서 제공하는 경제, 사회, 환경 측면에서의 가이드라인을 2000년 최초 제정하여 제공하고 있음.

  https://www.globalreporting.org/

- WEF 에코시스템 맵(Ecosystem Map): 세계 경제 포럼(WEF)은 4대 주요 회계법인과 함께 기업의 ESG 수준을 비교할 수 있는 핵심 지표가 담긴 보고서를 발표.

이해관계자 자본주의에 입각한 ESG 측정 지표(21가지 핵심 지표, 34가지 확장 지표)를 제공하고 있음.

https://www.weforum.org

ESG와 인권 경영

법규 준수 및 외부 공시를 넘어 구체적 실질적 실천 전략이 필요하다

최미진

다인노무법인 대표
공인노무사

Prologue

필자는 2001년 공인노무사 업무를 시작하여, 노동법률 자문과 사건처리, 보상 및 평가 체계 설계 등 HR 컨설팅 업무를 한 축으로 삼고, 다른 한 축으로는 성희롱과 괴롭힘 예방과 처리, 연령 · 성별 · 고용형태에 따른 차별, 일 · 생활 균형 및 일하는 방식의 변화와 관련한 강의와 실태조사 경험을 꾸준하게 축적해 왔다.

이 과정에서 인권침해 및 차별의 사후적 발견과 개선을 넘어, 조직이 평등하고 안전하게 성장할 수 있도록 하는 토대, 즉 조직문화 구축이 필요하다는 인식을 하게 되었고, 축적된 두 축의 경험을 융합하여 2008년 S기업의 '윤리 경영 시스템 구축 컨설팅'을 시작으로, 대기업 및 대규모 공사 · 공기업의 성평등 및 인권 상황 진단과 조직문화 개선 컨설팅을 수행해 왔다. 관련하여 국가 및 공공기관이 발행하는 인권 및 다양성, 일하는 방식 개선을 위한 메뉴얼 등을 집필하였고, 자문, 강의, 교육 콘텐츠 개발을 통해 우리 사회가 진전된 인권 환경을 갖추기를 바라는 마음을 꾸준하게 풀어내고 있다.

지난 20여 년간 법 · 제도 · 기업 · 사회의 변화에 동참하며 많은 보람을 느껴 왔으나, 한편으로는 우리 사회와 기업이 그 경제적 기여에 걸맞은 진전을 이루지 못하는 점에 안타까움을 느끼고 있다. 정부는

"법 · 제도를 수립하는 것"으로 임무를 다했다는 인식에서 크게 더 나아가지 못하고, 법이 정한 최소한의 기준을 지키고 일정한 정보를 정량적으로 맞춰 보고하는 것을 인권 경영의 전부로 여기는 기업들도 여전히 많기 때문이다.

ESG 경영이 글로벌 교역의 실효적 제재 기준으로 작용할 수 있는 환경이 코앞에 다가온 현실이다. 인권 경영은 더 이상 "착한 기업"의 징표가 아니라 지속 가능한 성장을 위해 세계 경제 주체들이 합의한 투자와 교역의 필요조건이 된 상황이다. 국제 사회의 기준과 국내 동향을 알림으로써 실질적 · 실천적 전략으로서의 인권 경영의 필요성을 전달하고자 한다.

① 기업 경영의 필요조건 "ESG"

· ESG의 개념과 역사적 배경

최근 몇 년간 우리 사회의 변화를 말할 때 "ESG"와 "MZ세대"는 빠짐없이 등장한다. "MZ세대"가 단지 특정 연령대를 지칭하는 것을 넘어 그 세대가 추구하는 가치 지향을 의미하듯이, ESG 또한 기업 경영이 추구하는 가치의 변화를 의미한다.

ESG를 직역하면 환경(E), 사회(S), 지배구조(G)로서, 기업의 경영 활동이 환경오염과 기후변화에 미치는 영향을 최소화하고 인권과 안전, 다양성과 포용성, 투명성 등 사회적 가치에 부합하도록 이뤄져야 함을 의미한다. 투자의 측면에서 보면 기업의 가치에 영향을 미치는 비재무적 요소의 총체라 할 수 있다.

산업혁명 이후 대량생산 대량소비가 가능해지고 도시화가 급속히 진행되면서 물질적 풍요만 이룬 것이 아니라 환경파괴, 산업재해와 같은 부작용도 낳았다. 1952년 런던스모그 사건과 1978년 러브 커넬 사건 등을 거치며 '기업의 사회적 책임(Corporate Social responsibility)'이라는 개념이 대두되었고, 초기에는 기업의 투자나 경영 활동과 별개로 윤리적·당위적 차원에서 이해되었으나, 1980년대에 이르러 시민 사회의 요구에 직면하면서 산업화가 낳은 사회문제들이 기업의 비즈니스에 중요한 영향을 미치는 요소임을 인식하기 시작했다.

1987년 UN 세계환경개발위원회(World Commission on Environment and Development, WCED)가 「우리 공동의 미래(Our Common Future, 브룬트란트 보고서)」를 통해 '지속 가능 발전(Sustainable Development, SD)' 개념을 제시, "미래세대가 그들의 욕구를 충족할 수 있는 기반을 저해하지 않는 범위 내에서 현세대의 요구를 충족시키는 발전"으로 정의해 인류가 지향해야 할 방향으로 선언한 이후 1997년 GRI(Global Reporting Initiative)*가 설립되어 '지속가능성보고서'의 가이드라인을 제공하고 보고를 권유하기 시작했고 기업들은 자발적으로 참여하기 시작했다.

2004년 UNGC(UN Global Compact)**가 발간한 보고서 「Who cares win」에 처음으로 ESG라는 용어가 등장한다. 투자에 있어 기업을 평가할 때 비재무적 요소가 중요함을 강조하며 그 핵심 요소로 ESG 기준을 제시한 것이다. 이후 2006년 유엔환경계획(UNEP)과 글로벌 콤팩트(UNGC)가 공동으로 국제 투자기관 연합체인 UN PRI

---

* 기업의 지속 가능 경영을 활성화하기 위한 국제 비영리 단체
** 인권, 노동, 환경, 반부패 분야의 10대 원칙을 기업이 경영전략에 내재화하도록 권장하고, 실질적 방안을 제시하는 자발적 기업시민 이니셔티브

(Principles for Responsible Investment, 책임투자원칙)을 출범, 투자자들이 환경, 사회, 지배구조(ESG) 요소를 고려하여 투자를 결정하고, 투자 과정에서 ESG 요소를 관리할 것을 권고하게 된다.

2019년 8월 19일 BRT(Business Roundtable)*는 「회사의 목적에 대한 성명서(Statement on the Purpose of a Corporation)」를 발표하여 181개 글로벌 기업의 CEO가 서명하였다. 이 성명은 기업이 고객, 근로자, 공급자, 지역사회 등 이해관계자들의 가치를 고려하고 주주들에게 장기적 가치를 제공하고 투명성과 효율적인 참여 기회를 제공할 것을 약속하는 내용으로, 주주 이익 극대화에서 이해관계자주의로의 급격한 변화를 선언하면서 ESG는 경영의 핵심 화두로 부상하게 된다.

· 삼성의 '무노조 경영 폐기'

유럽연합은 2014년부터 기업의 비재무 정보의 공개에 관한 지침(Non Finacial Reporting Directive, NFRD)을 제정하여 2018년부터 근로자 수 500인 이상 기업에 대해 환경, 사회, 노동, 인권, 반부패에 관한 공개를 의무화하며 비재무 정보 공시 의무화를 선도했다. 유럽에 공장을 보유하고 있거나 법인을 설립한 기업은 유럽 기업에 준하는 인권, 노동 환경, 기업 투명성 정책, 위험 관리 정보 등을 요구받았다. 2011년

---

* 미국의 주요 기업의 연례 회의

250 ESG와 인권 경영 - 최미진

한-EU 자유무역협정(FTA) 발효 이후 우리 기업들의 유럽 진출이 지속적으로 확대되던 환경 속에서 NFRD는 국내 기업에도 강한 영향을 끼쳤다. 그 일례로 삼성의 무노조 경영 원칙 폐기를 들 수 있다.

'무노조 경영'은 고 이병철 회장의 유훈이며 삼성 창사 이래 80년간 이를 유지해 왔다는 점은 공공연하게 알려진 사실이다. 복수노조 금지 시기에는 어용노조를 미리 설립해 두는 방식으로 무노조 경영을 유지했다면, 2011. 7. 1. 정부의 복수노조 허용 방침에 따라 균열이 시작됐고 삼성의 새로운 무노조 경영전략은 2013년도 정의당 심상정 의원의 폭로로 「2012년 S그룹 노사전략*」 문건을 통해 세상에 드러났다. 민변과 삼성 노조원들이 2013년 10월 이건희 회장과 고위직 임원들을 부당노동행위로 서울중앙지검에 고소·고발하였으나 2015년 검찰은 "그룹 차원에서 부당노동행위에 나섰다고 보기는 어렵다."며 무혐의 처분을 내린 바 있다.**

당시 한-EU 자유무역협정(FTA)의 조건이었던 ILO 핵심협약 비준

---

* 해당 문건에는 '문제 인력'을 지속적으로 감축해 노조 설립 소지를 원천적으로 해소하고, 노조설립 시 즉각 징계할 수 있도록 비위 사실 채증을 지속할 것, 노조가 설립 뒤에는 노조 탈퇴 등을 설득해 노조를 해산하고, 단체교섭은 '무조건' 거부하며, 노·노 갈등을 유발하라는 구체적 계획이 담겨 있었다.
** 한겨레 2018. 4. 10. 「삼성 노조파괴 공작 재수사가 '일사부재리' 위반이라고요?」

이 국내법과의 상충 등을 이유로 지연*되었고, EU와 ILO는 우리 정부에 지속적으로 핵심협약 비준을 재촉하는 환경 속에서, ILO 결사의 자유위원회에 2016년 삼성의 무노조 경영과 노조 차별에 관한 제소가 이뤄지는 등 국제 사회의 압력이 지속되었으나 삼성의 무노조 경영은 원칙은 단단하게 유지되었다.

그러나 2018년 삼성의 '다스 소송비 대납 의혹'과 관련한 압수수색 과정에서 '삼성그룹 노조 와해 의혹'과 관련된 새로운 단서를 확보한 검찰이 2018년 4월 초 재수사에 착수하였는데**, 그로부터 단 10여 일 만인 2018년 4월 18일 삼성전자서비스는 비정규직 형태로 간접 고용했던 사내 하청 근로자들을 정규직으로 직접 고용하고 전원 노동조합의 보장을 약속하면서 사실상 무노조 경영 폐기 수순을 밟았다.*** 이후 2019년 12월 17일 삼성전자서비스 노조 와해 사건의 1심에서 서울중앙지법이 노조파괴 부당노동행위 혐의로 기소된 삼성전자와 삼성전자서비스 임원들에게 징역 1년 6월의 실형을 선고했고, 2022년 3월 17일 대법원에서 형이 확정됐다.

---

* 우리나라는 1991년 ILO에 가입했으나 핵심협약 8개 중 결사의 자유, 단결권, 단체교섭권(87호, 98호), 강제노동에 관한 협약(29호), 강제노동 철폐 협약(105호) 등 4개 조항은 비준하지 않은 상황이었으나, 2021년에 이르러 이들 중 3개 협약(29호, 87호, 98호)은 비준하여 2022. 4. 20부터 발효되었다.

** MBC 2018. 4. 2. 「삼성 '노조 와해' 의혹 재수사 착수」

*** MBN뉴스 2018. 4. 18. 「삼성, 사내 하청 8천 명 정규직 전환…80년 무노조 경영 폐기」

살펴보면 2018년 4월 18일 당시 '수사' 착수 단계로서 1심의 판단이 나오기 1년 6개월 전이었음에도 사실상 무노조 경영 폐기 입장을 외부에 발표한 것이다. 법적 판단에 앞선 삼성의 입장 발표 배경에는 유럽연합의 비재무 정보의 공개에 관한 지침(NFRD)의 발효가 커다랗게 자리하고 있었다.* 이전까지 폐기를 촉구하는 국내외 시민사회단체의 요구와 ILO 제소에도 굳건하게 유지되던 삼성의 '무노조 경영'은 국제 규범에 맞는 인권, 노동 환경 정책의 수립과 실행이 시장 참여의 조건으로 제시되면서 재빠르게 폐기의 수순을 밟은 것으로, 매우 실리적인 선택이었다 평가할 수 있다. 우리나라 헌법과 노동조합법보다 더 즉각적인 변화를 유도할 수 있었던 것은 공시가 갖는 힘과 교역의 제한이라는 경제적 파급효과 때문일 것이다.

• ESG 공시 의무화의 확산

당초 시민사회와 기업의 자발성으로 시작된 ESG는 2020년 이후 기업의 지속 가능 경영을 위한 글로벌 규제 도입이 세계적 움직임으로 확산하고 있다.

---

* 시사인, 「ESG, 핵심은 인권이다.」, 2021. 4. 27.

주요국 ESG 정보 공시 의무화 현황					
국가	2018년	2020년	2022년	2023	2025
한국		지배구조 보고서 공시 의무화			지속 가능 경영 보고 공시 의무화
EU	NFRD 시행		CSRD*	ESRS**	
			제정	최종안 채택	
미국			SEC 기후 분야 공시 의무화		

자료 : ESG 금융추진단 제2차 회의자료 「해외 주요국의 ESG 공시규제 강화에 따른 국내기업 지원방안」 참조하여 작성

EU는 2022년 11월 NFRD의 개정안 성격의 CSRD를 제정하여 공시 대상 기업을 ① 직전년도 근로자 수 250명 이상, ② 매출액 4천만 유로 이상, ③ 자산총액 천만 유로 이상 중 2가지 이상을 충족하는 모든 기업으로 확대하였고, '25년 보고(24 회계연도)'부터 순차적으로 적용되며, 2027년에는 중소기업까지 보고 대상을 확대할 예정이며, 우리나라도 2025년 자산규모 2조 원 이상인 상장기업을 시작으로 2030년에는 전 상장사로 지속 가능 경영 보고 공시 의무를 확대한다. 미국은 기후 분야 이외에 투자자들이 알아야 할 ESG 공시를 자율에 맡기고 있으나 ESG에 관심이 높은 바이든 정부의 결정에 따라 변화 가능성은

---

* '지속 가능성 정보 공시 지침(Corporate Sustainability Reporting Directive)', NFRD의 실효성 강화를 위한 개정안 성격
** CSRD에 따라 제정된 ESG 정보 공시 기준

확대되고 있다. 이와 같은 환경 속에서 ESG는 국내외 교역의 필요조건으로 기업의 변화를 추동하고 있다.

② "인권"은 ESG의 핵심

· 최근 통상환경 변화와 GVC 재편 양상

1995년 WTO 출범 이후 세계 경제는 관세 인하, 비관세장벽 완화, 투자 자유화 등 자유무역 기조의 확산으로 본격적인 세계화에 돌입했고 선진국-신흥국 간 임금 수준 및 생산원가 격차로 글로벌 기업의 해외 직접투자가 확대되면서 30년 가까이 비용 효율화에 중점을 둔 세계적 분업 구조를 공고히 유지해 왔다.

그러나 코로나19 팬데믹, 러시아-우크라이나 전쟁, 중국의 제로 코로나 정책 등을 통해 드러난 공급망 불안정성, 신흥국 인건비 상승 등 해외 생산기지의 경쟁력 약화를 이유로 한 리쇼어링(Reshoring) 현상이 전 세계적으로 확산하고 있고, 각국 정부의 중장기적 산업 정책과 맞물려 전 세계적으로 GVC(Global Value Chain) 재편이 이뤄지고 있다.

USMCA* · CPTPP** 등으로 지역적 분화, 고부가가치 · 친환경 중심의 새로운 GVC 체제로 재편되고 있는 양상이다.***

환경오염, 인권침해, 부패 등과 같은 과거 비용 효율화에만 중점을 둔 GVC의 부작용은 리쇼어링 및 GVC 재편의 원인 중 하나이면서 동시에 지속적인 리쇼어링 및 지역화 경향 강화의 명분이 되고 있다.

이와 같은 경제 질서의 변화 속에서 ESG는 더 이상 선한 기업이 추구해야 하는 추상적 가치가 아니며 인류의 지속 가능한 생존과 성장을 위한 거대한 흐름이자 기업의 구체적 실천을 기초로 하는 경영 원칙이라 할 수 있다. 이와 같은 변화의 가장 강력한 촉매는 '공급망 실사 의무화'라 할 수 있다.

• 공급망 실사 의무화와 인권

지속 가능한 생산과 소비 측면에서 친환경 제품의 개발에서 나아가 대기업이 공급업체의 위험과 성과를 관리해야 한다는 소비자를 비

---

* USMCA(United States-Mexico-Canada Agreement) 미국, 멕시코, 캐나다 간의 자유무역협정

** CPTPP(Comprehensive and Progressive Agreement for Trans-Pacific Partnership), 환태평양경제동반자협정(TPP)의 후속 협정

*** KOTRA 「최근 통상환경 변화와 GVC 재편 동향」 참조

롯한 이해관계자들의 요구가 강화되고 있으며, EU 및 주요국들의 공급망 실사 의무화 법안의 적용 대상 및 분야가 확대되고 이행력이 강화된 법률로 진화하고 있다. 주요국의 공급망실사법 현황을 살펴보면 아래 표와 같다.

	법안(시행 연도)
EU	기업 지속가능성 실사지침(Directive on Corporate Sustainability Due Diligence) (2024 예정)
영국	현대노예제방지법(UK Modern Slavery Act) (2015)
미국	노예제 근절기업인증법(Slave-Free Business Certification Act) (2020년 발의, 2022년 재발의)
독일	공급망 실사 의무화법(Act on Corporate Due Diligence) (2023년 시행 예정)
프랑스	실사의무법(Corporate Duty of Vigilance Law) (2017)
네덜란드	아동노동실사법(Child Labor Due Diligence) (2023년 시행 예정)

· <주요국 공급망실사법 현황>
자료 : 산업연구원 「글로벌 공급망의 ESG 강화 방안」

구체적 내용을 살펴보면, 프랑스의 「기업의 실천감독의무법」은 벌금과 민사책임을 허용하여 이행력 강화에 초점을 맞췄다. 프랑스의 실사법을 참조한 EU의 「지속 가능한 공급망 실사지침」은 미이행 시 벌금 부과·공공 조달 참여 불가와 같은 행정제재, 민사책임을 허용하는 제도를 제안하였다. 독일의 「공급망실사법」 또한 벌금 부과 및 공공 조달 퇴출 조항을 포함하고 있으며, 네덜란드 「아동노동실사법」 또한 벌금과 공공 조달 퇴출을 포함하고 있다. 초기 실사법인 미국 캘리포니아 「공급망 투명성법」 과 영국의 「현대노예방지법」 이 인권 실사를 요구하면서도 제재 조항이 없는 선언적 규율이었다면, 근래에 발효 및 발효 예정된 법률(안)들은 이행력을 부여하는 제재 조항을 포함하고 있다.

	적용 대상기업	실사범위	제재 조항	발효 시기
EU 기업의 지속가능한 공급망 실사지침	· 역내기업 - (그룹 1) 종업원 500명 이상 및 전 세계 순매출이 1억 5,000만 유로 이상인 기업 - (그룹 2) 종업원 250-500명 혹은 전 세계 순매출 4,000만-1억 5,000만 유로인 기업 가운데 고위험 분야에 종사하는 기업 · 역외기업 - (그룹 1) 유럽에서 비즈니스를 영위하는 기업 중 유럽 내 순매출이 1억 5,000만 유로가 넘는 기업 - (그룹 2) 유럽 내 순매출이 4,000만-1억 5,000만 유로인 기업 혹은 고위험 분야에서 발생하는 매출이 전체 매출의 50% 이상인 경우	인권 및 환경	벌금, 행정제재, 민사책임 허용	- 2024년 발효 목표 - EU 의회 및 이사회 채택 후 발효, 발효후 2년 내 자국법으로 전환 및 적용
미국 캘리포니아 공급망 투명성법	· 연 매출액 1억 달러 이상의 유통 및 제조업체	인권		2012년 발효
영국 현대 노예 방지법	· 영국에서 사업의 전체 혹은 일부를 영위하는 기업 중 전 세계 매출이 3,600만 파운드 이상인 기업 중 서비스 및 재화를 제공하는 기업	인권	없음	2015년 발효
프랑스 기업의 실천감독의무법	· 프랑스에 소재한 기업 중 직간접 자회사의 고용이 5,000명 이상인 대기업 혹은 전 세계적으로 직간접 자회사를 포함하여 1만 명 이상을 고용한 프랑스 기업	인권 및 환경	벌금, 민사책임 허용	2017년 발효
네덜란드 아동노동실사법	· 서비스 및 상품 판매 및 공급 기업	인권	벌금, 2회 이상 위반 시 징역	2023년 일부 발효
미국 노예제 근절기업 인증법	· 광업 및 제조 기업 중 연 매출 5억 달러 이상의 기업	인권		2022년 재발의
독일 공급망 실사법	· 단계적 적용 - 2023년, 독일 등록 기업 중 고용인원 3,000명 이상 기업에 적용 - 2024년 1월, 1,000명 이상의 고용인원을 보유한 기업에 적용	인권 및 환경	벌금, 공공조달 퇴출	2023년 발효 예정

<주요국 공급망실사법 적용 범위 및 주요 내용>
자료 : 산업연구원 「글로벌 공급망의 ESG 강화 방안」

한편, 각 법률의 실사 범위를 살펴보면 공급망실사법은 초기부터 인권에 대한 실사로 시작했고 근래에 제정 및 발효되는 법률(안)들도 모두 인권을 포함하고 있음을 확인할 수 있다.

ESG는 국제 사회에서 요구하는 교역의 필요조건이며, 그 핵심에는 처음에도 지금도 인권이 가장 중심에 있다. 이는 지속 가능성 관련 글로벌 네트워크인 BSR(Business for Social Responsibility)이 2016년 실시한 조사 결과, 기업의 지속 가능성을 위한 우선순위 가운데 인권이 73%로 가장 높은 수치를 기록*한 것을 통해서도 드러난다.

③ "인권"과 "인권 경영"

• ESG와 인권, 인권 경영

인권의 개념은 강력하지만 단순하다. 사람은 존엄하게 대우받을 권리가 있다는 것이다. 인권은 전통적으로 국가 권력으로부터의 개인의 자유, 국가가 국민의 인권을 침해하지 않아야 할 책임을 중심으로 이해되었으나 최근에는 국가의 인권 보호 의무와는 다른 축으로 기업이 독자적으로 인권 존중을 책임진다는 인식이 보편적으로 자리 잡고 있다.

---

* 법무부, 「2021 기업과 인권 길라잡이」, p.14

인권경영이란 기업의 모든 경영활동 과정에서 인권 존중을 우선으로 여기는 것, 기업 내부 근로자들의 인권 보호뿐만 아니라 공급망, 지역사회, 소비자 등 다양한 이해관계자들의 사회적 가치에 부합하도록 경영활동을 펼쳐야 함을 의미한다. 즉, "기업과 인권에 관한 국제규범을 준수하는 경영활동"이라 할 수 있다.

· 기업과 인권에 관한 국제규범

기업과 인권 이행원칙(UN Guiding Principles for Business and Human Rights, UNGP)은 법적 구속력을 갖고 있지 않지만 현존하는 기업과 인권 관련 국제규범들이 대부분 UNGP의 내용을 차용하고 있을 정도로 가장 핵심적인 국제규범의 원천으로 작동하고 있다.

UNGP는 보호(Protect), 존중(Respect), 구제(Remedy)의 3가지 핵심 축을 제시한다. 기업의 활동으로부터 발생할 수 있는 인권침해를 미연에 방지하고 보호(Protect)하기 위해 정책 및 법·제도를 수립할 국가의 의무, 기업은 이러한 국가의 인권 관련 정책이나 법령 등을 존중(Respect)하고 준수할 책임하에 인권존중의 정책선언과 인권실사 등을 시행하여 미흡한 점을 지속 발견하여 개선하고 기업경영에 반영해야 할 의무가 있으며, 국가와 기업은 인권침해가 발생할 경우 피해자들이 접근할 수 있도록 입법적·행정적·사법적 구제수단을 포함한 실효적인 구제수단 및 관련 제도를 마련하고 제공할 책임이 있다는 것이다. 즉

UNGP가 제시하는 인권경영은 "국가의 보호의무와 기업의 인권존중 책임, 국가와 기업의 실효적 구제수단에 대한 접근을 실천하는 경영" 이라 할 수 있다.

4 ESG와 인권경영 관련 국내 동향

• 공공부문 인권경영 및 인권영향평가

국가인권위원회는 국내 인권경영의 확산을 위해 공공부문부터 인권경영 도입을 촉진했다. 2018년 8월 『공공기관 인권경영 매뉴얼』을 988개 공공기관 및 지방공기업에 배포하고 각 기관 및 기업의 인권경영 이행계획의 수립과 시행, 그 현황을 경영평가에 반영할 것을 권고하였고 30개 정부부처 및 17개 광역자치단체, 그리고 860개 공공기관들이 이를 수용한 것을 시작으로 현재는 모든 공기업이 인권경영실사 등의 결과를 공시하고 있다.

기획재정부는 각 공공기관의 매뉴얼 도입 및 운영실적 등을 검토하여 2020년 경영평가 편람에 반영하였고, 지방공기업의 경우 국가인권위원회의 권고를 적극 수락하여 2019년 "인권경영 평가지표"를 신설하여 공공기관 및 공기업 경영평가에 인권경영에 관한 사항이 반영되었다.

국가인권위원회는 『공공기관 인권경영 매뉴얼』을 통해 ①인권경영 추진체제 구축, ② 인권실사(due diligence) 실시, ③인권경영 계획 수립・실행・공개, ④ 구제절차 제공 등 4가지 단계로 추진하도록 제시하고 있다.

이에 따라 각 공공기관 등은 기관의 인권경영 의지와 비전을 대내외에 공표하고, 인권경영 전담부서 및 담당자 지정, 인권경영위원회 구성 등 인권경영 추진체계를 실정에 맞게 구축하고 각 기관(업)의 영향권 범위 안의 모든 협력사에 인권경영 선언문을 배포하여 인권경영의 확산을 도모하고 있으며, 인권실사의 일환으로 인권영향평가를 시행하여 이를 공개하고 있고, 각 기관(업)의 경영활동 전반에서 인권침해의 피해를 입은 피해자의 권리구제를 체계적으로 정비해 가는 과정에 있다.

・매출액 200대 기업 ESG 활동 동향

ESG의 급부상과 함께 공시의무와 공급망실사가 가시화 되는 추세에서 인권경영은 중요한 화두가 되었다. EU의 공시지침인 ESRS의 EU 집행위 통과('23.7월), ISSB의 국제ESG 공시 표준 발표('23.6월) 등 ESG 공시 기준의 제도화가 진행되고, 인권과 환경 분야 실사를 의무화하는 EU의 공급망 실사법도 입법 진행 중('23.6월 유럽의회 본회의 통과)으로 인권경영에 대한 관심도 점차 증가하고 있다.

한국경제인협회가 국내 매출액 200대 기업 중 지속가능경영보고서를 발간한 162개 기업의 주요 ESG 지표를 통합하고 '20~'22년 3개 연도의 ESG경영 추이를 분석한 결과 분석대상 기업의 주요 현안으로 꼽히는 것은 ESG 공시 외에도 탄소중립 실현, 지속가능한 공급망 관리 등 기업 외부의 이해관계자에 미치는 영향에 대한 인식 및 관리의 필요성이 증가한 것으로 파악된다.*

위 보고서에 따르면 국내 매출액 200대 기업 중 대다수가 이사회 내 소위원회로 ESG위원회를 두는 등 지배구조 차원에서 ESG를 적극 고려하는 의사결정구조를 갖추고 있다. 이사회 주요 안건으로 ESG 관련 전략이 논의되고, 경영진의 성과측정지표(KPI)에 ESG가 반영된 기업도 상당수이고 준법·윤리경영에 대한 요구가 높아짐에 따라 기업들은 컴플라이언스 프로그램 구축을 위해 노력 중인 것으로 보고하고 있다.

다만, 위 조사 대상인 매출액 200대 기업의 경우 ESG 경영의 여러 영역에 인권경영에 관한 사항을 포괄하고 있으나 UNGP의 보호(Protect), 존중(Respect), 구제(Remedy)의 3가지 축으로 인권경영 전반을 포괄하여 시스템을 구축하여 경영활동 전반이 인권이 미치는 잠재

---

* 「2023 K-기업 ESG 백서」 2023. 12. 한국경제인협회 K-ESG얼라이언스

적 영향을 실사하고 점검하는 시스템을 갖추고 있는지 확인하기 어렵고, 추진체계도 ESG위원회라는 큰 틀로 구성되어 있어 체계적으로 인권경영을 내재화 할 수 있는 추진조직을 갖추고 있다고 평가하기 어려운 상황이며 인권경영에 대한 평가나 판단 자체가 어려운 상황이다.

• ESG공시제도에 인권경영에 관한 사항 포함 결정

국가인권위원회에서는 2018년부터 추진한 공공무분에 대한 인권경영 권고 및 확산이 민간으로 이어질 수 있도록, 2022년 민간기업의 자발적 참여로 "인권경영 제도화 정책 수립". "우수사례 발굴 및 국제기준의 국내이행", "모든 기업의 인권경영 실사·법제화 기반 마련"을 위한 "민간기업 인권경영 시범사업"을 통해 참여기업의 인권실사를 진행한 것을 시작으로 민간기업의 인권경영 추진체계 구축과 실행 확산을 위한 활동을 시작했다.

2023년 10월 26일 금융위원회 위원장(이하 '금융위원장')에게, 금융위원회와 한국회계기준원(한국지속가능성기준위원회)이 수립하고 있는 ESG 공시기준에 인권위 '인권경영 보고지침'의 내용을 충분히 포함할 것, 공시로 인한 기업 부담을 경감하기 위하여 공시 지원방안을 마련할 것을 권고한 바 있고, 이에 대하여 2024년 3월 금융위원회는 한국지속가능성기준위원회를 통해 '24년 1분기를 목표로 국내 기업에 적용될 ESG 공시기준 초안을 마련하고, 관계부처·기업·투자자 등 이해관계자들을 대상으로 의견수렴을 진행할 예정으로, 논의 과정에서 '인권 경영 보고지침' 내용에 대해서도 검토할 수 있으며, ESG 공시제도의 세부 내용이 구체화 되는 시점에 기업 지원 및 인센티브 부여 등 공시 지원방안도 마련할 것이라고 회신한바 있다. 이로써 민간기업에서도 ESG공시제도가 시행될 때 인권경영 관련 사항을 공시하도록 하는 내용도 함께 포함될 예정이다.

⑤ ESG 경영의 실천

· 경영활동 전반의 인권가치 내재화의 요구

이전까지 기업의 사회공헌활동이나 캠페인이 기업의 윤리와 사회적책임을 가름하였다면 이제는 진정한 문제해결의 성과를 보일 것을 요구하고 있다. 실사와 함께 공시 기준 등이 강화된 것도 이러한 활동과 성과에 대해 보다 투명한 공시를 하고 정부와 이해관계자 및 시민사회의 검증을 받을 수 있도록 하는 거버넌스 체계구축을 요구하는 것이다.

기업의 경영활동에서 인권은 부수적 부차적인 것, 경영의 본질적 활동에 속하지 않는 부수적인 영역이라는 구시대적 인식에서 벗어나 경영활동 전반을 인권감수성(human rights sensitivity)에 기반하여 점검하고 계획하고 실행할 수 있는 거버넌스 체제를 구축해야 기업뿐만 아니라 우리 사회가 지속가능성을 확보할 수 있다는 것이다.

• 인권경영 추진체계 구축을 통한 내재화 필요성

인권경영의 내재화 즉, 경영활동 전반의 인권가치 내재화는 기업이 전체 비지지스를 염두에 두는 인권에 대한 전략적 접근을 말한다.

하나의 사례를 살펴보자. 나이키의 DEI(Diversity, equity, and inclusion) 역사는 인종, 성별, 스포츠 관련 뿌리 깊은 편견을 언급한 "Just Do It" 캠페인과 함께 1988년부터 시작되었다. 나이키 최초의 상업광고였던 이 캠페인은 나이, 성별, 신체 특성에 무관히 모든 고객의 활동적인 삶을 독려했고, 초기 제작 광고 편에는 나이에 대한 고정관념을 깨뜨린 80세 마라토너 월트스텍(Walt Stack)이 등장했고, "Just Do It"은 나이키의 상징문구가 되었으며 수년간 다양한 차별에 대해 사회적 의식을 일깨우는 광고를 진행해 왔음은 주지의 사실이다. 1995년에는 동성애자로 HIV-양성판정을 받은 릭 무뇨스, 2007년에는 휠체어 농구선수 매트 스콧(Matt scott), 이후로도 성공한 아랍권 여성 다섯 명을 광고 주인공으로 삼았고, 2018년에는 인종 차별과 폭력경찰에 항의하며 시위를 벌인 이유로 미식축구 리그에서 배제된 콜린 캐퍼닉을 지지하는 과감한 발언을 내놓았다. 또한 조지플로이드 사건 이후 나흘 만에 'For Once, Don't do it' 이라는 문구를 내놓으면서 미국 인종주의에 경종을 울리기도 했다. 전세계적으로 사회적 정의, 소수자 차별에 맞선 메시지로 기발하고 시의적절한 마케팅을 이렇게 오랜 기간 꾸준히 해 온 기업은 찾아보기 어렵다.

그러나 이러한 시의적절한 "마케팅"과 달리 경영활동 전반에 그와 같은 인권의 가치를 내재화하는 데는 어려움을 겪었다. 1991년 미국 노동운동가 제프리 밸린저(Jeffrey Ballinger)는 나이키 인도네시아 공장의 최저임금 미지급, 아동노동, 끔찍한 노동 환경을 폭로하는 보고서를 냈고, 2003년에는 흑인직원의 절도를 의심하며 승진을 막았다고 주장하는 직원 400명의 인종 차별 소송으로 760만 달러를 배상했으며, 2018년에는 여성 임금 불평등과 성희롱을 용인해 온 근무환경을 이유로 성차별 소송을 당했다. 결국 2020년 6월 나이키 최고경영자는 "더 나은 사회를 만들고자 애쓰는 한편, 우리의 가장 중요한 우선순위는 내부 질서를 잡는 것"이라며 내외부의 격차를 인정하는 메시지를 내게 되었다*.

나이키 사례는 분절된 DEI 노력이 어떻게 정체성의 위기를 낳을 수 있을지 잘 드러내며 우리 기업들이 인권경영에 있어 내재화가 얼마나 중요한 것인지 일깨워준다.

---

* 「다정한 조직이 살아남는다」 엘라F.워싱턴 참조

시민사회의 인권감수성은 더욱 높아지고 있고 국제적 교역의 조건 속에서도, 국내 제도의 변화 속에서도 인권경영은 피할 수 없는 당연한 조건이자 의무가 된 상황이다. 과거처럼 겉으로 드러나는 홍보나 대외적 활동에만 인권적 가치를 내세운다면, 결국 경영전반의 활동과의 균열은 드러날 것이고 더 큰 파장을 몰고 올 수밖에 없다.

내부고객과 외부고객, 지역사회와 이해관계자 모두에게 미칠 인권적 영향과 경영활동 전반이 미칠 인권적 영향을 지속적으로 점검해 인권적 가치에 맞게 개선해 나갈 수 있기 위해서는 UNGP의 보호(Protect), 존중(Respect), 구제(Remedy)의 축 안에서 경영활동 전반의 인권적 영향을 평가하고 개선해 나갈 수 있는 추진조직과 체계를 구축하고 지속적인 계획과 실행, 환류와 점검, 구제의 프로세스를 진정성 있게 운영하는 것이 필요하다.

DX와
스마트 아이디어로
열어가는 지속 가능성

최병두

제일기획 글로벌 마케팅 전략전문가

서강대 지속성장연구센터 전문연구위원

① ESG 선택이 아닌 필수

• ESG 정보의 홍수 시대. 우리의 현주소는 Not Yet

대한민국 대표 서점인 OO문고의 인터넷 홈페이지에서 '이에스지 (ESG)'와 '지속 가능 경영(Sustainability)'을 입력해 보면 '이에스지(ESG)' 관련 서적이 약 150건, '지속 가능 경영(Sustainability)'이라는 키워드로 는 약 45권의 책이 검색된다. 2~3년 전만 해도 절대적인 정보 부족으 로 정확한 개념의 이해와 정립에 어려움을 겪었던 시절을 비교해 보면 그야말로 상전벽해(桑田碧海)가 아닐 수 없다. 이 상황을 이제 대한민국 도 선진국 못지않게 '주주 자본주의*'에서 좀 더 장기적인 차원의 '이 해관계자 자본주의**'로의 변화가 시작되고 있다고 해석해 볼 수도 있

---

* 주주 자본주의(Shareholder Capitalism): 밀턴 프리드먼(미국 시카고 대학 교수) 이 1970년 9월 13일 뉴욕타임스에 '프리드먼 독트린, 기업의 사회적 책임은 이윤을 늘리는 것'이란 칼럼을 기고한 것이 시초. 그는 이 글에서 기업의 책임은 주주를 위 해 가능한 많은 돈(이윤)을 버는 것, 즉 '주주를 위한 이익 극대화'라고 주장함 <출처: 네이버 지식iN>

** 이해관계자 자본주의(Stakeholder Capitalism): 2008년 금융위기를 계기로 '월 가를 점령하라'는 시위를 통해 신자유주의가 가져온 양극화 심화 등 구조적 문제가 지적됨. 이에 대한 치유책으로 제시된 '이해관계자 자본주의'는 기업이 주주뿐만 아 니라 고객, 근로자, 협력업체, 지역사회 등 이해관계자를 존중하는 경영을 하면서 중장기 가치 제고를 목표로 삼자는 것. 즉, 이해관계자를 존중하는 경영을 통해 기 업의 중장기 가치가 높아지면 주주에게도 이익이 된다는 개념 <출처: 네이버 지식 iN>

다. 반면 글로벌 선진국 반열에 오른 대한민국 위상*에 맞게 "대한민국 정부와 기업들은 글로벌 ESG 관련 각종 기준(가이드라인, 법령)을 책임감 있게 잘 충족시키고 실천해 나가고 있는가?"라고 누군가 묻는다면? 안타깝지만 총체적으로 '그렇다(Yes)'라기 보다는 '아직(Not Yet)'이라고 말할 수밖에 없는 수준이다. 물론 그럴 수밖에 없는 수많은 현실적 이유들이 있지만 그럼에도 불구하고 '이에스지(ESG)'의 본질이 투자나 규제를 위한 비계수적 경영 요소를 잘 관리하고 그 결과를 객관적으로 공시하는 것 이상으로 장기적인 안목에서 기업의 '지속 가능성(Sustainability)'을 확보하는 것에 더 방점이 찍혀 있다는 점을 감안할 때 이제는 더 이상 할 수 있느냐 없느냐의 문제가 아니라 어떻게 할 것이냐가 더 중요하다고 말할 수 있다.

---

* 2022년 5월 유엔(UN) 통계국이 대한민국의 분류를 개발도상국에서 선진국으로 변경함. UN이 선진국으로 규정하는 기준은 1인당 GDP $15,000~20,000 이상, 인간개발지수(HDI) 0.8 이상, 국제통화기금(IMF)에서 정의하는 선진 경제국(IMF advanced economies), 세계은행에서 정의하는 고소득 OECD 국가군, 개발원조위원회(DAC) 멤버, 파리클럽 멤버에 포함되어야 함 <출처: 나무위키>

• ESG는 선택이 아닌 필수. 그리고 보다 더 결정적인 이유

기업의 입장에서 눈앞에 성큼 다가온 'ESG 정보 공개 의무(공시) 일정*'과 나날이 높아지고 있는 선진국들의 무역장벽**은 분명 생존을 위해 해결해야 하는 필수 과제가 되었다. 이런 불가피한 요소 이외에도 기업이 ESG 경영을 해야 하는 또 다른 이유 중에 하나는 기업의 핵심 고객으로 부각하고 있는 MZ세대***들에게 기업의 ESG 경영 여부가 그들의 소비와 구직 그리고 사회적 평가 등에서 점점 더 중요한 가치 판단 요소가 되고 있다****는 점이다.

---

* ESG 관련 공시 일정. 2023년 6월 국제지속가능성기준위원회(ISSB)에서 「ESG 국제 공시기준 최종안」 발표. 한국도 금융위 주도로 2023년 8월 중 '한국판 ESG 공시 기준 로드맵(공시 의무화 대상 기업과 연도별 적용 계획) 발표 예정.

자산 규모별 ESG 정보 공개 의무 일정 (자료: 금융위원회, 한국상장회사협의회)

구분	2019년	'20년	'21년	'22년	'23년	'24년	'25년	'26년	'27년	'28년	'29년	'30년
지배구조보고서 (거래소)	2조원 이상			1조원 이상		5000억원 이상		전체				
환경정보공개 (환경부)			2조원 이상				5000억원 이상					전체
지속가능보고서 (거래소)							2조원 이상					전체

※ 코스피 상장회사 기준

** 「ESG 관련 선진국의 무역장벽 관련 규제」 유럽의 탄소국경조정제도 CBAM, 공급망실사지침 CSDDD,

*** 지속가능성공시 CSRD / 미국의 인플레이션감축법 IRA 등

**** MZ세대 대상 ESG 경영과 기업의 역할 조사(22.01.01~15/ 380명 대상 / 대한상공회의소 주관): MZ세대 64.5%가 추가 지불을 하더라도 ESG 경영을 실천하는 기업의 제품을 사겠다고 답변. 기업의 바람직한 역할로 '투명 윤리 경영실천 51.8%', '환경 보호 13.2%'라고 답변함.

필자는 여기에 하나를 더 언급하고 싶다. '이에스지(ESG)' 개념이 정립되기 이전부터 가장 열렬하게 친환경 경영을 실천해 오고 있는 기업인 파타고니아(Patagonia)의 창립자 이본 쉬나드(Yvon Chouinard)는 그의 유명한 저서 『파도가 칠 때는 서핑을』에서 다음과 말하였다.

"현재 인류에게 필요한 깨끗한 물, 깨끗한 공기, 경작 가능한 토지, 풍부한 어장, 안정된 기후와 같은 사용량이 이를 공급하는 지구 역량의 150%에 달한다고 전제(계산)하고 현재와 같이 인구의 부(富)가 매년 2.5~3% 증가하면서 인구가 지속적으로 늘어나면 2050년 인간들의 수요는 지구가 스스로 갱신하는 능력의 300~500%까지 증가할 것이며 그것은 곧 '파산 상태'이다."

기업의 경쟁력과 이익 창출 능력이 아무리 좋아도 그것은 결과일 뿐 그 결과를 만드는 전 과정에서 외부 효과*를 고려하지 않는다면 우리 자신은 물론 우리의 후손들이 살아갈 환경에 통제 불가능한 재난을 가져다줄 수 있다. 무슨 설명이 더 필요하겠는가?

---

* 외부효과(Externality): 금전적 거래 없이 어떤 경제 주체의 행위가 다른 경제 주체에게 영향을 미치는 효과 혹은 현상. 어떤 경제 주체의 행위가 다른 경제 주체에게 긍정적(외부경제) 혹은 부정적 영향(외부불경제)을 미치고 있음에도 이에 대한 금전적 거래가 없이 보상이나 가격 지불이 이루어지지 않는 상황을 말함. <네이버 지식백과, 두산백과 두피디아>

• 여전히 자본주의 틀 속에서 작동하는 ESG

전 환경재단(NGO) 출신 이미경 대표(삼성 SDI, 하이브 사외이사)는 한 일간지와의 인터뷰에서 'ESG는 착한 것이 아니라 돈을 오랫동안 안정적으로, 지속 가능하게 더 벌기 위한 활동'이라고 언급한 바 있다.[*]

한 예로 지구세(Earth Tax)란 이름으로 매년 자사 매출의 1%를 환경 보호를 위해 기부하고 창업자의 은퇴와 함께 자신과 가족들이 보유한 지분 100%(30억 달러, 한화 약 4조 2천억 원)을 전액 지구 환경 보호에 기부해 전 세계를 깜짝 놀라게 했던 파타고니아. 이 역시 전 세계 2,000여 개의 소매점을 운영하고 2020년 기준 매출 20억 달러를 달성하는 동시에 그와 같이 엄청난 기부를 할 수 있었던 동력은 그만큼 파타고니아란 기업의 상품이 시장 경쟁력이 있고 그 결과 매출과 이윤을 지속 창출했기 때문이다.

실제로 파타고니아의 대표 의류 제품들에는 환경에 피해를 저감시키기 위한 지속적인 연구개발로 만들어진 핵심기술들[**]이 적용되어 있다. 자본주의 체계하에서 한 기업의 상품과 서비스 가격이 원가보다도

---

[*] 아시아 경제 인터뷰 <2023.06.22.>

[**] (1) 캐필린: 폴리에스테르 원단 표면을 부식시켜 물이 잘 흡수되게 만든 기능성 원단. 얇고 가벼워서 휴대하기 좋고 폴리에스터 재질이라 빨리 마르고 적당한 보온에 냉감이 있어 아웃도어 의류(셔츠)에 주로 적용됨.
(2) 신칠라: 보풀이 전혀 일어나지 않는 원단. 1985년 출시된 '신칠라 스냅 티'는 플라스틱 병에서 나온 재생 원단(80% 이상이 재활용 폴리에스터)으로 만들어진 제품으로 파타고니아만의 Iconic한 스타일을 보여주는 클래식 아이템이 됨.

높아야 그 기업은 생존할 수 있고 그 상품과 서비스의 가치가 가격보다 높으면 그 기업은 성장할 수 있다. 즉, 이해관계자 자본주의를 표방하는 ESG 경영도 결국은 기업이 생존하고 성장할 수 있어야 달성이 가능하다는 점에서 결국 ESG 경영은 자본주의와 근본적인 궤를 같이하는 것이라 할 수 있다. 단 지속 가능하기 위한 방향키를 좀 수정했을 뿐.

2 버틸 것인가 나아갈 것인가

• 논쟁하는 자 vs 앞서가는 자

우리나라 대기업 중 대표적으로 ESG 경영을 적극적으로 추진하고 있는 SK의 최태원 회장(대한상공회의소 회장 겸임)은 "에너지 전환과 탄소 중립이 경제 성장의 걸림돌이 아니라 오히려 한국 경제가 도약할 수 있는 새로운 기회"이고 "언젠가는 비용보다 편익이 커지는 시점이 올 것이며, 편익이 비용을 추월하는 시점인 '골드 크로스(Golden Cross)*'

---

* 대개 두 개의 꺾은선 그래프 선이 교차하는 현상을 지칭한다. '골드(Gold)'라는 단어가 쓰인 만큼 좋은 일, 극적인 현상을 지칭하는 경우가 대부분이다. 반대로 안 좋은 의미로 그래프 선이 교차하는 경우는 데드(Dead) 크로스라고 부른다 <출처: 위키피아>

를 앞당기는 것이 중요하다"고 언급한 바 있다.*

　이러한 미래지향적 방향성에도 불구하고 현재 한국 기업들이 ESG 경영을 추진하는 데 풀어야 할 장벽이 만만치 않은 것도 사실이다. 우선 인프라 측면에서 우리나라는 RE100 달성을 위한 재생에너지가 기업의 수요 대비 턱없이 부족**하다는 점을 들 수 있고 'CF100 사태'***, '금융위의 ESG 의무공시 로드맵 발표 연기'**** 등과 같이 방향을 잘 잡아주고 방법을 제시해 주어야 할 정부가 오히려 중심을 잡

---

* 2023년 5월 '기후산업 국제 박람회(WCE Business Leaders Roundtable, 부산 벡스코)'에 참석한 최태원 대한상공회의소 회장은 "우리나라는 탄소중립 혁신이 필요한 제조업을 보유하고 있다." "맥킨지 리포트는 2030년 탄소 시장을 9,000조 원으로 예상했다. 시장을 선점한다면 탄소중립에 따른 편익 시점을 좀 더 앞당길 수 있을 것" "탄소중립이 투자 비용을 앞지르는 골든크로스 시점은 2060년이 될 것"이라고 언급. <출처: 뉴스원 23.05.25.>

** 한국: 태양광(4.12%), 풍력(0.55%) 등 발전 비중 4.7%에 불과 vs 전 세계 풍력, 태양광 발전 비중 평균 10% 이상 도달 / 국내 재생에너지 총량은 2020년 기준 삼성전자 반도체 사업부가 사용하는 전력량과 비슷 / 획기적으로 늘어나지 않으면 국내 기업들의 RE100 가입 쉽지 않을 것으로 전망 <출처: 국제에너지 연구기관 엠버 '국제 전력 리뷰 2022'>

*** CF(Carbon Free) 100: 2023년 6월, 정부는 변동성이 큰 재생에너지 확대가 어렵기 때문에 기업 부담을 더는 차원(?)에서 CF100의 국제 표준화를 추진하겠다고 선언함. 반면 기업들은 (1) 구체적인 이행 수단이 불명확함(35.0%) (2) 24시간&일주일 단위 실시간 조달 기준이 지나치게 엄격함(20.0%) (3) 이미 RE100에 참여 중이거나 검토 중(20.0%) 이유로 불참을 표방함 <출처: 경향신문 2023.06.07.> <매출액 상위 500대 국내기업 102개 사 조사 / 자료: 전국경제인연합회>

**** 2023년 07월 21일. 금융위는 국제지속가능성위원회(ISSB)의 국제 공시기준(23.06월 발표)을 반영해 우리나라 기업에 적용할 '한국판 ESG 공시기준 로드맵'을 발표할 예정이었으나, 초안을 접한 업계에서 혼란만 커질 것이라고 우려를 표명하자 정책 발표를 8~9월로 연기함 <이데일리 2023.07.24.>

기보다는 다양한 혼선을 일으키는 이유도 부정할 수 없다.

냉정하게 현실을 짚어보면 ESG 관련 선진국의 무역 규제와 글로벌 기업의 공급망 가치사슬(Value Chain)에 직간접적으로 노출된 국내 기업은 대기업이든 중소기업이든 도태되지 않기 위해 어떻게든 그들의 가이드라인에 맞춰 액션을 해야 된다는 것이다. 선진국과 글로벌 기업들은 단순히 시간적으로 앞서가는 것뿐 아니라 ESG를 기반으로 한 산업 재편과 시장 패권을 위해 이미 뛰어가고 있다는 사실이다.

한 가지 예로 영국은 OPEC와 같은 메이저 산유국은 아니지만 북해 유전에서 석유를 생산하는 세계 20위권의 석유 생산국임에도 불구, 장기적으로 친환경 에너지 비중을 높이고 러시아로부터 수입하는 원유를 전량 대체하기 위해서 국가 주도로 코드명 COFFEE(City Oil Field in Eastern England)라는 RGO*프로젝트를 추진하고 있다.

---

* RGO(Regenerated Green Oil): 석유재생 기술. 소각, 매립 또는 수출해야만 하는 막대한 양의 폐플라스틱을 활용해 디젤유를 생산하는 폐플라스틱처리 및 원유 생산 설비 단지. ㈜도시유전 RGO 기술은 사비엔 테크놀로지 그룹 PLc가 영국 내 독점 판매 계약 보유 <머니투데이 20203.05.03.>

· 영국 동부지역 '커피 프로젝트(PROJECT COFFEE)' 후보
부지/ 사진 제공: 도시유전

이 시설을 통해 영국은 하루에 약 5,000톤급의 버려지는 플라스틱 폐기물을 처리해 자국 내 버려지는 플라스틱 양도 줄이고 원유 수입 비용도 줄이는(전체 수입량의 약 10%) 일석이조 효과를 볼 수 있다고 하니, 원유 한 방울 나지 않은 우리로선 분명 타산지석(他山之石)이 될 사례이다.

· 기후 재앙의 주범. 세상을 바꾸는 것은 결국 실천

미국 뉴욕 유니온 스퀘어에는 빌딩 벽면에 대형 디지털 시계가 하나 있다. 이 시계가 특별한 것은 다른 시계처럼 일반적인 날짜와 시간을 표기하는 것이 아니라 지구온난화 한계치(산업화 이전 대비 지구 평균 온도가 1.5도 올라갈 때)까지 남은 시간을 표시하는 일종의 탄소 배출량이

반영된 '기후 위기 시계(Climate Change Clock)'이다. 미국의 유명 환경
운동가이자 예술가인 갠 골란(Gan Golan)이 고안하고 그가 설립한 글
로벌 기후 행동 단체 '클라이밋 클락(Climate Clock)'이 주도하는 이 디
지털 시계가 2022년 7월 22일 앞자리 숫자를 '7년'에서 '6년'으로 바꾸
자 뉴욕본부는 기후 비상의 날(Climate Emergency Day)를 선포하고 유
니온 스퀘어 앞에서 침묵의 시간 행사를 가졌다.*

· 미국 New York UNion Square 빌딩 벽면에 설치되어 있는 기후 위기 시계

코로나19 이후 7년 이상으로 잠깐 늘어났던 앞자리 숫자가 코로나
종식(Endemic)을 선포하고 활동을 재개하자 어김없이 6년으로 회귀한

---

* 「코로나로 잠시 식은 지구, 사람이 움직이니 다시 뜨거워졌다」, 헤럴드경제
  2022.07.26.

것이다. 다시 뜨거워지는 지구와 기후 재앙의 주범이 누구인지 이 시계는 명백히 말해주고 있다.

③ ESG 시대 돌파구는 기술 혁신

• ESG 시대. 필승 구원투수는 변함없이 기술 혁신

2008년 금융위기로 국내 건설 경기가 얼어붙고 건설업체들이 잇달아 중동 시장에 진출하면서 그 과정에서 국내 업체들 간 저가 수주 경쟁이 벌어졌는데, 삼성엔지니어링도 이때의 후유증으로 2013년과 2015년 두 차례 1조 원대의 영업손실을 냈고 이후 2020년까지 해외수주에서 고전하면서 부진을 면치 못하게 된다.

그러나 삼성엔지니어링은 2022년을 기점으로 2012년(영업이익 7,323억 원) 이후 10년 만의 최대 매출(10조 543억 원)과 영업이익(7,029억 원)을 기록하며 부활의 신호탄을 쏴 올린다. 이런 반등의 배경은 기술 혁신(모듈화ㆍ자동화)을 통해 설계ㆍ조달ㆍ시공(EPC-Engineering, Procurement, Construction)시장에서 초격차를 만들고 친환경 에너지 시대에 미래 신사업에 과감하게 속도를 내었기 때문이라고 전문가들은 평가하고 있다.

세계 최대 ESG 컨설팅사인 ERM 코리아에서 대표를 지낸 바 있는 現 삼성전자 반도체의 서현정 상무는 한 일간지와의 인터뷰에서 "지속 가능성은 모든 비즈니스 전략의 핵심이 돼야 하며, 삼성전자 반도체의 경우 사업 목표 설정 및 미래 성장 목표 수립 시 지속 가능성과 친환경 제조 목표를 우선시한다. '기술을 지속 가능하게 만드는 기술'이라는 슬로건을 중심으로 지속 가능한 미래를 만들고자 한다"고 언급한 바 있어[*] 지속 가능성의 확보와 비즈니스 성장을 동시에 달성할 수 있는 열쇠가 결국 혁신 기술에 있음을 시사해 주고 있다.

④ DX를 활용한 ESG 실천 사례

· 물속에 집어넣는 데이터센터로 전기와 탄소를 둘 다 잡다.

IT산업에서 가장 중요한 데이터를 보관하는 데이터 센터(Data Center)는 특성상 24시간 365일 운영되어야 하고 끊임없이 돌아가는 서버를 식히기 위해 강제 냉각이 필수인데, 소모되는 전력량도 만만치 않아 결과적으로 더 많은 데이터센터가 만들어지면 질수록 더 많은 탄소가 배출된다는 것이다.

2018년 스코틀랜드 오크니섬 인근 바다에 길이 12m, 지름 2.8m 크기의 흰색 원통 모양 구조물이 864대의 서버(약 27.6페타바이트의 저장용량)를 넣은 상태로 해저 36.5m 지점에 설치된다. '프로젝트 나틱

---

[*] 「지속가능성의 답은 기술」, 이데일리 2022.12.13.

(Natic)'이라고 불리는 이 실험은 탄소중립을 달성하기 위한 마이크로 소프트(MS)의 야심한 계획의 일부로 MS는 '전기 먹는 하마'로 불리는 데이터센터 서버의 열을 식히기 위해 북해의 차가운 바닷속에 데이터 센터를 통째로 집어넣어 자연 냉각이 가능하게 한 것이다.

완벽히 밀폐된 공간에서 안정적인 공기 흐름을 구현한 덕분에 고 장률도 지상 데이터센터의 1/8 수준에 불과하다는 이 멋진 시도를 삼 면이 바다인 우리나라도 해봄직하지 않을까?

· 마이크로 소프트의 바닷속 데이터 센터(Underwater Data Center) 모습 <
출처:G.Entertainment>

· 탄소중립을 위해서라면 포장재 잉크마저 줄인다

2022년 11월 유럽연합(EU)은 탄소중립과 순환경제 전환을 촉진할 '순환경제 패키지(Circular Economy Package)'방안을 발표했는데, 해당 계획에는 플라스틱 포장 재사용과 재활용으로 2040년까지 유럽연합

〔EU〕 회원국 1인당 포장 폐기물을 15% 감축한다는 내용이 포함되어 있다. 2018년 유럽연합〔EU〕은 2025년까지 일회용 포장재의 재활용 비중을 65%, 2030년까지 70%까지 높이기로 합의한 바 있는데 궁극적으로 2030년까지 모든 포장재가 재활용 가능하도록 설계하고 2035년에는 포장재들이 실제로 재활용되도록 관련 기반시설〔Infra〕 정비를 끝내는 것을 목표로 한다.

이런 흐름에 발맞춰 일부 글로벌 기업들은 이미 발 빠르게 대응하고 있는데 이 방면 끝판왕〔?〕은 이웃 나라 일본에 있다. 바로 소니〔Sony〕다.

소니는 포장재에서 플라스틱 사용 비중을 줄이는 것을 넘어서 아예 플라스틱 포장재를 전면 퇴출하겠다는 방침을 세웠다. 2023년부터 스마트폰 '익스페이라'를 포함한 무게 1kg 이하의 소형 신제품에 플라스틱 포장재를 사용하지 않기로 결정했고, 포장 박스 내부에 여전히 사용되는 일부 플라스틱도 모두 신소재*로 바꿀 예정이라고 한다.

---

* '오리지널 블렌드 머티리얼'이라고 불리는 이 신소재는 폐지, 대나무, 사탕수수, 섬유 등을 원료로 소니가 자체 개발함. 소니는 향후 타사도 사용할 수 있도록 할 계획이라고 발표함. <출처: 한국일보 2022.11.09.>

· 재활용 종이를 최대한 활용한 Sony의 포장재 모습
<출처: 소니 홈페이지>

여기에 더 나아가 포장지의 로고 표시도 인쇄 대신 압력을 가해 각
인하는 방식으로 바꿔 잉크 사용을 줄이고 포장재 자체에 일러스트와
QR코드를 기입해 별도로 추가되는 종이 설명서조차 최소화한다고 하
니 일본 특유의 섬세함과 오타쿠*스러운 노력과 발상이 아닐 수 없다.

---

* 1970년대에 처음 등장한 일본의 신조어. 비슷한 의미의 영어 단어로 너드, 긱이 있
다. 사전적 정의로는 '특정 대상에 강하게 몰두하는 사람'을 일컫는 말이지만, 대개
일본 애니메이션 또는 일본 애니메이션 풍의 만화, 게임, 소설 등을 좋아하여 소비하
는 사람으로 통용됨. <출처: 나무위키>

・이산화탄소(CO2)를 돌로 바꾸는 21세기의 연금술

근대 과학이 정립되기 전인 19세기까지 약 4,000년 동안 철이나 납과 같은 값싼 금속으로 금과 같은 귀금속을 정련해 만들려고 다양한 실험을 한 사람들이 있었으니 현대의 우리는 그들을 연금술사(Alchemist)라고 부른다. 이런 마법 같은 연금술을 하는 기업이 21세기에도 있다. 단, 금속으로 금을 만들려는 시도 대신 공기 중의 이산화탄소(CO2)를 돌(탄산염 광물)로 만든다는 것이 다를 뿐. 바로 스위스의 스타트업 기업인 클라임웍스(Climeworks) 이야기이다.

공기 중 이산화탄소를 선택적으로 제거하는 '직접 공기 포집(DAC-Direct Air Capture)'기술은 현재 가장 혁신적인 '탄소 네거티브(Carbon Negative)* 기술로 꼽힌다.

클라임웍스는 2021년 이산화탄소 저장 스타트업인 카브픽스(Carbfix)와 손잡고 아이슬란드에 건설한 최대 규모 DAC인 오르카(Orca)에서 연간 4,000t의 이산화탄소를 광물화시켜 영구적으로 제거**할 수 있다고 한다. 최근에는 연간 36,000t의 이산화탄소를 제거할 수 있는 역대 최대 규모의 매머드(Mammoth, 오르카의 9배 규모) 건설 계

---

* Carbon Negative는 '탄소중립'보다 더 적극적인 환경전략이다. 탄소중립은 온실가스 순 배출량을 0으로 만드는 것을 의미하는 반면, Carbon Negative는 온실가스 순 배출량을 0 이하(마이너스)로 만드는 것을 말함 <출처: BLOTER 22.06.06.>

** DAC 시스템이 걸러낸 이산화탄소는 물과 함께 섞여 지하 200m의 깊은 지층에서 압력을 받아 탄산염 광물로 변하게 됨. 필요한 에너지와 열은 지열 발전소에서 공급받는다. <출처: 조선비즈 2020.12.21.>

획을 발표하기도 하였다.

· Climeworks가 런칭한 세계 최대 DAC storage plant 전경
· <출처: Climeworks 홈페이지>

클라임웍스가 이처럼 지구와 환경에 이로운 사업을 시작하게 된
배경은 무엇일까? 공동 창업자인 크리스토프 게발트(Christoph Gebald)
와 얀 부르츠바허(Jan Wurzbacher)는 알프스산에서 함께 알파인 스키
를 즐기던 중 이산화탄소로 지구 온도가 상승해 스위스의 만년설(萬年
雪)이 점점 녹아 없어지고 있다는 사실에 충격을 받았고, 이에 대한 문
제의식을 토대로 탄소 직접 포집 기술에 관심을 갖고 공기 중 이산화

탄소 포집 기술*에 매진하게 되었다고 한다.

'필요는 발명의 어머니'란 말이 있다. 자신들이 자각한 인류가 직면한 위기를 직접 해결하기 위해 관련 기술을 개발하는 이들이야말로 21세기의 연금술이자 ESG의 전도사(Evangelist)가 아닐 수 없다.

·바다의 암살자 미세플라스틱, 세탁할 때부터 줄인다

바다를 오염시키는 플라스틱 중 병이나 컵처럼 눈에 잘 띄는 큰 플라스틱은 정부나 기업이 시스템적으로 수거하거나 또는 시민들이 참여하는 캠페인을 통해서 수거 후 재활용을 통해 에너지원으로 활용하거나 리사이클 제품의 원자재로 사용할 수 있다. 문제는 사람 눈에 거의 보이지 않은 미세플라스틱**으로 크기가 작아 하수 처리 시설에서도 잘 걸러지지 않아 해양으로 흘러가면 흡착성 오염물질이 함유되기에 생태계 먹이사슬에 따라 해양생물과 그 생물을 잡아먹는 포식자 그

---

* 기술 상용화에 힘입어 기후 위기 대응이 수익성 있는 사업이 되도록 비즈니스 모델 구축에도 힘쓰고 있음. 자체적으로 탄소 감축이 어려운 기업들을 대상으로 탄소 배출권을 판매. 세계 최대 재보험사 스위스리와 10년간 1,000만 달러(약 126억6000만 원) 규모의 탄소 제거 계약을 체결함. 캐나다의 이커머스(전자상거래) 기업인 쇼피파이와는 5,000t, 독일의 완성차 업체 아우디와는 1,000t의 이산화탄소를 제거하는 계약을 함. < 출처: 조선비즈 2023.07.12 >

** 세계자연보전연맹(IUCN)이 펴낸 보고서에서 합성섬유, 자동차 타이어 등에서 떨어져나온 플라스틱 입자들은 바다를 표류하는 플라스틱 쓰레기와 달리 맨눈으로 식별할 수 없어 인체와 자연에 미치는 영향이 더 크다고 지적함. IUCN에 따르면 매년 바다에 버려지는 플라스틱 쓰레기 950만 톤 중 플라스틱 입자가 15~31%를 차지함. <출처: 한국일보 17.02.23.>

리고 궁극적으로는 인간의 몸에도 흡수*되고 누적되어 치명적인 질병을 유발하는 진정한 바다의 숨은 암살자이다.

미세플라스틱은 바다에 버려지는 전체 플라스틱의 3분의 1이나 된다고 하는데, 이러한 미세플라스틱 입자**들은 주로 합성섬유, 자동차 타이어, 화장품, 도료 등에서 떨어져 나온다고 한다.

2023년 2월 친환경 아웃도어 의류 기업인 파타고니아와 삼성전자가 협업을 통해 세탁 시 미세플라스틱 양을 최대 60%까지 줄일 수 있는 제품(비스포크 그랑데 AI)을 런칭했다. 이 제품은 세제를 녹여 만든 거품이 세탁물에 빠르게 스며들게 하여 옷감 마찰을 줄여(에코버블)줌으로써 미세플라스틱 발생을 줄여 준다고 한다. 언젠가 99~100% 미세플라스틱을 저감하는 제품이 나오겠지만 전 세계 바다나 하천에 버려지는 미세플라스틱의 약 35%가 인류가 매일 하는 빨래 과정에서 발생한다는 점을 고려할 때 의미 있는 기술임이 분명하다.

---

* 플라스틱들이 물리적인 파쇄, 광분해, 생물분해 등 풍화 과정을 거쳐 미세하게 변화하거나 생산 과정에서 인위적으로 미세하게 제작되어 크기가 5mm 이하가 된 플라스틱을 모두 미세플라스틱이라 함. <출처: 나무위키>

** 세계자연기금(WWF)에 따르면 사람들은 매주 약 5g의 미세플라스틱을 섭취하고 있다고 함. 5g은 신용카드 한 장에 들어간 플라스틱의 양과 비슷함. 미세플라스틱은 체내에 쌓이면 여러 가지 문제를 유발. 미세플라스틱은 혈관을 타고 페나 뇌 등 장기에 축적되는데, 이는 큰 병으로 이어질 가능성이 높다고 한다. <출처: BizWatch 23.05.07.>

· 저시력자들에게 빛을 되찾아 주는 착한 기술

우리는 통상 앞을 보지 못하는 사람들을 통틀어 '장님' 또는 '맹인'이라고 일반화하여 부르곤 한다. 그러나 시각장애인 중 약 90%가 잔존 시력이 남아 있는 저시력 장애인이고 그런 시각장애인들 92%가 여가활동 1순위로 TV 시청을 꼽을 정도로 TV 의존도가 높지만, 실제 시청이 여의치 않다는 것을 아는 사람은 그리 많지 않을 것이다. 그러나 바로 이런 인사이트(연구 결과)에 주목한 사람들이 있었으니 그들은 다름 아닌 삼성전자 사내 벤처 육성 프로그램인 'C랩*' 소속의 한 연구원 (조정훈)이었다.

그는 2016년 약 7년간의 집념 어린 연구로 저시력 장애인들이 잔존 시력을 활용해 사물의 인식률을 높일 수 있는 혁신적 제품을 세상에 선보인다. 릴루미노(Relumino)라 지칭되는 이 제품은 스마트폰 영상처리 소프트웨어인 '릴루미노 앱'과 안경 타입 웨어러블 기기인 '글라스'로 구성되어 있다.

먼저 스마트폰에 앱을 설치하고 글라스와 USB 케이블로 연결해 준다. 릴루미노 글라스에 장착된 카메라를 통해 촬영된 생활 속 이미지는 스마트폰의 릴루미노 앱에서 윤곽선 강조, 확대/축소, 색 반전/대비 등 영상처리를 통해 저시력 장애인의 사물 인식률을 높일 수 있는 형태로 변환**된다고 한다.

---

* 2012년 말 삼성전자가 도입한 사내 벤처 육성 프로그램. Creative Lab을 줄여 C랩 혹은 C-Lab이라 부름. 2015년 8월, 스핀오프(spin-off) 제도를 도입하였으며 2020년 1월 기준, 145명의 사내 임직원이 도전해 40개 기업을 분사 창업함. 삼성전자 내에서 온라인 공모를 통해 임직원들로 팀을 구성하여 아이디어를 제안하고 지원할 수 있음. <출처: 나무위키>

** 2017년 삼성전자는 기어VR을 활용한 릴루미노 앱을 개발함. 이후 실사용자의 요구를 반영해 안경 형태의 글라스 기기를 연구해 2018년 처음 콘셉트 기기를 개발함. 이후 수년간의 개선을 통해 착용감, 피로도 등 편의성을 높임. 릴루미노 연구는 현재 삼성리서치에서 ▲안전성과 사용성 ▲품질 확보를 위한 글라스의 전파 인증 ▲임상시험 ▲SW 검증 ▲신뢰성 시험과 사용자 평가 등 끊임없는 기술 고도화가 진행 중임 <출처: SAMSUNG NEWSROOM>

< 릴루미노 착용 전/후 이미지 예시 출처: Samsung Newsroom >

릴루미노(Relumino)의 어원은 라틴어로 '빛을 다시 돌려주다'라는 뜻이라고 한다. 그런 점에서 저시력 시각장애인들의 문제에 관심을 가지고 열정적 연구를 통해 그들의 문제를 해결할 수 있는 솔루션을 만들어 내는 릴루미노 같은 기술들이 향후 더 많이 나온다면 우리가 사는 세상은 조금은 더 따뜻하고 살 만해지지 않을까?

⑤ 스마트한 아이디어만으로 가능한 ESG

• 유통 거인도 이기는 스마트한 아이디어

2019년 미국 유통업계에서는 다윗이 골리앗을 이기는 기적 같은 일이 발생했다. 자체 개발 상품(PB)* 중심으로 판매를 하는 트레이더조(Trader Joe's)라는 유통기업이 슈퍼마켓 선호도 조사에서 슈퍼마켓 업계의 절대 강자인 월마트(Walmart)와 코스트코(Costco)를 제치고 1위로 선정된 것이다.

• 하와이안 셔츠를 입고 일하고 있는 Trader Joe's 직원들 모습

---

* 트레이더조에는 80% 이상이 PB(Private Brand) 상품임. 트레이더조에 PB 상품을 공급하는 업체는 계약상 트레이더조에 납품한다는 사실을 밝힐 수 없다고 함. 트레이더조에 납품하는 회사는 대부분 소규모 제조업체들이고 트레이더조는 독점 계약을 맺어 윈윈(win-win)을 추구함. 트레이더조 입장에서는 자체 브랜드로 상품을 판매하는 동시에 중간 유통을 없애서 가장 합리적인 가격으로 소비자에게 상품을 제공할 수 있고, 제조업체는 미국 전역에 있는 대형마트에 상품을 납품해 수익을 냄. 고객은 원하는 상품을 다른 대형마트보다 훨씬 싸게 구매할 수 있음. <출처: 나무위키>

트레이더조(Trader Joe's)는 5만 개가 넘는 식료품, 500종이 넘는 와인, 이색적인 소스 그리고 고객 트렌드를 빠르게 반영하는 운영방식 등을 강점으로 2021년 기준 미국 40개 주에서 530개의 매장을 운영하는 등 빠르게 성장하는 브랜드이다. 물론 매장 규모나 숫자, 그리고 판매하는 물품 수 등으로 비교한다면 여전히 월마트나 코스트코와 같은 거인들과 비교할 수 없는 적은 숫자이다.

그럼에도 미국 소비자들은 왜 트레이더조(Trader Joe's)를 가장 선호한다고 답했을까? 그 이유는 미국 소비자들에게 트레이더조(Trader Joe's)는 '유기농의 깨끗한 식자재를 파는 곳'이란 강력한 브랜드 이미지가 구축되어 있기 때문이다. 트레이더조(Trader Joes's) 는 1970년 업계 최초로 재활용 장바구니를 도입했다. 더불어 다양한 예쁜 디자인의 장바구니를 아주 낮은 가격에 보급함으로써 '재활용=볼품없는'이란 통념을 깨버렸다. 자체 브랜드 제품(PB)이 80%가 넘는 트레이더조의 매장은 전반적으로 작은 편이다. 대신 효율적인 진열을 위해 제품 개발 때부터 포장용 박스의 가로세로 크기를 미리 고려해 최대한 실제 내용물 크기에 딱 맞게 만든다고 한다. 나아가 맥주와 같이 묶음(Bundle)으로 판매하는 제품에 사용되는 포장에서는 바다에 버려질 경우 해양 동물들의 목에 걸려 죽음에 이르게 할 수 있다는 점을 고려해 플라스틱 고리 대신 종이 홀더에 담고 있다고 한다.

• 태양광은 기본, 식물 벽에 꿀벌까지 키우는 자동차 공장

전 세계적으로 ESG 관련 규제가 가시화되면서 완성차 업계의 최근 가장 큰 화두는 단연 탄소중립과 전동화(Electrification)*이다. 1919년 창립해 창업 초기 때부터 르망 24시에서 연달아 우승하며 한때 마이바흐(Mercedes-Maybach), 롤스로이스(Rolls-Royce) 등과 함께 세계 3대 명차 반열에 올랐던 벤틀리(Bentley)는 2003년 폭스바겐 그룹에 인수·합병된 이후에도 세계적인 부호들을 위한 맞춤형 차량**으로 명성을 이어 오고 있다. 현재 본사가 있는 영국 벤틀리 모터스 크루(Crewe) 공장이 최근 탄소중립과 전동화의 모범 사례로 업계의 벤치마크 대상이 되고 있다. 왜일까?

크루 공장은 2019년 이미 탄소중립을 인증받았다. 자동차 생산 과정에서 필요한 전기의 대부분을 공장 내 태양광 등 친환경 재생에너지 발전을 통해 공급받고 있기 때문이다. 현재 3만 개, 향후 4만 개까지 확대될 태양광 패널을 통해 공장에서 필요한 전기의 85%를 자체 조

---

* 한국 자동차 업계는 전기차(EV), 플러그인하이브리드(PHEV), 하이브리드(HEV), 수소차(FCEV) 등 모터와 배터리로 움직이는 네 가지 자동차를 '친환경 자동차'가 아닌 '전동화 자동차'로 부르기로 함. 네 가지 자동차 중 친환경 자동차로 부르기 힘든 범주의 차량이 있는 데다, 해외에서는 엔진 효율을 대폭 향상시킨 자동차도 그린카(친환경 자동차)로 분류하는 등 개념이 모호하다는 이유에서임. <출처: 전자신문 2017.01.30.>

** 벤틀리(BENTLEY)의 대표 모델인 뮬리너(MULLINER)의 경우 기본 차량 자체는 공장에서 조립식으로 나오지만, 오너들이 원하는 선택 가능한 요소들(외관 컬러, 휠, 인테리어, 베니어, 시트, 벨트, 카펫 등)은 모두 조합하면 10억 가지 이상의 조합을 만들 수 있다고 함. <출처: 위키피아>

달할 만큼 벤틀리는 탄소중립이 완성 직전이다.

또한 크루 공장은 수자원 재활용 및 급수 시스템인 '역삼투 처리장치'를 도입해 자동차 생산 과정 중 페인트 마감 과정에서 사용된 물의 오염물질을 걸러내 재활용하고 있다. 뿐만 아니라 공장의 벽면 곳곳을 식물들이 사는 식물 벽으로 조성해 이 식물들이 산소를 생산하고 천연 단열재 역할을 하도록 하고 있다. 심지어 자연계 생태계 유지를 위해 멸종 위기에 놓인 꿀벌들을 직접 키우고 있는데, 2019년 15만 마리였던 꿀벌이 23년에는 약 100만 마리나 된다고 한다.*

· 영국 크루 벤틀리 공장의 식물 벽면 전경

---

* '태양광에 식물 벽, 꿀벌까지' 벤틀리 공장은 이미 탄소중립, 아시아경제, 23.07.04.

'100년이 넘는 역사를 가진 벤틀리는 전동화 시대에도 벤틀리다울 것이다'라고 언급한 라프렌트 CEO의 말처럼 ESG 전성 시대에도 프리미엄 브랜드의 남다른 품격있는 접근법을 제대로 보여주고 있다.

・이젠 기부도 스마트하게

기부는 CSR(Corporate Social Response, 기업의 사회적 책임) 차원에서 이미 많은 기업이 실행하는 마케팅 활동이 되었다. 그럼 ESG 시대에 요구되는 바람직한 기부는 어떤 형태일까? 100% 정답은 아니지만 삼성전자의 나눔 키오스크는 새로운 가능성을 보여주고 있다.*

회사(사업장) 내에 설치되는 키오스크(Kiosk, 무인정보단말기) 포맷으로 임직원들이 실생활에서 쉽게 접근할 수 있고 임직원이 사원증을 대면 한 번에 1,000원이 기부되어 비교적 적은 부담으로 실천할 수 있다는 특징이 있다. 또한 기부하는 주체가 기부 대상을 모르는 깜깜이(묻지마) 기부가 아니라 특정화된 타겟, 예를 들어 위기가정 아동 20명을 택해 그들의 사연을 읽어보고 한 명씩 집중 후원할 수 있다는 점에서 쌍방향이란 장점이 있다. 2015년 삼성전자 구미 스마트시티에서 시작된 나눔 키오스크는 7년간 약 17억 원을 모았고 기부금 전액이 도움이 필요한 아동 276명에 전달되었다고 한다. 이렇듯 ① 접근 용이성 ② 편리성 ③ 투명성(쌍방향)이 집약된 새로운 기부방식은 결과적으로 임직

---

* 삼성전자 '사원증'이 자꾸만 태그되는 이곳, 나눔 키오스크, 삼성 뉴스룸 2022.07.26.

원들의 호평을 받았고 국내 35개, 해외 24개 사업장까지 도합 59개 사업장은 물론, 삼성 관계사 30곳에서 설치, 확산되었다.

· 삼성전자 수원사업장에 설치된 나눔 키오스크와 사원증을 태깅해
기부에 참여하고 있는 직원들의 모습 <출처: NEWSIS 2022.11.12.>

· 미래세대를 위한 ESG 교육 - 가르치지 말고 참여시켜라

많은 ESG 전문가들은 ESG의 당위성을 설명할 때 '미래세대에게 물려줄 자원과 환경을 기성세대가 이기적으로 남용하는 것을 옳지 않다'는 포인트를 인용한다. 매우 타당한 말이다. 그런데 '그럼 미래세대가 살아갈 자원과 환경을 온전히 잘 보존하기 위한 방법은 누가 결정(선택)해야 하는가?'라고 누군가 묻는다면 우리는 어떻게 대답해야 할까? 이 화두에 당장의 정답은 없지만 나름 시사되는 사례가 있어 소개한다.

삼성전자 북미 법인이 2010년부터 시행에 오고 있는 'Solve For

Tomorrow'란 프로그램이다.*

· 삼성전자 'Solve for Tomorrow' 프로그램에 참석한 학생들 모습
<출처: Samsung Newsroom>

이 프로그램은 '스템(STEM, 과학·기술·공학·수학)' 교육을 통해 학생들이 직접 지역사회의 주요 사회문제에 대한 창의적 해법을 찾아내도록 지원하는 청소년 아이디어 경진대회로, 짧게는 6개월에서 길게는 9개월에 걸쳐 사회문제를 찾아 해결 방안을 제시하는 형식이다. 2022년까지 50여 개국에서 240만 명의 학생이 참여한 이 프로그램은 시상(Award)이나 홍보를 위한 쓸 만한 아이디어를 찾는 것이 아니라 실제 당면한 문제

---

* '삼성 Solve For Tomorrow' 사업 개요 및 22년 참가자 규모, 동아일보, 2023.05.30.

의 근본 원인을 찾는 '디자인 사고(Design Thinking)*' 교육을 지향한다.

또한 아이디어의 구체화 과정에서는 삼성전자 임직원들이 집중적으로 멘토링을 하고 최종 경진대회를 통해 선택된 결과물은 시상뿐 아니라 실제 창업으로도 이어지게 지원하는 특징이 있다.

ESG란 시대적 큰 과업이 분명 현재 사회와 기업에 몸담은 기성세대의 어깨 위에 올려져 있는 것은 부정할 수 없는 사실이지만, 잠시만 숨을 고르고 돌아보자. 우리가 어디로 누구랑 앞으로 가려고 하는지. 함께 갈 사람이 분명 미래세대라면 함께 갈 방향도 그들과 함께 고민하고 찾아야 하지 않을까? 'Solve For Tomorrow'처럼 '넷 포지티브(Net Positive)**'도 달성하면서 말이다.

---

* 디자인 사고(Design Thinking): 글로벌 대표 혁신 디자인 기업인 IDEO의 방법론. 2009년 비즈니스 위크가 특집 기사를 실으면서 유명해졌고 국내에서는 2012년 매일경제에서 특집으로 다룸. 디자인 과정에서 디자이너가 활용하는 창의적인 전략임. 또한 전문적인 디자인 관행보다 문제를 숙고하고, 문제를 더 폭넓게 해결하기 위하여 이용할 수 있는 접근법이며, 산업과 사회적 문제에 적용되어 왔음. 디자인 사고는 기술적으로 이용 가능하고, 사람들의 요구를 충족하기 위하여 실행 가능한 사업 전략이 고객 가치와 시장 기회로 바꿀 수 있는 것으로서 디자이너의 감각과 방법을 사용함. <출처: 위키피아>

** 넷 포지티브 (Net Positive)란 기업이 사회와 환경에 긍정적인 영향을 끼치는 것으로, 일반적인 기업의 사회적 책임(CSR)이 환경 및 사회적 위험을 최소화하는 데 초점을 두는 반면, 넷 포지티브는 기업이 환경을 보호하며, 긍정적인 영향을 끼치도록 목표를 설정하는 것을 뜻함. 즉, 제품과 경영이 고객과 이해관계자는 물론이고, 사회 전체, 미래세대와 지구, 환경을 포함한 모두의 복지를 개선해야 한다는 의미를 담고 있음. 넷 포지티브 기업은 사회적 문제를 해결하면서도 경제적 가치를 창출함. 이러한 기업은 사회와 환경의 지속 가능성을 향상시키는 데 큰 역할을 할 수 있음. <에코라이프 2023.03.02.>

6 ESG는 의식이고 책임이며 실천

미국 샌프란시스코의 남쪽 끝 산호세(San Jose)부터 북쪽으로 레드우드시티(Redwood City)까지 지역을 묶어 반도체에 쓰이는 규소(Silicon)와 샌프란시스코만 동남쪽, 남쪽 길로리 방면으로 펼쳐진 산타클라라 계곡(Valley)을 합쳐 1970년대부터 실리콘 밸리(Silicon Valley)라고 명명하고 있다. 이 지역은 명실상부 전 세계에서 가장 핫한 벤처기업들의 요람으로도 유명하지만 동시에 미국의 그 어느 곳보다도 현실 속에서 ESG를 가장 잘 실현하고 있는 도시로 잘 알려져 있다.

먼저 탄소중립과 재활용에너지 사용 100% 목표를 향해 앞서가고 있는 구글, 애플과 같은 실리콘밸리 기업들은 한 해 동안 얼마나 실질적으로 탄소중립을 달성했는지에 대한 성과*를 주주 및 이해관계자들에게 정기보고서나 신제품 발표회 등을 통해서 투명하고 객관적으로

---

* 실리콘밸리 기업들의 탄소중립 노력 사례
  1) 구글 지도: 목적지로 가는 여러 가지 루트가 있을 경우, 실시간 교통량과 교통신호 등을 고려해 탄소 배출이 가장 적은 노선을 먼저 추천하면서 얼마나 많은 에너지를 절약할 수 있는지 보여준다.
  2) 애플 아이폰 클린에너지 충전 기능: 사용자가 위치한 지역의 탄소 배출을 예측해, 전력 사용량이 적은 시간대와 탄소 배출이 적은 청정에너지를 사용할 수 있는 때에만 선택적으로 충전되게 함. 현재 미국에서만 제공
  3) 아마존: 배송일이 다른 여러 제품을 구입하면 '박스 양을 줄이세요' 문구가 뜨면서 같은 날 묶음 배송을 추천한다.

공유하고 있다.

실리콘 밸리가 위치한 캘리포니아는 매년 심각한 수자원 부족을 겪고 있는데, MS는 2017년 마운틴뷰에 12만 9천 평의 신규 캠퍼스를 지으면서 실리콘밸리 최초로 식수와 하수를 제외한 모든 수자원을 캘리포니아주 정부에서 공급받지 않고 상수도 대신 빗물을 저장해 활용하고 또 재활용하는 혁신적인 방법을 도입했다.

실리콘 밸리의 전기차 비율은 10대 중 2대꼴로 미국의 평균치인 2%의 10배 수준이다. 구글 본사 캠퍼스 주차장은 코로나 팬데믹 기간 중 전면 보수를 통해 전기차 주차 구역을 서너 배 이상 늘렸다. 또한 실리콘밸리에 거주하는 시민들은 마켓에 장을 보러 갈 때는 재활용 시장바구니를 서너 개 챙기는 것이 보편화되어 있다고 한다. 이런 일상 속 작은 실천들을 통해서 이미 배출된 쓰레기를 재활용하는 것이 아니라 쓰레기 발생량 자체를 줄이는 데 기여하고 있다고 한다. ESG 경영 역시 기업과 정부를 움직이게 하는 궁극적인 원동력은 깨어있는 시민들의 눈높이* 그리고 일상에서의 실천과 참여임을 실리콘 밸리(Silicon

---

* MZ세대 380명 대상 조사. 2022년 대한상공회의소가 실시한 'ESG 경영과 기업 인식 조사'에 따르면 응답자의 절반이 넘는 64.5%는 ESG를 실천하는 기업의 제품이 더 비싼 가격일지라도 구매할 의사가 있다고 응답함. 물론 가격이 너무 비쌀 경우 구매 의사가 없다는 답변은 전체의 32.1%를 차지했지만, 최근 주요 소비 주체로 떠오르는 MZ세대는 본인의 가치 판단을 토대로 자신의 신념과 맞는 제품(예: 환경 보호, 비건, 사회단체 기부 등)을 구매하는 합리적인 소비 방식, 즉 가치소비를 중시하는 것을 알 수 있음. <데일리뉴스 2022.04.08.>

Valley)는 잘 말해주고 있다.

"기업과 사회는 공생관계다. 기업의 장기 존속 가능성은 자신이 속한 사회에 얼마나 책임감을 갖느냐에 달려 있다. 한편 사회의 안녕은 이윤을 내면서도 책임을 다하는 기업에 달려 있다. 당장 의미 있는 일을 하라. 여러분의 탄소 발자국을 계산해 보고, 얼마나 큰 피해를 주고 있는지를 가름해 보고 그 피해를 상쇄할 수 있도록 노력하라. 그다음은 쉬운 법이다." 리베카 헤더슨(Rebecca Henderson)이 그녀의 저서 『자본주의 대전환(Rethink Capitalism)』 마지막 장에서 한 말이다. 뼈아프게 공감하는 문구이다. 이젠 실천의 시간이다.

이커머스 기업과
ESG 경영

천형성

- 세계 3대 이커머스 브랜드는 Amazon, eBay, Alibaba이다.
- 전 세계 이커머스 시장은 2023년까지 6조 5,000억 달러 이상의 매출을 창출하여 전 세계 소매 매출의 22%를 차지할 것이다.
- 미국 이커머스 매출은 2025년 7,282억 8,000만 달러에 달할 것으로 예상한다.
- 단골고객은 신규 고객보다 약 67% 더 많이 지출한다.

<출처: MarketSplash>

1 국내 이커머스 동향

· 온라인 거래

· 모바일 거래

· 전년 대비 증감

· <출처: 통계청 2023.03.03. 온라인 쇼핑 동향>

② 이커머스 5가지 키워드

• 연결과 통합

경영정보시스템(MIS) 전문가인 김용진 서강대 경영대학 교수는 이커머스 핵심 키워드로 '연결'과 '통합'을 꼽았다. 먼저 연결. 생산과 공급, 결제, 라스트마일 물류까지 이어지는 이커머스 프로세스는 다양한 기술 제공 업체와 오퍼레이터가 협력하여 만들어진다. 어떤 업체도 혼자서 이 모든 프로세스를 수행하기는 어렵다.

• D2C

디지털 마케팅 전문가인 이장혁 고려대 경영대학 교수는 핵심 키워드로 'D2C(Direct to Customer)'를 꼽았다. 이커머스 시대가 오면서 제조사가 직접 소비자에게 팔 수 있는 유통채널이 생겼다. 아마존과 같은 마켓플레이스를 활용하든, 쇼피파이(Shopify)와 같은 자사몰 구축 기능을 지원하는 이커머스 플랫폼을 활용하든, 누구나 이커머스 환경에서 글로벌 소비자에게 자신의 상품을 직접 판매할 수 있게 됐다고 한다. D2C에서 SME(중소기업)가 찾을 수 있는 기회가 있다. 과거 수출은 어느 정도 규모와 자본이 있는 제조사만이 건드릴 수 있는 영역이었다. 하지만 이제는 소형 제조사도 충분한 아이디어와 역량만 있다면 해외 소비자에게 상품을 판매할 수 있는 기술적인 기반이 마련됐다는 이 교수의 설명이다.

• 다양성

농식품 산업은 과거부터 쉽사리 '온라인'이 침범하지 못할 것이라 예상됐다. B2B 오프라인 대량유통의 효율성을 B2C 온라인 택배의 효율성이 넘지 못할 것이라고 봤기 때문이다. 하지만 농식품 산업에서도 변화는 관측된다. 농식품 유통 전문가인 양석준 상명대 경영학부 교수는 이커머스가 만든 '다양성'에 주목했다.

양 교수에 따르면 '생산' 측면에서 온라인은 기존 오프라인에서 유통하지 못했던 상품의 새로운 판로가 돼 나타났다. 양 교수의 예시에 따르면 과거 도매 시장 중심의 농식품 유통 구조에서는 '대량유통'이 안 되는 상품은 철저하게 배제됐다. 못난이 과일이라고 불리는 비품과, 유기농 제품은 과거 도매시장에서 유통이 되지 않았던 대표적인 품목이다. 과거에는 생산자가 '도매시장'이 원하는 상품을 공급했다. 하지만 온라인 채널의 대두로 생산자는 소비자의 니즈에 맞춘 판매가 가능해졌다. 온라인 시대에선 수많은 업체들이 '레시피'와 함께 식재료를 통합 패키지로 만들어 판매하는 현상이 확산되고 있다. 하나의 솔루션 패키지로 조리되는 '가정간편식', '밀키트'라 불리는 상품이 소비 측면에서 큰 변화를 만들고 있다는 게 양 교수의 설명이다.

• 소비자 편의

소비자 전문가인 박철 고려대 글로벌비즈니스대학 교수는 '소비자 입장에서의 편리함'을 이커머스 시대의 가장 중요한 키워드로 꼽았다. 박 교수가 이야기하는 '편리함'에는 많은 의미가 내포되는데, 먼저 소비자에게 도움이 되면서 유용해야 한다. 동시에 소비자에게 '재미'를 주는 측면이 강조돼야 한다.

박 교수에 따르면 이커머스는 보이지 않는 비대면 서비스다. 그렇기 때문에 보이지 않는 상품을 구매하는 소비자에게 '신뢰'를 주는 것이 핵심이나 다름없다. 여기서 신뢰를 주는 여러 방법이 있는데, 이곳에서 '재미'가 대두된다. 예컨대 콘텐츠를 기반으로 재밌는 상품 소개 방법을 개발한 '블랭크', 힙한 느낌의 온라인 리뷰를 제공하는 '스타일쉐어' 같은 서비스가 박 교수가 주목한 서비스다.

박 교수는 "이커머스 생태계에서 소비는 겉으로 드러나지 않지만 도도하게 밑에서 흐른다"며 "결국 이커머스 역시 인간의 삶에 잇대어야 하고, 이커머스 기업들은 스스로가 해결사로 고객들이 보다 편리하고, 쉽고, 편하고, 재밌게 상품을 구매할 수 있는 방법을 제시하지 않으면 안 된다"고 강조했다. 그는 "마케팅에서 '리테일 섭스크립션'이라는 용어가 대두되는데, 리테일 자체가 통째로 구독경제에 들어올 수 있다는 의미"라며 "여기에 혁신의 기회가 있을 것으로 보인다"고 한다.

· 합리적 규제

소비자 법률 전문가인 서희석 부산대 법학전문대학원 교수는 이커머스 생태계의 건강한 발전을 위해서 '합리적 규제'의 필요성을 강조했다. 서 교수에 따르면 현재 이커머스 업계에서 진행되고 있는 입법 작업은 크게 두 가지 흐름으로 나눠 볼 수 있다. 하나는 '입점업자와 플랫폼 사이의 규제', 또 다른 하나는 '플랫폼과 소비자 사이의 규제'다. 두 가지 모두 업계에 큰 영향을 줄 것이 자명하다는 게 서 교수의 설명이다.

입점업자와 플랫폼 사이의 규제에서 대두되는 이슈는 '투명성'이다. 과거 불투명했던 입점업체와 플랫폼 사이의 관계를 투명하게 공개하고, 공개된 내용 중에 불공정한 점이 있었다면 공정하게 가자는 것이 규제의 핵심 내용이라는 서 교수의 설명이다.

소비자와 플랫폼 사이의 규제에서는 '플랫폼 책임론'이 대두된다. 플랫폼 안에서 판매자가 판매한 상품을 구매한 소비자가 입은 손해에 대해 플랫폼이 책임지는 방향으로 논의가 진행되고 있는 것이 현 상황이다. 서 교수는 "이커머스 생태계가 갖고 있는 장점을 죽이고 일반 규제론으로 가면 이 산업 자체가 완전히 죽을 수도 있다. 장점을 최대한 잘 살리는 방향으로 규제를 진행해야 한다"며 "법학자 중에서는 이커머스 플랫폼과 판매자를 똑같다고 보는 시각이 존재하는데, 현실 세계에서 판매자와 플랫폼이 담당하는 역할은 다르다. 우리나라의 규제 체계가 이커머스 생태계를 과연 제대로 담고 있는지 먼저 고민해야 한다"고 지적했다.

· <출처: 삼정KPMG>

③ 이커머스 ESG 5가지 키워드

· 친환경 배송시스템 혁신

플라스틱 사용 자제, 박스 재사용, 과잉 포장 억제, 포장 부자재 등 소재 변화도 중요하지만 어떻게 더 많이 재사용할 수 있을 것인지 중요하다. 배송 차량을 친환경 차량으로 운영하는 근본적인 배송생태계는 물론 여러 시스템 혁신 등이 선행되어야 할 것이다.

· 친환경 배송생태계 조성 시범사업 업무협약식
<출처: zdnetkorea>

쿠팡은 환경부, 서울시, 한국자동차환경협회와 업무협약(MOU)을 체결하고 친환경 배송 생태계 조성을 위해 적극적인 노력에 나서, 친환경 배송 생태계 조성 시범사업은 유통 물류 배송 환경에 적합한 전기차 충전 솔루션을 위한 친환경 화물자동차에 힘을 더하고 있다.

· 택배 노동자

여전히 택배 노동자의 슬픈 죽음이 늘고 있다. 연이어 과로사를 당했다는 뉴스가 들려온다. 언제까지 이런 뉴스를 접해야 하나! 쉽고 편하고 빠른 이커머스의 편리함이 누군가의 소중한 가족을 죽음으로 연결해 소비자인 우리 마음을 어둡게 하고 있다. 막아내자는 사회적 합의는 어디로 갔고, 누구에게 물어야 하는가? 하루 배송 물량이 차고 넘쳐 새벽은 물론 일주일 내 쉼도 거른 채 뛰고 또 뛰어도 배송할 물건은 어느새 또다시 차고 넘쳐 급기야 감당이 안 되는 상황이 지금, 우리의 이커머스 시장 상황이다. 계속 이대로는 안 된다는 절박한 인식이 없는 한 이러한 극단의 결과는 또다시 일어날 것이다. 이제 모두가 이기는 경영전략이 무엇인지 깊이 고민할 때다. 모두가 이기는 ESG 경영의 적극적인 도입만이 지금 우리의 편익의 지속과 죽음을 동시에 막을 길이다. 이것은 노동자만이 아닌, 기업, 소비자, 주주, 미래 투자자, 정부 정책까지 모두가 관심을 가지고 해결할 ESG적 과제이다.

• 택배 상생 일자리 사업 통해 ESG 경영 선도

이커머스 기업의 저마다 '상생' 경영철학으로 다양한 집단과 나눔을 통해 행복을 공유하고, 지속 가능한 사회와 기업을 만들고 있다고 한다. 취약계층에게 양질의 일자리를 제공하고, 시니어층을 상징하는 은색의 실버택배를 만들고, 장애인의 희망과 자립을 상징하는 파란색의 블루택배를 만들어 운영한다. 경력 단절 여성의 독립과 모험을 상징하는 오렌지택배, CJ의 상생 전략 글로벌 물류를 선도하기 위한 일환으로 그룹 안전 환경 'EHS(환경 · 보건 · 안전)팀'과 협력해 사업장 안전 진단을 시행하고 있다고 한다. 진단을 통해 도출된 예상 리스크와 개선방안을 한국 포함 국가별 사업장에 공유해 개선될 수 있도록 조치하는 방식 도입으로 안전사고가 복잡화 · 대형화를 대비하고 있다. 사업부별로 분산돼 있던 안전 역량을 한곳으로 결집해 사업장마다 설치된

CCTV를 연계해 전국에 흩어져 있는 현장 상황을 한눈에 모니터링이 가능한 통합관제센터 운영으로 안전사고를 예방할 수 있다고 홍보하고 있다. 이를 통한 섬세한 현황과 위험 요소 개선 현황, 안전 경영 이행 등을 시각화해 보여주고 있다고 하지만 극단적 사고의 한계는 여전한 상황이 지금 대한민국의 현 주소이다.

· 긱 이코노미

'직장'보다 '직업'이 중요한 새로운 노동과 고용 트렌드다.긱 이코노미(Gig Economy)의 등장으로 평생직장, 정규직 일자리, 안정된 직업 등 '취업' 개념이 사라지며 '직장'보다 '직업'이 중요한 새로운 노동과 고용시장이 새로운 이슈다.

· <출처: LX인터내셔널 >

거스를 수 없는 노동시장에 끼칠 긍정적인 효과와 새롭게 등장한 일자리에 대한 시대적 혁신도 중요한 키워드로 주목받고 있다.

• 공정계약

[함께하는 ESG] 공정 거래는 선택? NO! 지속 가능 위한 필수 선택지

"피고가 원고의 기술 자료를 실제로 유용한 게 맞습니까?"

"납품 계약을 체결할 때, 부당하게 대금을 깎은 건 아니고요?"

징벌적 손해배상의 범위를 정하기 위한 재판 현장. 원고와 피고의 법리 해석이 첨예하게 대립한다. 서로의 주장이 맞서는 가운데 갑자기 분위기가 엄숙해지며 증인의 발언이 시작된다.

실제 재판을 옮겨놓은 것 같은 이 현장은 삼성전자가 협력회사를 대상으로 진행한 공정거래 교육 과정 중 모의재판 모습이다. 삼성전자는 수·위탁 거래에서 발생할 수 있는 불공정 거래 행위를 사전에 예방하고자 거래 협력사의 최고경영자(CEO)부터 임원, 실무진을 대상으로 공정거래 교육을 지속적으로 실시하고 있다. 공정거래 확산 특별 교육은 3일 동안 진행된다.

해당 교육은 하도급법의 기초부터 실제 공정거래법의 위규 사례와 우수 협력회사 사례를 두루 검토하며, 이론과 실습의 총체적 이해를 목표로 한다. 이를 위해 공정거래법의 취지와 내용을 이해하고 새롭게 개정되는 부분까지 꼼꼼히 점검할 수 있도록 돕는다. 무엇보다 공정한

거래의 필요성과 중요성을 체득하는 데 교육의 본질이 있다.

<출처: 삼성전자 뉴스룸>

・지배구조

OECD・G20 기업지배구조 원칙 개정(2015년), 일본의 스튜어드십 코드 도입(2014년)과 기업지배구조 모범규준 도입(2015년) 등 국제적으로 기업지배구조 개선을 위한 논의가 활발하다. 지배구조 공시는 거스를 수 없는 흐름이다. OECD 기업 거버넌스 팩트북(2021)에 따르면 조사대상 50개국 중 47개국(94%)이 기업지배구조 공시를 의무화하고 있다.

한국은 기업지배구조 개선을 위한 제도 개혁을 꾸준히 추진해 왔다. 그럼에도 불구하고 실제 작동 수준은 낮은 평가를 받는다. 이에 기업지배구조 관련 투자자 정보 제공을 확대하고 시장을 통한 모니터링을 강화하고자 기업지배구조 공시 제도를 개선하고 있다. 2019년부터 자산총액 2조 원 이상의 코스피 상장사를 중심으로 기업지배구조 핵심 정보를 투자자에게 의무적으로 공시하도록 규정했다. 또한 2021년 1월 금융위원회는 ESG 공시의 단계적 의무화를 발표해 현재 자율적으로 작성하고 공시하는 지속 가능 경영 보고서 공시를 단계적으로 의무화했다. 2025년부터 2030년까지는 자산 2조 원 이상 기업체를,

2030년 이후에는 전 코스피 상장사를 대상으로 확대될 예정이다.

ESG와 기업가치 관련 주요 연구결과

저자	연구주제	내용 · 결과
Fama(1980) Fama& Jensen(1983)	사외이사 비율과 기업가치	• 사외이사는 전문지식과 감시기능 제공 • 사외이사 비율이 높을수록 기업가치 높음

손평식
(2010)
	지배구조지수와
	기업가치 관계
		• 전체 지배구조지수와 기업가치와의
		  관계는 유의적인 양(+)의 관계
		• 이사회 공시, 감사기구 등 하위
		  지배구조지수도 기업가치와 양(+)의 관계

오상희 외
(2019)
	ESG 평가요소와
	기업가치
		• ESG 등이 기업가치에 미치는 영향
		  실증분석
		• 기업성과에 지배구조, ESG 모두 유의한
		  영향력을 미치는 것으로 나타남

Yermeck
(1996)
	이사회 규모와
	기업의 성과
		• 이사회의 규모가 크다고 기업가치가
		  높지는 않음
		• 이사회 규모가 작을수록 기업의 성과는
		  높고, 대리인 문제를 완화시킴

김병우 외
(2010)
	기업지배구조와
	기업가치
		• 경영자지분율과 역U자형 관계 확인
		• 단순히 지분율이 높아지거나, 지배구조의
		  비율이 높다고 해서 기업가치가 증가하지
		  않음

박경서 (2021)	ESG경영과 투자의 지속가능성	• ESG경영과 예상되는 이슈에 대한 논의 • ESG투자가 수익성을 보장하지 못하며 장기적으로 지속 가능할지 확인된 바 없음

S-OIL

4 MZ세대 소비자의 ESG 관심과 성향

대한상공회의소(회장 최태원)가 조사한 MZ세대 380명을 대상으로 실시한 'MZ세대가 바라보는 ESG 경영과 기업의 역할' 조사 결과, MZ 세대는 가성비보다 '가심비'에 관심이 크고, 비싸도 착한 제품을 고른 다는 응답이 높게 나타났다.

- 대한상공회의소의 ESG 설문조사에 따르면, MZ세대 380명 대상 으로 64.5% '더 비싸도 ESG를 실천하는 기업제품을 구매'하는 것으로 조사되었다.
- MZ세대의 대표적인 소비 신념으로 가심비(46.6%) > 미닝아웃 (28.7%) > 돈쭐(10.3%) 순으로 조사되었다.
- 파급효과 큰 친환경 제품은 '무(無)라벨 페트병(41.1%)', '전기 · 수 소차(36.3%)' 등 생활 속 친숙한 제품 순으로 조사되었다.
- 기업 역할 '일자리 창출(28.9%)'보다 '투명 · 윤리 경영 실천 (51.3%)'을 많이 꼽았다. 공정과 정의를 중시한다는 인식으로 나 타났다.
- 향후 ESG 경영 확산을 위해 중요한 것으로는 '전반적인 국민 인 식 향상(38.4%)', '법과 제도적 지원(27.9%)' 등으로 나타났다. ESG 가 기업 경영의 화두를 넘어 사회적 트렌드가 되는 가운데, 새로

운 소비 주체로 부상한 MZ세대들은 제품 구매 시 기업의 ESG 경영 실천 여부를 중요하게 인식하는 것으로 조사되어 시사하는 바가 매우 크다.

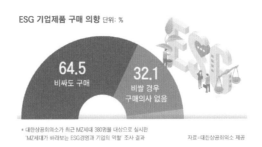

ESG 기업제품 구매 의향 단위: %

64.5 비싸도 구매

32.1 비쌀 경우 구매의사 없음

* 대한상공회의소가 최근 MZ세대 380명을 대상으로 실시한 'MZ세대가 바라보는 ESG경영과 기업의 역할' 조사 결과

자료: 대한상공회의소 제공

고려대 이재혁 ESG연구센터장은 "가성비(가격 대비 성능)보다 가심비를 따지는 MZ세대가 주 소비층으로 떠오르면서 비슷한 품질이라면 ESG를 실천하는지가 구매 기준이 되는 등 자신의 신념에 맞는 소비가 확산되고 있다"며 "디지털 세대답게 SNS, 온라인 플랫폼을 통해 기업의 ESG 이슈가 쉽게 대중들에게 공유될 수 있는 만큼 기업들은 ESG 경영에 더욱 신경을 쓸 필요가 있다"고 하였다.

이밖에 '취업을 고려할 때 ESG 경영 실천 기업인지 관심을 갖는 이유'에 대해서 MZ세대는 '환경·사회문제 등 시대 흐름에 부합(50.3%)', '향후 성장 발전 가능성 높아(29.5%)', '기업 문화·근무 환경 좋을 것으로 판단(18.7%)' 등의 순서로 응답했다. 이러한 결과에 대해 대한상의 ESG경영실 윤철민 실장은 "공정과 정의를 중시하고 코로나19로 취업난을 겪고 있는 MZ세대의 시대·사회적 가치관이 기업에 바라는 역할에 투영된 것"이라고 풀이했다.

MZ세대가 생각하는 CEO 기업 목표.... '기업경쟁력 향상(82.1%)' 응답이 가장 높아 "MZ세대가 CEO가 된다면 기업 경영의 최우선 목표를 어디에 둘까?"라는 질문에는 '기업 경쟁력 향상(82.1%)', '기업 문화·근로자 복지 향상(61.1%)', 'ESG 경영 실천(60.3%)'을 우선적으로 꼽은 반면, 상대적으로 '값싼 양질의 제품생산과 서비스 제공(36.8%)', '주주 권익 보호(23.4%)'는 낮게 나타났다. 또한, MZ세대들은 ESG 경영에 대한 대응을 가장 잘하는 국내 기업으로 삼성, 에스케이, 엘지, 오뚜기, 유한킴벌리, 풀무원, 현대차를 꼽았다.

· ESG 경영 확산을 위해 중요한 것? '국민 인식 향상(38.4%)', '법·제도적 지원(27.9%)' 등

"향후 ESG 경영의 지속적인 확산을 위해 가장 중요한 역할을 할 것으로 기대되는 것은 무엇"이냐는 질문에 MZ세대들은 '전반적인 국민 인식 향상(38.4%)', '정부의 법·제도적 지원(27.9%)', '대기업 솔선수범 실천(27.6%)' 등이라고 답해 국민과 정부, 기업 간의 의견 조율을 통해 ESG 중요성에 대한 공감대를 형성하는 것이 필요한 것으로 분석됐다. 친기업 정서 확산을 위해 기업 및 정부가 해야 할 가장 시급한 과제로 MZ세대는 '기업 지배구조 개선 및 경영 투명성 제고'와 '일자리 창출 및 투자 확대 통한 경제 성장 기여'라는 응답을 각각 36.6%로 동일하게 꼽았다. 취약계층을 위한 사회공헌 활동 강화(11.1%), 기업 · 기업인 인식 개선을 위한 대국민 경제 교육 확대(7.6%), 공정거래를 위한 정부의 시장 감시 · 감독 강화(7.4%), 기타(0.8%)

우태희 대한상의 상근부회장은 "최근 ESG가 사회 전반으로 확산하면서 기업의 역할에 대한 국민들의 인식이 변화하고, 사회공헌이나 투명 · 윤리 경영에 관한 관심이 높아지는 것 같다"라고 지적하면서, "여론과 소비의 주도층으로 떠오르는 MZ세대가 가격이 더 비싸도 착한 기업의 제품 구매를 선호하는 만큼, 우리 기업들도 ESG 경영 실천에 보다 적극적으로 나서야 한다"고 주장했다.

• 가치(Value) 중시 소비자의 ESG 요구

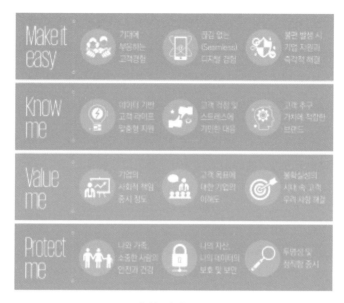

• <출처: 삼정 KPMG>

글로벌 소비 패턴 변화의 방향성에 대해 살펴본 2021년 KPMG 글로벌 소비 트렌드 조사 'Me, my life, my wallet' 결과에 따르면, 최근 소비자들은 기업의 사회적 책임과 더불어 투명성과 정직성 등에 높은 가치를 두고 있는 것으로 나타났다. 오늘날의 소비자는 자신이 중요하게 여기는 다양한 가치(Value)를 근거로 특정 기업에 대해 높은 로열티를 갖거나 구매를 결정하는 가운데, 이들 기업에게 ESG에 대한 적극적 행보를 요구하기도 한다. 핵심 소비 계층으로 떠오르고 있는 밀레니얼 세대와 Z세대는 본인이 추구하는 가치에 부합하는 상품을 판매하는 기업에 높은 호감을 가지는 경향이 있으며, 지속 가능한 제품에 보다 강한 구매 의사를 가진다. 이처럼 기업의 지속 가능 경영과 사회적 책임에 대한 인식 수준이 그 어느 세대보다도 높다. KPMG 글로벌 조사에 따르면 79%의 Z세대는 자신의 가치와 부합하는 브랜드에 높은 충성도를 가지는 것으로 조사되었고, 밀레니얼 세대 응답자의 30%는 기업의 환경·사회공헌 활동에 따라 구매 의사 결정을 번복한 경험이 있다고 답변했다.

· 글로벌 MZ세대 소비자 특징

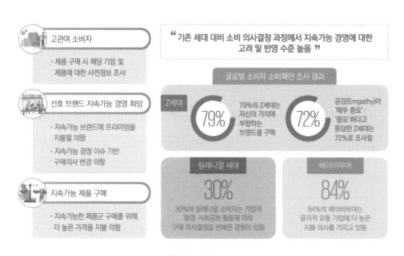

· <출처: 삼정 KPMG>

국내외 이커머스 대표 기업 중, 아마존과 쿠팡의 성장 형태에서 보이듯 온라인 시장은 점점 더 규모의 경제를 지향하는 거대 시장으로 급성장하고 있다. 다양한 기술이 융합된 대규모 기술 기업의 모습도 예외가 아니다. 첨단 대형 물류센터를 기반으로, 전국을 무대로 유통 시스템이 쉴 새 없이 24시간 전국을 누비며 가동되고 있다. 대규모 설비와 장비, 인력이 투입되어 마치 거대한 전쟁터를 방불케 한다. 이러한 모습을 ESG의 환경적 관점에서 들여다보면 하나하나가 환경오염과 누군가의 과잉 노동으로 인한 인권의 한계를 점령당하는 수고를 강제하는 주범이 되어 역기능 또한 소비자의 편리함 반대에서 보이는 불편 부당한 모습이 된다.

　　기업은 이제 본연의 경제활동과 사회적 책임을 넘어 ESG 경영이라는 지속 가능 경영이 전제되어야 하는 중차대한 시점에 서 있다. 세상을 오염시키는 불량한 환경 경영은 혐오 기업으로 낙인찍히게 된다. ESG의 환경 활동 소홀로 인한 기업 이미지, 사회적 비호감을 양산하는 기업, 갑질 문화가 남아 있는 지배구조를 가진 기업 경영은 더 이상 소비자로부터 사랑받지 못할 뿐만 아니라 세상으로부터 퇴출 대상이 되고 만다. 소비자 성향은 갈수록 ESG적 구매 의도와 연결되어 민감한 영향을 받는다. 점점 더 MZ세대가 주도하고 있는 가치소비에 기반한 ESG 경영은 기업과 임직원, 주주, 잠재적 투자자, 소비자의 다양한 이해관계자의 니즈를 읽고 반영하고 변화를 이끄는 장기 계획 수립에 역점을 두어야 할 때다. 이커머스 기업의 ESG 경영은 선택이 아닌, 소비자 마케팅 필수전략으로 기업의 성장동력인 동시에 경영의 핵심축이 될 것이다.

소비자들에게 기업의 ESG 활동은 제품과 브랜드를 선택하는 중요한 기준이 되고 있다.

<출처: 2023 메조메디어 인사이트>

• ESG 활동 기업 선호도

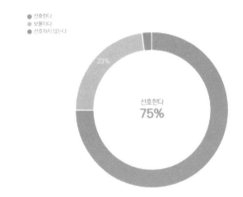

• 중요하게 생각하는 기업의 ESG 활동, 친환경제품 판매

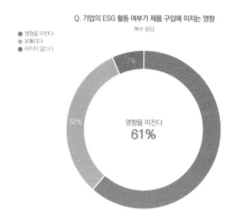

Q. 기업의 ESG 활동 여부가 제품 구입에 미치는 영향
복수 응답

● 영향을 미친다
● 보통이다
● 미치지 않는다

7%

32%

영향을 미친다
61%

Q. 중요하게 생각하는 기업의 ESG 활동
복수 응답

순위	전체	20대	30대	40대
1	친환경 제품 판매 (45%)	노동 환경 개선	친환경 제품 판매	친환경 제품 판매
2	노동 환경 개선 (39%)	친환경 제품 판매	노동 환경 개선	오염물질 배출저감
3	오염물질 배출저감 (35%)	오염물질 배출저감	오염물질 배출저감	노동 환경 개선
4	고용 평등, 다양화 (28%)	고용 평등, 다양화	고용 평등, 다양화	고용 평등, 다양화
5	지역 사회 공헌 (21%)	동식물 보호 활동	동식물 보호 활동	지역 사회 공헌

• ESG 경영은 피할 수 없는 거대한 흐름이고 대세다!

기업의 가치관을 소비 기준으로 삼는 '가치소비'가 전 세계적 공감대로 발전하고 있다. 모든 영역에서 생산자, 소비자, 투자자, 협력업체 등 전 사회적, 전 환경적 가치 영역으로 핵심 중요사안으로 인식이 확산하고 있다. 공급망 내에서의 역할을 고려했을 때, 물류 기업의 ESG 경영은 물론, ESG 경영을 실천하지 않으면 퇴출당할 위험에 놓여있다. 미루거나 다른 대안이 아예 없다. 수많은 차량을 모두 무공해 차량으로 전환을 고민해야 한다. 특히 불필요한 과대포장과 낭비적인 선물포장도 심각한 문제가 되고 있다. 물류 기업들의 포장 폐기물이 매년 약 650만 톤의 포장 폐기물이 발생한다고 한다.

ESG는 비용이 아닌 투자이고 수익을 보장하는 가장 중요한 경영전략 중 핵심 전략으로 성장할 것이다.

"ESG 경영이 이데올로기의 변화를 타고 경영 현장에서부터 시작된 만큼 일시적 유행으로 끝나진 않을 것"이라며 "ESG는 단순히 비용이 아니다. 제대로 실천할 경우, 기업의 가치를 높일 수 있는 경영전략이 될 것이다."

<출처: https://news.bizwatch.co.kr/article/consumer/2021/06/14/0014>

ESG는 인식이고 책임이며 실천이다

1판 1쇄 발행 2024년 07월 12일

저자 천형성 · 최병두 · 최미진 · 조윤주 · 조수연 · 이승연 · 김미라

교정 신선미 **편집** 김다인 **마케팅·지원** 김혜지

펴낸곳 (주)하움출판사 **펴낸이** 문현광

이메일 haum1000@naver.com **홈페이지** haum.kr
블로그 blog.naver.com/haum1000 **인스타그램** @haum1007

ISBN 979-11-6440-614-2(03320)

좋은 책을 만들겠습니다.
하움출판사는 독자 여러분의 의견에 항상 귀 기울이고 있습니다.
파본은 구입처에서 교환해 드립니다.